旅游高等职业院校精品课程系列教材

研学旅行课程设计与实施

YANXUE LÜXING KECHENG SHEJI YU SHISHI

刘　军　谢新雪 / 主编

中国旅游出版社

近些年，习近平总书记多次对教材工作作出重要的指示批示，党的二十大报告明确提出，要加强教材建设和管理。2019年教育部制定了《职业院校教材管理办法》，提出职业院校教材必须体现党和国家意志。坚持马克思主义指导地位，体现马克思主义中国化要求，全面贯彻党的教育方针，落实立德树人根本任务。此举对推动职业院校教材建设的科学化、规范化具有重要意义，为培养高素质技术技能人才提供了有力保障。

教材是人才培养的物质前提，也是教学和学习的信息载体。本教材全面贯彻党的教育方针，落实立德树人根本任务，充分体现社会主义核心价值观，充分体现教材对人才培养的导向作用。

本教材是一部针对研学旅行课程设计与实施的专业教材。该教材旨在提供一套系统化、标准化、可操作的研学旅行课程设计与实施方法，以满足研学旅行领域日益发展的需求，提升从业者的专业素养。

本教材是一部针对研学旅行课程设计与实施的专业教材。其目的在于为研学活动提供系统化、标准化、可操作的设计方法和操作流程，提升从业者的专业素养，满足研学旅行高质量发展的需要。

此外，本教材还强调了思政元素在研学旅行课程设计与实施中的重要性。通过将爱国爱岗、开拓创新、团结协作、红色精神、传统文化等思政元素融入各模块任务中，实现了教材与标准、证书相融通，与思政相融入的目标，有助于培养学习者的社会责任感和使命感，促进他们全面发展。

　　本教材由重庆旅游职业学院刘军、谢新雪担任主编，向桂林、柳颖超、张莹担任副主编。具体分工如下：刘军撰写项目一，项目二，项目三中的任务一、任务二，项目四中的任务一、任务二；重庆商务职业学院向桂林撰写项目三中的任务三、任务四、任务五、任务六、任务七、任务八、任务九；柳颖超撰写项目四中的任务三和项目五；张莹撰写项目六、项目七；谢新雪负责统稿与修改。在教材编写过程中，我们也得到了重庆市高级导游郑立冰、杨顺华等人的大力支持和帮助，他们提供了旅行社一线的经验和资料，在此对他们深表感谢。

　　教材在编写过程中，参阅了大量书籍、报刊等文献资料，并得到了其他兄弟院校的建议和支持。同时，教材还附有研学课程设计与实施的实际案例，供学习者选择性参考和尝试性实践。这些案例不仅具有典型性，而且具有很强的可操作性，有助于学习者将理论知识转化为实践能力。

　　希望通过学习和实践该教材的内容，广大研学旅行从业者和相关领域的专业人士能够掌握研学旅行课程设计与实施的核心技能和方法，提升他们的专业素养和实践能力，为推动我国研学旅行事业的健康发展做出积极贡献。

　　由于编者能力有限且时间仓促，本书尚有很多不足之处，恳请大家批评指正。

编　者

2024 年 10 月

目 录
Contents

项目一　认识研学旅行

　　研学旅行是一种将"研究性学习"与"旅行"相结合的教育旅游活动。这种活动以中小学生为主要参与对象，通过集体旅行的形式，依托旅游吸引物等社会资源，进行体验式教育和研究性学习，旨在提升学生的综合素质。研学旅行作为素质教育的新内容、新形式和新趋势，是探索新时代教育改革的重要实践。

◆ 知识目标

1. 掌握研学旅行的定义与类型。
2. 理解研学旅行与其他教育的区别。
3. 掌握研学旅行的特点。

◆ 能力目标

1. 能够根据研学旅行的定义和类型，分析研学旅行项目的教育价值。
2. 能够将研学旅行的理论知识应用于实际项目的策划、组织与实施中。
3. 能够与他人有效沟通，共同完成任务，提升团队协作能力。

◆ 素质目标

1. 通过研学旅行，拓宽视野，增长知识，提高文化素养。
2. 通过亲身体验和动手实践，培养实践能力和创新精神。

◆ 思政目标

1. 通过研学旅行，了解乡土文化，增强文化自信和爱国情感。
2. 培养正确的世界观、人生观和价值观，树立社会主义核心价值观。

--------- 任务一 认识岗位 ---------

研学旅行是根植于我国传统教育中"读万卷书，行万里路"的教育思想和人文传统，是素质教育和旅游行业在新时代融合发展的典型模式。它对于学生开阔眼界、增长知识、提高素养等具有重要意义。通过研学旅行，学生走出课堂，沉浸式体验学习过程，加深对知识的理解，同时也能培养学生道德情感与职业素养。

◇任务目标

1. 掌握研学旅行的定义。

2. 掌握研学旅行的类型。

◇任务描述

小陆是一名刚入校的研学旅行服务与管理专业的学生，学校组织同学到研学机构开展岗位认识实习，小陆对研学旅行一无所知，无法进入岗位角色，于是她请教了研学机构的老员工小林，希望小林能帮助她。如果你是小林，你打算怎么帮助小陆认识研学旅行呢？

◇任务分析

1. 带领小陆参观研学机构，认识研学旅行。

2. 讲解研学旅行发展的历程。

3. 掌握研学旅行常见的分类方法。

◇知识准备

一、认识研学旅行

研学旅行，在国外又称为修学旅行、教育旅行。在 16~17 世纪的欧洲地区，兴起的"大游学（Grand Tour）"运动是其前身，不少国家开始崇尚"漫游式修学旅行"。第二次世界大战后，欧美国家发展营地教育，日本于 1946 年开始发展修学旅行，到 1960 年修学旅行已成为日本中小学校的常规教育活动。迄今为止，已有许多国家将研学旅行作为学校系统内能拓宽大中小学生视野、提高跨文化理解能力的一种教育方式，并且积累了有益经验。

2016 年 11 月 30 日，教育部等 11 部门联合下发了《关于推进中小学生研学旅行的意见》（数基一〔2016〕8 号），其中明确中小学生研学旅行是由教育部门和学校有计划地组织安排，通过集体旅行、集中食宿的方式开展的研究性学习和旅行体验相结合的校外教育活动。这进一步强调了研学旅行作为学校教育和校外教育衔接的创新形式的重要性。2016 年 12 月 19 日发布的《研学旅行服务规范》中，将研学旅行（Study Travel）定义为"以中小学生为主体对象，以集体旅行生活为载体，以提升学生素质为教学目的，依托旅游吸引物等社会资源，进行体验式教育和研究性学习的一种教育旅游活动"。

从教育学界看，普遍采用《关于推进中小学生研学旅行的意见》的表述，认为研学旅行是由教育部门和学校有计划地组织安排，通过集体旅行、集中食宿方式开展的研究性学习和旅行体验相结合的校外教育活动。这一定义强调研学旅行包括研究性学习和旅行体验，主体指向中小学生，由教育部门和学校安排组织，实施方式是集体旅行和食宿，本质是教育，旅行只是实现教育意义的途径和手段。

因此，我们可以将研学旅行理解为：研学旅行主体对象主要以中小学生为主体，采用集体旅行、集中食宿的方式，使学生在与平常生活不同的环境中开展教育活动，核心目的是提升学生素质，包括知识、技能、情感、态度、价值观等多方面的提升。研学旅行依托旅游吸引物等社会资源，进行体验式教育和研究性学习，这包括实地考察、专家讲座、互动体验等多种形式，旨在让学生在实践中学习、在体验中成长。研学旅行不仅有助于学生开阔视野、增长知识，还能培养学生的综合素质和社会责任感，是落实基础教育改革的途径和基础教育的创新形式。

二、研学旅行类型

根据不同的标准和特点，研学旅行可以划分为不同的类型。

（一）按教育目的划分

（1）学科学习型。这是一种以特定学科知识学习为主要目的的研学活动，侧重于让学生深入了解和掌握某一学科领域的知识，如历史、地理、生物等。通过实地考察、专家讲座等多种形式，学生可以亲身体验和接触学科知识的实际应用，从而加深对学科理论的理解和掌握。例如，在历史学科的学习型研学旅行中，学生可以参观历史遗迹、博物馆，通过实物展示和专家讲解，更加直观地了解历史事件的背景和过程；在地理学科的学习型研学旅行中，学生可以实地考察不同的地貌、气候等自然地理特征，加深对地理知识的理解和记忆；在生物学科的学习型研学旅行中，学生可以观察和研究各种生物现象，了解生物多样性和生态系统的运作原理。这种学科学习型研学旅行不仅有助于学生更好地掌握学科知识，还能培养他们的实践能力和创新思维，为他们未来的学习和生活打下坚实的基础。

（2）技能培养型。这是一种注重实践技能和创新能力培养的研学活动，它不仅仅关注学生的理论知识学习，更侧重于通过动手实践、创作体验等方式，让学生在实践中掌握和提升各种实用技能，如科技制作、艺术创作等。只有亲自动手，学生才能真正理解和掌握所学知识，并将其转化为实际技能。同时，技能培养型研学旅行还强调创新思维的培养，鼓励学生在实践中大胆尝试、勇于创新，不断探索新的方法和思路。通过这种研学旅行，学生不仅可以提升自己的实践能力，还能培养出勇于创新、敢于挑战的信心。这种注重实践和创新的教育理念，不仅有助于学生更好地适应未来社会的发展需求，还能让他们在研学旅行中收获更多的成就感和自信心，为他们的全面发展和个人成长奠定坚实的基础。

（3）综合素质提升型。这是一种旨在全面提升学生人文素养、社会责任感、团队协作等多方面综合素质的研学活动。这类研学旅行更重视提高学生的品德修养和社会实践能力。通过参与社区服务、实地考察等丰富多样的活动，学生能够亲身体验到社会责任的重要性，学会关心他人、服务社会，从而增强他们的社会责任感。这些活动也为学生提供了与同伴们共同合作、解决问题的机会，有助于提升他们的团队协作能力和沟通技巧。在综合素质提升型研学旅行中，学生将走出课堂、走进社会，通过实践来学习和成长。他们将在实践中学会如何与他人有效沟通、如何承担责任、如何面对挑战，这些都将为他们未来的学习和生活打下坚实的基础。

（二）按研学内容划分

（1）自然探索型。这是一种以自然环境为背景，专注于生态、地理、天文等自然科学领域的探索活动。这类研学旅行鼓励学生深入自然，通过亲身观察、记录和分析各种自然地理现象，如地形地貌、动植物生态、天文现象等，来培养他们的科学素养和环保意识。在自然探索的过程中，学生不仅能够学习到自然科学的知识，还能够体会到大自然的奥秘和美丽，从而激发他们对环境保护的责任感和使命感。这种研学旅行方式有助于培养学生尊重自然、顺应自然、保护自然的价值观和行为习惯。

（2）历史文化型。这是一种专注于参观历史遗迹、博物馆等场所的研学活动，旨在深入了解历史文化知识。通过实地考察这些承载着丰富历史信息的地方，走访学习相关的历史文化课程，学生能够更加直观地感受到历史的厚重与文化的魅力。这种研学旅行方式不仅能够增强学生的文化自信，让他们深刻认识到自己民族文化的独特价值和深远影响，还能够激发学生的历史使命感，使他们更加明白作为新时代青年的责任与担当。通过历史文化型研学旅行，学生将更加珍视和传承中华优秀传统文化，为中华民族伟大复兴贡献自己的力量。

（3）社会实践型。这是一种强调参与社区服务、实地考察等活动的研学方式，旨在增强学生社会实践经验。通过亲身参与各种社会实践活动，如志愿服务、社会调查、实地考察等，学生能够更深入地了解社会的运作机制，体验不同的社会角色，从而更好地融入社会。这种研学旅行不仅让学生走出校园，接触真实的社会环境，还让他们在实践中学习如何与人沟通、合作，如何解决问题，这些都是书本上学不到的宝贵经验。通过社会实践型研学旅行，学生能够更好地将理论知识应用于实际，提升自己的综合素质。

（4）科技创新型。这是一种专注于培养学生科学探究能力的研学活动，通过参与科技实验、创新设计等活动，激发学生的科技创新兴趣。此类研学旅行不仅注重理论知识的学习，更强调实践操作和亲身体验。学生将有机会参观科技企业、科研机构等，了解最新的科技成果和创新趋势，与科技工作者面对面交流，感受科技创新的魅力。通过这种研学方式，学生能够培养自己的创新思维和实践能力，学会如何将科学知识应用于实际问题解决中，为未来的科技创新和社会发展打下坚实的基础。

（三）按组织形式划分

（1）学校组织型。这是由学校统一组织的研学旅行活动，通常与学校的综合实践活动相结合，有明确的教育目标和教学内容。很多中小学都会定期组织学生进行研学旅行，如参观历史博物馆、科技馆、自然保护区等，以此丰富学生的课外知识，提升其实践能力。

（2）自发组织型。这是由学生、家长或其他社会团体自发组织的研学活动，更加灵活多样，可以根据个人兴趣和需求进行选择，更能满足个性化需求。家长可能会利用假期时间，自行组织孩子前往国内外知名学府、文化遗址等地进行研学旅行，以增长见识、拓宽视野。

（3）混合型。这是既有学校组织也有自发参与的研学旅行，包含了两种组织形式的优点。在这种模式下，学校会提供一定的指导和资源支持，确保研学活动的教育性和安全性，同时鼓励学生和家长根据自身兴趣和需求，自发参与活动的规划与实施。这种组织形式不仅保留了学校组织型研学旅行的系统性和规范性，还融入了自发组织型研学旅行的灵活性和个性化，从而实现了优势互补。

（四）按时间长度划分

（1）短期型。这种类型的研学活动通常为几天到一周的时间，适合进行短期的实地考察和学习体验。这种短期活动费用相对较低，参加的学生人数也较多。由于时间较短，活动安排通常更加紧凑，注重高效利用时间，让学生在短时间内获得尽可能多的学习体验。适合各个学段的学生，特别是小学生和初中生，他们的学业压力相对较小，更容易安排出较短的时间段进行研学旅行。

（2）长期型。这种类型的研学活动可能持续几周到几个月的时间，适合进行更深入的研究和学习。这种研学旅行活动费用相对昂贵，参加的学生数量相对较少。但这类活动能够提供更广阔的学习空间和更丰富的文化体验，学生可以在较长的时间内更全面地了解一个地方的文化、历史、风土人情等，使学生能够更深入地学习和体验。

此外，还有一些特殊的研学旅行类型，如亲子研学旅行、语言学习类研学旅行、文化探究类研学旅行等。这些类型并不是相互独立的，一个研学旅行项目可能同时属于多个类型。例如，一个研学旅行项目可以是学校组织的、以自然科学探索为主题的、为期一周的国内旅行，同时也是一个技能培养型和综合素质提升型的研学活动。

◇ 知识链接

规模可达千亿元，研学游市场趋于理性

暑期是研学旅行旺季。携程旅行网数据显示，2024年暑期亲子研学类产品相关订单同比增长七成，价格与上年基本持平。北京、上海、四川、内蒙古、宁夏、贵州、云南、新疆等地成为国内热门游学目的地，英国、美国等海外长线游学线路，新加坡、泰国等短线游学线路也很受欢迎。途牛旅游网从艺术、历史、文学、自然、探索多角度推出了沉浸式体验类的研学游产品，出境研学游方面则包括以寓教于乐、双语教学、沉浸式感受国际课堂为主的游学团和以博物馆深度讲解为主的定制研学团。

研学旅行集合了旅游属性与教育功能，它的目的和价值在于弥补课堂教育的不足，让孩子们在课外享受旅行时光的同时，获得学习体验、培养实践能力、激发探索欲望、提升综合素养。

——从政策层面看，近年来，研学旅行被纳入中小学生素质教育和课程体系，学校将研学旅行纳入教学计划，文化和旅游、教育等部门相继发布研学旅行目的地和示范基地名单，各地也纷纷出台政策扶持研学旅行。

——从需求层面看，越来越多的家长期待通过研学旅行等新的教育手段培养和提高孩子的综合能力，达到寓教于乐的效果。此外，适龄学生人口数量的增长也带动研学旅行需求快速上升。

——从行业层面看，研学旅行作为教育旅游融合的新业态，为相关经营主体开拓了新的增长领域。同时，研学旅行依托地方特色文化资源开发特色产品，可带动相关地区旅游业的发展，推动地方经济增长。

统计显示，我国研学旅行的从业机构已经超过3万家，目前市场上的研学旅行产品更是琳琅满目，参团时间从半天到十多天不等；目的地选择上，有的聚焦本地

和周边，有的直奔海外；有孩子单独参加的"单飞团"，也有需要家长陪同的"亲子团"；研学主题更是五花八门，热门的包括博物馆精讲、大自然探索等。根据不同配置，研学旅行的价格低则几百元、高则数万元。

旅行社、教育机构、培训机构、互联网企业等相关主体纷纷涉足研学旅行市场，虽然推动了行业发展持续升温，但进入者本身良莠不齐，且监管不到位、主管部门不明确、行业欠缺法律法规约束，也没有统一服务标准等，导致产品和服务质量缺乏规范。实践中登记注册从事研学旅行的机构并未按主办方、承办方、供应方进行划分。此外，目前国家级、省级、市级文件对研学旅行涉及的部门职责规定较为宏观，并未对具体操作层面上的部门分工进行明确。

要在明确研学旅行行业主管部门的基础上，加强行业监督引导。首先，研学旅行涉及多个行业和部门，要在文化和旅游、教育、交通、司法等部门之间建立起良好的沟通协作机制，加强对研学旅行的综合管理。其次，要完善监管制度，制定全国统一的研学旅行管理办法，明确监管部门职责，加强对研学旅行机构产品和服务等的监管检查。最后，应建立第三方评价体系，不定期对研学机构、研学产品做出相对客观的评价，为消费者决策提供依据。

研学旅行对指导师的专业要求较高，但目前优秀指导师供不应求，指导师专业能力参差不齐，难以满足日益增长的需求。应抓紧建立健全人才机制，在平台建立人才培养和专家评价双机制，开展从业人员培训和考核，组建专家团队对机构及人员进行评估，进一步推动人才专业化。

（资料来源：《经济日报》http://www.tiyan.org.cn/article-8-1831.html，2024年8月1日，有改动。）

◇任务评价

班级：　　　　　　　　姓名：　　　　　　　　学号：

评价项目	评价标准	分值	自评	互评
学习态度	认真按照要求完成学习任务	10		
专业知识	全面掌握完成任务所需专业知识	40		

续表

评价项目	评价标准	分值	自评	互评
沟通交流	能清楚表达自己观点，并与他人有效沟通	10		
团队意识	具有主动与团队成员协作完成任务的意识	10		
信息素养	会搜集信息，并分析、运用信息	10		
实践能力	根据知识，能够进行实践操作	20		
总分		100		

◇任务小结

知识要点	
技能要点	
遇到的问题	
解决问题的方法	

◇任务思考

针对研学旅行不同的分类，现实情况下，如何确定合适的研学旅行方式？

任务二　研学旅行本质与特点

研学旅行的本质是一种集教育性、实践性、体验性、综合性和个性化于一体的教育旅游活动。通过研学旅行，学生能够走出校园，深入社会和大自然，获得更加丰富和全面的学习体验，为未来的发展打下坚实的基础。研学旅行不仅关注增加学生的知识，还注重培养他们的团队合作、沟通能力、自我管理和解决问题的能力，从而全面提升学生的综合素质。

◇ 任务目标

1. 理解研学旅行与其他教育活动的区别。
2. 掌握研学旅行的特点。

◇ 任务描述

小陆在了解了研学旅行的定义和类型后，问了小林两个问题：一是研学旅行跟其他的教育活动有什么区别；二是研学旅行与其他教育活动相比，有什么显著的特点。如果你是小林，你打算怎样回答小陆的问题呢？

◇ 任务分析

1. 将研学旅行与其他教育活动进行比较，区别异同点。
2. 归纳总结研学旅行自身的显著特点。

◇ 知识准备

一、研学旅行本质

（一）研学旅行与课堂学习的区别

1. 学习环境

课堂学习主要发生在固定的教室内，学生集体听课，完成相同的学习任务。教室提供了良好的学习环境，包括现代化的视听教学设备等，但空间相对封闭，缺乏与外界环境的直接接触。研学旅行则将学生带出教室，置身于实际环境中进行考察和学习。这种开放的学习环境不仅突破了教室的时空局限，还让学生有机会亲身体验和接触自然、社会、文化等多方面的资源，从而拓宽视野、增长见识。

2. 学习方式

课堂学习以教师的讲授为主，学生主要通过听讲、记笔记、做练习等方式来接受知识。这种方式虽然能够系统地传授知识，但学生的主动性和实践性可能受到一定限制。研学旅行则更注重学生的亲身体验和实际操作。在研学旅行中，学生需要通过观察、调查、实验、讨论等多种方式来学习，这种学习方式能够激发学生的好奇心和求知欲，培养他们的实践能力和创新精神。

3. 学习内容

课堂学习主要围绕教材展开，内容相对固定和有限。虽然教师会根据学生的实际情况进行适当拓展，但总体上仍受限于教材和课程标准。研学旅行则具有更广泛的学习内容。它涵盖了多个学科领域的知识和技能，如历史、地理、文化、科学等，同时还涉及社会调查、人际交往等多方面的能力训练。这种综合性的学习内容能够全面提升学生的综合素质和能力。

4. 学习目的

课堂学习主要目的是让学生掌握基础知识和基本技能，为未来的学习和生活打下基础。同时，也注重培养学生的思维能力、创新能力等高级认知能力。研学旅行则更注重学生的全面发展。它不仅旨在提升学生的知识水平和技能水平，还强调培养学生的社会责任感、创新精神和实践能力。通过研学旅行，学生能够更好地了解社会、认识自我、实现自我价值。

5. 学生能力培养

课堂学习虽然能够培养学生的多种能力，但由于学习环境的限制，某些能力如实践能力、创新能力等可能无法得到充分的锻炼。研学旅行则能够为学生提供更多的实践机会和挑战。在研学旅行中，学生需要独立思考、解决问题、与人交往等，这些经历能够极大地锻炼他们的实践能力、创新能力、团队协作能力等综合素质。

（二）研学旅行与夏令营的区别

1. 教育目的和教育重点

研学旅行更侧重于学习和实践的结合。其主要目的是让学生在旅行中获取知识，同时体验当地文化，提升综合素质。研学旅行通常结合当地的历史、文化、地理、生态、科技等多方面的知识点，通过实践操作和亲身体验来加深学生对知识的理解和掌握。它强调的是教育性，旨在拓宽学生的视野，培养学生实践能力和创新精神。

夏令营虽然也具有一定的教育意义，但更侧重于提供休闲、娱乐和社交的机会，让学生度过一个有意义和丰富多彩的假期。夏令营的活动内容可能包括户外探险、体育运动、艺术、音乐等，旨在培养学生的兴趣爱好和社交能力。它更注重娱乐性和休闲性，让学生在轻松愉快的氛围中度过假期。

2. 活动内容和形式

研学旅行通常以学科知识的实际运用和综合素质的培养为主题，注重学生对目标地点、领域或主题的深入了解。研学旅行强调学生的亲身体验和动手实践，可能包括参观博物馆、历史遗迹、科研机构等活动，也可能进行科学实验、社会调查等活动。其内容和形式相对专业化和学术化。

夏令营活动内容和形式更加多样化，可能包括户外拓展、团队游戏、文艺表演等。夏令营注重学生的娱乐和社交体验，通常包含课程以外的活动，并且比较注重群体互动和游戏性质。它的活动内容更加广泛和灵活，能够满足不同学生的兴趣和需求。

3. 活动时间和组织形式

研学旅行可能需要花费较长的时间去完成或参与，因为研学旅行更注重对目标地点或主题的深入了解和实践体验。研学旅行通常是有组织、有计划、有目的的校外参观体验实践活动，以年级、班级或学校为单位进行集体活动。

夏令营通常在假期进行，时间相对较短，可能只有几天或几周。夏令营的组织者可以是学校、教委等教育部门，也可以是私人单位或机构，其时间安排更加灵活，便于学生在假期参与。

4. 参与人群和费用

研学旅行参与者主要是学生，费用可能因目的地、活动内容、时间长短等因素而异。一些研学旅行项目可能需要学生自行承担部分或全部费用。

夏令营参与者也主要是学生，但夏令营的费用通常由组织者统一收取，可能包括活动费、住宿费、餐饮费等，其费用结构相对明确和统一，便于家长和学生了解和准备。

二、研学旅行特点

研学旅行中研学为魂、旅行为体，"研"是基础，"游"是载体，"学"是目的。研学旅行通过旅行中的实践活动和亲身体验，实现综合育人的目的。

（一）教育性与旅行性

研学旅行的出发点和落脚点都在教育，旅行的目的是获取知识和应用知识。无论是目的地选择、线路规划还是活动设计，研学旅行都应体现教育性。学生在旅行的过程中，通过实地考察、专家讲座、互动体验等方式，获取新知识，提升实践能力。旅行是研学的载体，为学生提供了一个不同于日常学习环境的新场景，有助于拓宽视野，增强学习的趣味性和实效性。

（二）实践性与体验性

研学旅行强调学生的亲身参与和体验，通过实地考察、动手实践等方式，让学生在实践中学习、在体验中成长。这种实践性学习方式有助于加深学生对知识的理解和记忆，提高学习的效果和质量。同时，研学旅行强调体验性，鼓励学生通过实地考察、走访学习、参与活动等方式，亲身体验和感受所学内容，这种直观的感受和体验往往能够给学生留下更深刻的印象，激发他们的学习兴趣和动力。研学旅行实践性与体验性并重，因而成为一种富有成效的教育方式。它不仅能够提升学生的学习效果，还能够培养他们的实践能力、创新思维和综合素质，为他们未来的学习和生活打下坚实的基础。

（三）综合性与跨学科性

研学旅行具有显著的综合性与跨学科性特点。它不仅仅局限于某一学科或某一领域，而是将多个学科的知识和内容进行有机融合，让学生在实践中获得全面、综合的学习体验。通过研学旅行，学生可以跨越传统学科的界限，将所学知识应用于实际情境中，从而培养他们的跨学科思维和解决问题的能力。这种综合性的学习方式，不仅能够提升学生的综合素养，还能够激发他们的学习兴趣和创新精神，为他们未来的学习和职业生涯打下坚实的基础。因此，研学旅行是一种富有创新性和前瞻性的教育方式。

（四）自主性与合作性

研学旅行在强调学生自主性的同时，也高度重视合作性的培养，实现了自主性与合作性的统一。在研学过程中，学生被鼓励发挥自主性，主动探索、发现问题并寻求解决方案，这有助于培养他们独立思考和自我管理的能力。同时，研学旅行也提供了丰富的团队合作机会，学生需要在团队中共同完成任务，学会倾听、沟通、协作和分享，从而培养他们的团队精神和合作能力。这种自主性与合作性相统一的学习方式，不仅提升了学生的个人能力，也增强了他们的社会适应能力，为他们未来的全面发展奠定了坚实基础。

（五）开放性与创新性

研学旅行打破了传统课堂教学的局限，为学生提供了一个开放的学习环境。在这种开放的环境中，学生可以自由探索、大胆尝试，有利于培养学生的创新意识和创新能力。研学旅行的评价方式不同于传统的纸笔测试，更注重过程评价、体验评价和应用评价。教师可以通过观察学生在研学过程中的表现、听取学生的汇报和展示等方式，对学生的综合素质和能力进行全面评价。

三、研学旅行的意义

研学旅行的意义深远，它不仅仅是一种简单的教育活动形式，更是一种全新的教育理念和学习方式。

（一）拓宽学生视野，激发学习兴趣

研学旅行让学生走出校园，接触到真实的社会和自然环境，从而拓宽他们的视野，增长见识。通过实地考察和亲身体验，学生能够更加深入地了解社会和自然，

形成更加全面和客观的世界观。研学旅行以新颖、有趣的方式呈现知识，使学习变得生动有趣。学生在旅行的过程中，能够亲身体验到知识被实际应用，从而激发他们的学习兴趣和动力，提高学习的积极性和主动性。

（二）增强实践能力，培养创新精神

研学旅行作为一种新兴的教育方式，强调让学生走出课堂、走进现实生活，通过亲身体验和实地考察来增强实践能力。这种学习方式不仅让学生有机会将书本知识与现实生活相结合，还能在实践中发现问题、解决问题，从而培养独立思考和自主创新的能力。研学旅行鼓励学生主动探索，勇于尝试，这对于提高他们的创新素养尤为重要。在旅行中，学生需要不断适应新环境、面对新挑战，这样的过程能够激发他们的创造力和创新思维。因此，研学旅行不仅是一次简单的外出活动，更是学生成长道路上的一次重要历练，对于增强他们的实践能力，提高创新素养具有不可替代的作用。

（三）培养综合素质，提升核心素养

通过研学旅行，学生能够在实践中学习，将课堂知识与现实生活相结合，从而培养解决实际问题的能力。这种学习方式不仅增强了学生的实践能力和创新思维，还促进了他们情感、态度和价值观的全面发展。在研学旅行中，学生需要学会与他人沟通合作，这有助于提升他们的社交能力和团队协作精神。同时，通过亲身体验和实地考察，学生可以更加深刻地理解社会、自然和人生，从而形成正确的价值观和人生观。因此，研学旅行是培养学生综合素质、提升核心素养的有效途径。

（四）增强社会责任感，激发爱国自豪感

研学旅行通过实地探访历史遗迹、革命圣地，让学生能够深切感受到先辈们为国家独立、民族复兴所付出的巨大牺牲和努力，这种身临其境的体验远比书本上的文字更加生动有力。在这样的学习过程中，学生会逐渐意识到自身所肩负的社会责任，明白个人的成长与发展是与国家的命运紧密相连的。同时，研学旅行中的所见所闻也会让学生为祖国的悠久历史、灿烂文化和辉煌成就而感到由衷自豪，从而在他们心中种下爱国主义的种子，激励他们为国家的繁荣富强而努力奋斗。

◇ 任务评价

班级：　　　　　　　　姓名：　　　　　　　　学号：

评价项目	评价标准	分值	自评	互评
学习态度	认真按照要求完成学习任务	10		
专业知识	全面掌握完成任务所需专业知识	40		
沟通交流	能清楚表达自己观点，并与他人有效沟通	10		
团队意识	具有主动与团队成员协作完成任务的意识	10		
信息素养	会搜集信息，并分析、运用信息	10		
实践能力	根据知识，能够进行实践操作	20		
总分		100		

◇ 任务小结

知识要点	
技能要点	
遇到的问题	
解决问题的方法	

◇ 任务思考

在研学旅行课程中，如何最大限度地把研学旅行的特点通过课程活动展示出来？

—— 任务三　研学旅游指导师的职责与要求 ——

研学旅游指导师是研学旅行过程中不可忽略的重要力量。他们主要负责中小学生在研学旅行过程中的教育及安全。研学旅游指导师的主要职责是在研学旅途中帮助孩子们获得有益的学习经验，促进其身心全面和谐发展，提升中小学生的自理能力、创新精神和实践能力。研学旅游指导师在研学旅行过程中的角色绝不仅仅是知识的传递者，还是中小学生研学旅行的支持者、合作者、引导者。

◇任务目标

1. 掌握研学旅游指导师的职责。
2. 掌握研学旅游指导师的要求。

◇任务描述

在了解了研学旅行的相关知识后，作为未来将在研学旅行行业从业的小陆，迫切想了解研学旅游指导师的岗位职责与要求。如果你是小林，你打算怎么样让小陆认识和了解研学旅游指导师呢？

◇任务分析

1. 梳理研学旅游指导师的岗位职责。
2. 归纳研学旅游指导师的岗位要求。

◇知识准备

2024 年 7 月 25 日，《人力资源社会保障部办公厅　市场监管总局办公厅　国家统计局办公室关于发布生物工程技术人员等职业信息的通知》（人社厅发〔2024〕36 号）将"研学旅行指导师"（4–13–04–04）职业名称变更为"研学旅游指导师"。同时，将职业定义变更为"策划、制定、实施研学旅游方案，组织、指导开展研学体验活动的人员"。

研学旅游指导师，作为近年来教育领域新兴的职业，其职责和工作内容在不断地丰富和完善。他们不仅仅是研学旅行的组织者和实施者，更是学生知识学习的引导者、情感体验的陪伴者以及身心发展的促进者。

一、研学旅游指导师的职责

（一）设计研学旅行方案

研学旅游指导师作为研学旅行行业中的核心人员，其职责之一便是设计研学旅行方案。这一职责涵盖了多个方面，为学生提供一个富有教育意义、安全且有趣的研学旅行体验。

首先，研学旅游指导师需要根据学生的年龄、学习需求、兴趣爱好等因素，结合学校或机构的教育目标，设计科学合理的研学旅行计划。这包括确定研学旅行的主题、目的地、活动内容、时间安排、交通方式等多个方面。

其次，根据学习主题和目标，选择适合的目的地和活动内容。这些活动可以包括参观博物馆、古迹、实验室等，也可以包括户外拓展、科学实验、艺术创作等。研学旅游指导师需要深入了解学习主题的相关知识，并将其与研学旅行的各个环节相结合，确保学生在旅行中能够深入了解和体验相关领域的知识。

再次，安排行程和时间。制订详细的行程安排和时间表，包括出发时间、到达时间、活动开始和结束时间等。确保行程合理、紧凑且有序。研学旅游指导师根据学习主题和内容，准备相关的教学材料，如讲义、PPT、视频等。这些材料应简洁明了、易于理解且富有启发性。

最后，制订安全预案。针对可能出现的各种安全问题，制订详细的安全预案，包括紧急疏散、急救措施等。

（二）组织实施研学活动

一方面，研学旅游指导师需全程参与研学活动的组织与实施，包括安排行程、准备教学材料、协调各方资源等，确保研学活动的顺利进行。在研学旅行过程中，指导师要针对现场环境进行实地教学，引导学生观察、思考、探索，激发他们的学习兴趣和求知欲。

另一方面，研学旅行结束后，研学旅游指导师需要对学生的学习成果进行评估和总结。他们可以通过组织学生进行反思和总结、展示学习成果等方式来了解学生的收获和成长。同时，他们还需要收集学生和家长的反馈意见，以便不断改进和优化研学旅行方案。

（三）提供专业指导

研学旅游指导师在研学旅行中为学生提供专业指导，解答学生的疑问，并帮助他们加深对学习主题的理解。指导师还需要引导学生进行讨论和思考，培养学生独立思考和解决问题的能力。在研学旅行中，指导师应引导学生积极参与各类实践活动，如实地考察、实验操作、小组讨论等。通过这些活动，学生可以亲身体验知识的应用过程，培养解决问题的能力和创新思维。此外，研学旅游指导师还应注重培养学生的团队协作和沟通能力。在旅行过程中，指导师可以组织学生进行小组合作，共同完成任务。这有助于学生学会倾听他人意见、表达自己的观点，以及协调团队内部的关系。

（四）保障学生安全

研学旅游指导师需要负责确保学生的人身安全和财产安全。他们需要与旅行社或景点方保持密切联系，了解相关安全信息，并在需要时采取相应的安全措施。此外，指导师还需具备一定的急救知识和技能，以应对突发状况。

（五）评估总结

研学旅行结束后，研学旅游指导师需要对学生的学习成果进行评估。他们可以通过组织学生进行反思和总结、展示学习成果等方式，了解学生在研学旅行中的收获和成长。同时，指导师还需要与学生和家长进行沟通，听取他们的意见和建议，不断改进和优化研学旅行的方案和实施过程。

二、研学旅游指导师的要求

（一）知识与技能要求

研学旅游指导师通常需要具备大专及以上学历，有教育、旅游、酒店管理等相关专业能力。他们应具备一定的教育背景，以便更好地理解和设计研学旅行活动。研学旅游指导师需要具备丰富的教育、旅游和管理知识，包括教育学、心理学、旅游学、历史学等多个领域，以便更好地为学生提供专业指导。

研学旅游指导师作为一个专业性的职业，确实需要具备一定的知识与技能。研学旅游指导师的专业背景可以多样化，但通常优先考虑具有教育学、旅游学、历史学、心理学、管理学等相关专业的学历背景。这些专业能够为报考者提供与研学旅行紧密相关的理论基础和实践经验。

（1）研学旅行理论。了解研学旅行的定义、目的、原理以及对学生发展的影响和意义。这是研学旅游指导师必须掌握的基础理论知识。

（2）研学活动设计与组织。学习如何设计和组织研学活动，包括目标设定、活动计划、行程安排、资源准备等。这要求研学旅游指导师具备创新思维和实际操作能力。

（3）目的地与教育资源。熟悉不同目的地的文化、历史、地理等知识，了解相关的教育资源和学习机会。这有助于研学旅游指导师在研学旅行过程中为学生提供更加丰富和有趣的学习体验。

（4）学生管理与指导。学习如何管理学生群体，包括组织学生活动、提供支持和指导、解决问题等。这要求研学旅游指导师具备良好的沟通能力和管理能力。

（5）安全与风险管理。掌握研学旅行的安全管理原则和风险评估方法，学习应对突发事件和紧急情况的应急处理能力。这是确保学生安全的重要保障。

（6）评估与反思。了解如何评估研学活动的效果和学生的学习成果，进行反思和改进。这有助于研学旅游指导师不断提升自己的专业素养和教学质量。

（7）专业伦理与法规。了解研学旅行领域的专业伦理准则和相关法规，包括教育法律、学生隐私权保护等。这是研学旅游指导师必须遵守的职业规范。

（二）教学能力和经验

研学旅游指导师作为教育与旅行的结合者，其教学能力和经验是确保研学活动质量与效果的关键。一名优秀的研学旅游指导师，除了应具备扎实的专业知识基础，还需要掌握教学方法、教育心理学等相关知识。能够根据学生的需求设计并实施有针对性的研学旅行活动。他们需要了解学生的学习特点和心理需求，能够运用有效的教学方法激发学生的学习兴趣和积极性。能够根据学生的年龄、兴趣及认知水平，灵活调整教学内容与方式，使学习变得生动有趣，激发学生的探索欲和求知欲。

研学旅游指导师通过多次带领学生参与实地考察、项目研究，积累了处理各种突发情况的能力，如天气变化、学生安全、行程调整等，确保研学活动顺利进行。同时，他们懂得如何引导学生观察、思考、讨论，将书本知识与现实世界相联系，促进学生的全面发展。

（三）沟通与协调能力

研学旅游指导师在研学活动中扮演着至关重要的角色，他们不仅是知识的传播者，更是活动的组织者和协调者。研学旅游指导师需要与学生、家长、学校、研学基地以及各类服务提供商进行广泛沟通。他们必须能够清晰、准确地传达研学活动的目的、内容、安排和注意事项，确保各方对活动有充分的理解和准备。在与学生沟通时，指导师要耐心倾听他们的想法和需求，鼓励他们积极参与，也要适时给予指导和建议。

在研学活动过程中，难免会遇到各种突发情况和挑战，如天气变化、交通延误、学生身体不适等。这时，研学旅游指导师的协调能力就显得尤为重要。他们需要迅速而冷静地评估情况，与各方沟通协调，制订出合理的解决方案。他们还要能够灵活调整活动计划，确保研学活动能够安全、有序地进行。

此外，研学旅游指导师还需要具备良好的团队合作精神。在研学活动中，他们要与学校教师、研学基地工作人员等紧密合作，共同为学生的学习和成长提供支持。通过有效的沟通与协调，他们能够形成合力，共同应对各种挑战，为研学活动的成功举办贡献力量。

（四）职业素养与服务意识

研学旅游指导师作为连接知识与实践的桥梁，职业素养与服务意识是确保研学活动高质量开展的关键要素。

（1）职业素养是研学旅游指导师的基本功。这包括深厚的专业知识储备、严谨的工作态度以及持续学习的精神。他们应紧跟时代步伐，不断更新教育理念，掌握最新的教学方法和技术，以便更好地引导学生探索未知，激发学习兴趣。同时，指导师还需具备强烈的责任心，对每位学生的安全、学习成效负责，确保研学活动既富有教育意义又安全有序。

（2）服务意识是研学旅游指导师不可或缺的品质。研学活动不仅仅是知识的传递，更是一次全方位的服务体验。指导师需要以学生为中心，关注他们的个性差异和实际需求，提供个性化、贴心的服务。这包括在活动设计上考虑学生的兴趣点，在学习过程中给予适时的帮助和鼓励，以及在生活起居上给予关怀和照顾。提供优质的服务，让学生感受到温暖与尊重，从而更加积极地参与研学活动。

（3）研学旅游指导师应具备良好的人际交往能力和情绪管理能力。他们需要与各方有效沟通，建立良好的合作关系，同时保持积极乐观的心态，面对挑战时能够冷静应对，为学生树立榜样。

◇任务评价

班级：　　　　　　　　　姓名：　　　　　　　　　　学号：

评价项目	评价标准	分值	自评	互评
学习态度	认真按照要求完成学习任务	10		
专业知识	全面掌握完成任务所需专业知识	40		
沟通交流	能清楚表达自己观点，并与他人有效沟通	10		
团队意识	具有主动与团队成员协作完成任务的意识	10		
信息素养	会搜集信息，并分析、运用信息	10		
实践能力	根据知识，能够进行实践操作	20		
总分		100		

◇任务小结

知识要点	
技能要点	
遇到的问题	
解决问题的方法	

◇任务思考

在研学旅行课程中，如何区分研学旅游指导师和学生班主任的职责？

项目二　研学旅行的兴起与发展

　　研学旅行起源于研究性学习，旨在鼓励学生通过实地考察和实践来学习，很快受到广泛的欢迎，并在全球范围内得到广泛的应用。在中国，研学旅行的思想和实践有着悠久的历史渊源。早在古代，就有许多学者通过游历来增长见识、求学问道。例如，孔子周游列国，通过实地考察和讲学来传播儒家思想。它不再仅仅是古代学者的个人游历活动，而是成为一种有组织、有计划的教育形式，目的是通过集体旅行的方式让学生走出校园，拓宽视野、增长见识、培养综合素质。

◆ 知识目标

1. 掌握研学旅行在国外及国内的历史起源及发展过程。
2. 了解国外研学旅行的主要模式。
3. 熟悉我国研学旅行在不同历史阶段的特点。
4. 认识当前研学旅行的市场趋势。
5. 了解研学旅行市场的产品。

◆ 能力目标

1. 能够分析研学旅行在不同历史阶段的发展特点及其影响因素。
2. 能够比较国内外研学旅行的发展模式、特点和优劣，提出改进建议。
3. 能够查阅资料，搜集和整理研学旅行信息。

◆ 素质目标

1. 通过了解研学旅行的历史文化，提升文化素养和跨文化交流能力。
2. 在研学旅行项目策划和实施过程中，培养创新意识和实践能力。

3. 通过参与研学旅行项目，学会关心他人、服务社会。

◆ 思政目标

1. 通过研学旅行发展历史，增强学生的文化自信和爱国情感。
2. 在研学旅行过程中，培养学生的世界观、人生观和价值观，树立社会主义核心
   价值观。

任务一　国外研学旅行发展历程

◇任务目标

1. 了解研学旅行在国外的发展历程。

2. 理解研学旅行在国外的主要模式。

◇任务描述

在欧洲和日本，研学旅行自古便是重要的人才培养方式，成为教育体系中的重要组成部分。如果你是小林，想跟小陆讲清楚研学在国外发展的历程，你打算怎么讲呢？

◇任务分析

1. 查阅资料，了解研学旅行在国外的发展历程。

2. 归纳总结研学旅行在国外的主要模式。

◇知识准备

一、国外研学的发展的历史

（一）16~18 世纪的发展

研学旅行起源于 16 世纪的英国，当时主要是贵族阶层的特权。他们通过游历欧洲大陆来增长见识、学习语言和文化，这种旅行方式被称为"Grand Tour"，中文翻译为"壮游"。其实，在中国自古就有"壮游"存在，它始于唐代，有杜甫创作的古诗《壮游》为证；而玄奘到西天取经，就是对壮游的最好诠释。

财富的普遍提升让英国上流社会子弟的大陆游学活动成为可能。从 16 世纪开始，英国贵族依靠租地或者出售土地上的木材掌握了大量的财富。这一时期，英国贵族享有经济和政治特权，借助贵族的地位优势抓住了发展机遇。正是因为财富的积累，英国贵族才有能力为子弟们的大陆游学活动提供庞大的财力支持。

绅士教育的兴起让英国新兴阶层有机会向上流社会靠拢，促使贵族阶层积极学习并探索多种教育形式。英国人开始追求更高教育，上流社会垄断高等教育，并利用游学方式吸收欧洲知识。在人文主义思想影响下，英国贵族主动前往意大利等国寻求多元化知识，以完善高等教育。这一系列变化不仅巩固了贵族地位，也拓宽了学习渠道、增长了见闻。

16 世纪中期后，英国交通条件改善，水路、陆路交通发展迅速，1669 年运河网建成，加强了国家间联系。交通路线的优化与工具的进步，为英国贵族子弟前往欧陆游学提供了便利，极大地激发了他们参与游学的热情，使得这一时期的游学活动空前活跃。

大陆游学的意义在于让贵族子弟博采众长，激发自身潜能，鼓励他们打开国家对外的大门。因此，大陆游学成为 16~18 世纪风靡英国的一种独特的教育方式，激励贵族青年到欧洲大陆游历学习、开阔视野、提高素养。

这种旅行不限于英国，德国、法国和意大利等国家也有类似的"漫游式修学旅行"传统。

（二）19 世纪的发展

16~18 世纪，英国大陆游学迎来鼎盛，尤以 18 世纪为甚，贵族青年游学活动达到高峰。然而，至 19 世纪初，游学逐渐从贵族化转向大众化，这一转变主要归因于两方面。

一方面，工业革命推动了交通运输业的发展，使得中产阶级和普通工薪阶层子女也能轻松前往欧洲大陆游学。铁路交通的兴起满足了远途出行的需求，同时，游学者出版的游记、日记等著作以及广泛流传的旅行指南和手册，激发了普通群众的旅行热情。

另一方面，贵族化的大陆游学逐渐转变为以休闲旅行为主。受工业革命影响，资本家组织工人度假，商人则看到了提供营利性境外旅行服务的商机，这对贵族游学造成了冲击。此时，游学活动范围已扩大至欧洲大陆以外，现代化的游学活动逐渐形成。英国政府也认识到游学对青少年成长的价值，将其纳入地方教学大纲，并要求学校开展研学旅行活动。

（三）20世纪至今的发展

进入20世纪，第二次世界大战对英国教育造成极大冲击，游学活动中止；这一时期，英国教育以发展具有自由主义教育特色的森林学校为主，这为研学旅行注入了新的活力。之后，随着教育理念的进步，国外研学旅行逐渐被纳入学校的教育体系。学校开始有组织地安排学生进行研学旅行，使其成为学校教育的重要组成部分。这种旅行不再仅仅是贵族的特权，而是面向更广泛的学生群体。研学旅行的目的和形式在这一时期逐渐多样化。学校开始根据学科特点和教学需求，组织各种专题的研学旅行。例如，科学考察、历史遗迹探访、艺术文化交流等，这些活动使学生能够在特定的领域进行深入学习和实践。随着研学旅行的普及和发展，各国政府和教育机构开始出台相关政策以支持其规范化发展。这些政策旨在保障学生的安全、提高研学旅游的教育效果，并促进国际的教育交流与合作。

二、国外中小学研学旅行课程实施的主要模式

从国外中小学研学旅行相关文献资料来看，目前国外主要有以下几种小学研学旅行课程实施模式：自然教育模式、生活体验模式、文化考察模式和交换学习模式。

（一）自然教育模式

研学旅行中重要的一种旅行资源就是自然环境。在国外，自然教育模式的研学旅行指的是为了更好地培养和发展学生的关键技能、知识和个人素质，由校方或民间机构开展的野外教育探险、自然历史古迹游学、自然中的动植物观察和景观观赏等活动所组成的学生旅行课程形式。该模式主张开放式教育，看重环境育人的效用。美国、日本、俄罗斯、马来西亚等许多国家将开展自然教育研学旅行作为校外教育的重要部分。在马来西亚，为了让学生了解、熟悉和收集有关森林保护的经验，养成森林保护意识，于是形成教育、旅行和森林保护三位一体的基于森林旅行的自然教育模式。

（二）生活体验模式

研学旅行是促进书本知识和生活经验深度融合的一种重要方式。在国外，生活体验模式的研学旅行指的是为了满足学生学会动手动脑、学会生存生活的需要，由开发者整合旅游基地的现有材料，使学生能直接接触社会生活环境，从而为学生创造整体的、特别的生活教育体验的学生旅行课程形式。该模式区别于校内生活情境学习和校内实践活动，主张在真实情境中学习，在社会生活中实践，日本、罗马尼亚等国的旅游教育者开发农场游学、职业体验、生存挑战等生活体验模式的研学旅行，学生从中接受生活教育、实践教育。

（三）文化考察模式

有国外学者认为，旅行使人们离开常居地前往不同的地方去接触、了解相对陌生的一种或多种文化，研学旅行是了解不同文化的最佳途径。随着全球化的发展，跨文化交际已经或将要成为生活中不可缺少的部分，培养学生的跨文化意识、跨文化理解力以及跨文化交际能力离不开文化教育。对学生而言，文化考察模式的研学旅行正是一种合适的文化教育形式，让学生从中接触到他们平常可能并不会访问的地方和事物，在短期停留、考察中增长对各类文化的认识以提升文化理解力、包容力以及交际能力。该模式主张多元文化的交互教育，在日本、美国、韩国等国家，无论是历史、语言、地理、风土人情、饮食、生活、职业特色，还是传统习俗、文学艺术、价值观念等，都可以成为文化考察旅行的课题，着力拓宽学生的视野。

（四）交换学习模式

交换学习模式的研学旅行被认为是向全球学生提供最佳教育的一种方式，在基础教育阶段也逐步得到重视与发展。交换学习模式的研学旅行使学生实现城市互访和学校交流，有利于建立跨地域、跨国籍的文化了解渠道，以增进地区间语言、自然、人文沟通和学术交流，学生在其中得到多方面的综合体验。该模式的内涵表现为基于城市互访或学校交流项目，学生离开现在的教育地，前往另一个教育地进行游学，是研学旅行的一种表现主题。在日本等国家，交换学习模式具有良好的社会基础，可以通过目的地旅游部门安排，与当地学校或社会等进行全面交流、合作与互动，实现综合性的研究性学习，符合了许多中小学生尤其是高年级学生的需求。

◇**知识链接**

日本研学旅行的实践模式

日本的研学旅行，或称"修学旅行"，是中小学教育不可或缺的一环，拥有悠久历史和深厚文化底蕴。古代日本信息闭塞，对外交流少，直至中世纪后期，研学旅行初现端倪。江户时期的参勤交代制度，即大名轮流前往都城执政后返回领地，逐渐演变为集体旅行，成为研学旅行的起源。

明治维新后，日本重视军事教育，1872 年文部省成立并颁发《学制》，标志着"文明开化"方针的确立，为研学旅行发展奠定基础。1882 年，枥木县第一中学教师带领学生在东京举办博览会，开启了研学旅行传统。1886 年，东京师范学院开展长途远足。1946 年，文部省正式将研学旅行纳入学校教育体系，为中小学生提供健全的项目，保证顺利实施。研学旅行被视为以学习专业知识和技能或增长见识为动机，学校组织的集体旅行活动，旨在达到多元学习目标。

第二次世界大战期间，研学旅行发展停滞。第二次世界大战后，民主思想传播，开始倡导人性化和规范化的研学旅行。1960 年，《日本学校教育法》规定研学旅行成为中小学常规教育活动。至今，研学旅行在日本中小学中的覆盖率已达 90% 以上，成为学生学习生活的重要组成部分。

日本研学旅行的发展历程，以第二次世界大战为重要转折点，伴随着国家政治、经济及教育领域的全面进步，逐渐展现出规范化、系统化的特点。这一教育活动的演进，虽历经波折，但始终得益于政府、学校及社会各界的紧密合作与精心策划，形成了一个高效协同的组织网络，为研学旅行的成功实施奠定了坚实基础。

（一）政府部门参与式

政府部门的积极参与是日本研学旅行规范化的关键。研学旅行已被正式纳入日本中小学的教育教学计划中，中央政府明确规定了其必要性，并制定了一系列完善的政策法规以确保实施。各都道府县依据文部省的指导，制定了《修学旅行实施基准》，该基准详细规划了研学旅行的目标、策略、保障措施等，针对不同年龄段的学生，分别制定了国内与海外的具体实施方案，包括行程安排、时间规划、费用预算及师资配备等。特别值得一提的是，研学旅行的经费由国家与地方财政共同承担，体现了政府对这一教育活动的重视与支持。此外，文部科学省、总务省等多个政府部门还联合推动了一系列特色项目，如小学生五日农村生活体验；同时，交通运输部门也为学生提供了交通费用优惠及便捷的出行服务。

（二）姊妹学校联动式

姊妹学校联动模式促进了研学旅行的国际化与多元化。日本学校积极与国内外学校建立姊妹关系，形成研学旅行联盟，根据学生的身心发展特点设计不同类型的活动。小学生以探索历史与自然为主，中学生则通过观光旅游结合专题活动来丰富学习体验。例如，大阪府清教学园姊妹学校联盟不仅促进了学生间的国际交流，还创新性地开展了职业体验型研学旅行，帮助学生建立未来职业规划。广岛盈进学园则通过友好城市互访模式，拓宽了学生的国际视野。

（三）专业机构指导式

专业机构的指导与监督是日本研学旅行高质量发展的保障。1957年成立的日本修学旅行研究学会（全修会），作为官方认可的专门机构，致力于研学旅行的研究、调查与信息汇总，为中小学提供指导与支持，同时处理相关申诉与请求，确保研学旅行的安全性、教育性与经济性。全修会的协调作用促进了各部门间的有效沟通，推动了具有日本特色的研学旅行体系的构建，从小学至中学，研学旅行已成为学生学习生涯中不可或缺的一部分，并得到了社会各界的广泛支持与媒体的积极宣传。

（资料来源：李文雅. 英日两国中小学研学旅行实践模式及经验启示［D］. 大庆：东北石油大学，2020. 有改动）

◇任务评价

班级：　　　　　　　　　姓名：　　　　　　　　　学号：

评价项目	评价标准	分值	自评	互评
学习态度	认真按照要求完成学习任务	10		
专业知识	全面掌握完成任务所需专业知识	40		
沟通交流	能清楚表达自己观点，并与他人有效沟通	10		
团队意识	具有主动与团队成员协作完成任务的意识	10		

续表

评价项目	评价标准	分值	自评	互评
信息素养	会搜集信息，并分析、运用信息	10		
实践能力	根据知识，能够进行实践操作	20		
	总分	100		

◇ 任务小结

知识要点	
技能要点	
遇到的问题	
解决问题的方法	

◇ 任务思考

如何把国外优秀的研学旅行形式借鉴到我们的研学旅行课堂活动中？

任务二　我国研学旅行发展

◇任务目标

了解研学旅行在我国的发展历程。

◇任务描述

自古以来，我国就有"读万卷书，行万里路"的教育理念，鼓励学子们走出书斋，通过实地考察和体验来增长见识、拓宽视野。如果你是小林，你打算怎么跟小陆讲研学在我国的发展历程呢？

◇任务分析

1. 查阅资料，了解研学旅行在我国的发展历程。

2. 总结我国不同时期研学旅行的特点。

◇知识准备

一、我国研学旅行的发展历程

研学旅行自古以来就被视为提升素质、增长才干和开阔视野的有效途径。通过对研学旅行的深入研究发现，在不同的历史阶段呈现出不同的特点，每一个时期都在传承创新中发展演变。

（一）研学旅行的起源阶段

我国研学旅行最早可追溯至春秋战国时期，先秦的诸子百家首先提出"游学"的概念。各诸侯之间纳贤养士，厚招游学，文化思想领域百家争鸣，促进了研学旅行的肇端。我国研学旅行精神溯源于孔子，孔子携弟子周游天下，确立了文化之旅、自然之旅的旅行观念，形成了"山水比德观"，他的周游列国治学精神开了中华研学旅行的先河；墨子曾四处奔走游历；惠施曾游魏、宋、楚等地；韩非子与李斯曾跟从荀子开展研学游等。这种游学传统为研学旅行提供了深厚的历史和文化底蕴，都是研学旅行的重要起源和典范。

（二）研学旅行的深化发展阶段

汉代至唐朝时期是研学旅行进一步的深化发展阶段。虽然秦朝的焚书坑儒一度让研学旅行受到影响，但汉初很快恢复了，并传承了春秋战国时期的"游士之风"，主要是为求知而游和谋取仕途；魏晋南北朝时期发展盛行，主要以私学游为主，呈现出玄游、佛游和仙游等形式，形成了一套完整的自然美和游学审美的理论；隋唐时期创造了高度繁荣的物质文明和经济文明，科举制度出现，民间私学盛行，研学旅行主要表现为求学游、求仕游、休闲游三种类型，具有研学旅行主体多元、内容丰富、地域范围广泛的个性和特点，还有很多人到国外去学习游历，同时大量国外人员来唐研学旅行，为当时整个国家的发展和国内外文化合作交流起到了很大的推动作用。

（三）研学旅行的多元兴盛阶段

宋代至明清时期是研学旅行兴盛时期。两宋时期官学、私学、书院成为有志之士参加科举考试、学子研学旅行的理想场所，研学旅行成为一种较为突出的文化教育现象，官学的教学设施完善、教学水平较高、办学规模较大，生徒还享有生活补助、免役、免丁税等特权，这一时期的研学旅行内容突破了经学藩篱，打破了严格的门阀贵族限制，寒士比例增多，有利于学术、文化的交流与发展；元朝大规模游士之风盛行的同时，儒士的游学之风也较为盛行；明朝中叶起，一些有识之士开始专注于探索自然界的规律，逐渐向实地考察、科研探索等方面发展，赋予研学旅行以科学文化的内涵；清朝是满汉民族文化融合发展的重要时期，民族大融合促进了研学旅行的发展，鸦片战争后期，研学旅行主要聚焦于国外，将研学旅行与民族命运、国家兴亡紧密结合，一批批爱国志士游学海外，寻求救国图强之道。这一阶段研学旅行呈现出多元化的特点，一度盛行。

（四）研学旅行的系统规范阶段

中华人民共和国成立以来，研学旅行在各层次教育中广泛开展，成为人才培养所关注的重要课题。2003年我国在上海成立了首个"修学旅行中心"。2008年广东省将研学旅行作为必修课写进了中小学的教学大纲。2012年以来，国家先后选取安徽、江苏、陕西、上海、河北、江西、重庆、新疆8个省（区、市）作为研学旅行试点。2013年国务院办公厅印发的《国民旅游休闲纲要（2013—2020年）》提出"逐步推行中小学研学旅行"的举措。2014年教育部颁发了《关于进一步做好中小学研学旅行试点工作的通知》。2016年教育部颁发了《关于做好全国中小学研学旅行试验区工作的通知》《关于推进中小学研学旅行的意见》。2017年教育部印发的《中小学综合实践活动课程指导纲要》中将研学旅行作为必修课程纳入综合实践活动。这一系列文件的出台，为研学旅行提供了政策支持和战略指导，明确了研学旅行的目标、方向和具体的组织实施。这一时期的研学旅行呈现出系统化、规范性发展的盛况，并将其作为必修课渗透到爱国主义教育、历史文化体验、生物观察探索、地质考察等教育活动中。

二、研学旅行发展现状

研学旅行发展现状可以从以下几个方面进行概述。

（一）市场规模与增长

研学旅行市场规模近年来呈现出快速增长的态势。据相关数据，2023年全国中小学生研学实践教育基地超过1600个，研学企业30000多家，研学市场规模达到1469亿元。[1]随着教育理念的转变和旅游消费的升级，越来越多的家庭和学校开始重视研学旅行，将其视为一种重要的教育方式。市场规模的扩大也带动了相关产业的发展，如研学基地、研学课程、研学旅游指导师等。

（二）产品与服务多样化

在产品类型上，研学旅行产品已经远远超出了传统的课堂教学范畴，涵盖了知识科普、自然观赏、体验考察、励志拓展、文化康乐等多个领域。这些产品不仅让学生走出校园，亲身体验和感受知识的魅力，还促进了学生综合素质的全面提升。

---

[1] 中研网. 2024研学旅行市场前瞻分析与未来投资战略［EB/OL］.（2024-08-08）［2024-10-20］. https://www.chinairn.com/hyzx/20240808/173640348.shtml.

在服务方面，研学旅行机构提供了从行前准备到行程结束的全方位服务。行前，机构会根据学生的需求和兴趣，量身定制研学方案，并提供详细的产品说明书和安全防控措施。行程中，专业的导师团队会全程陪同，确保学生的安全和学习效果。行程结束后，机构还会进行反馈收集，不断优化服务质量和产品内容。

此外，研学旅行产品与服务的多样化还体现在与科技的深度融合上。互联网、大数据、人工智能等科技手段的应用，让研学旅行更加便捷、高效。例如，通过智能穿戴设备监测学生的健康状况，利用大数据分析优化行程安排，通过虚拟现实技术让学生身临其境地感受历史文化等。

（三）政策支持与推动

国家层面高度重视研学旅行的发展。教育部等 11 部门联合印发了《关于推进中小学生研学旅行的意见》，明确提出将研学旅行纳入学校教育教学计划，推动研学旅行健康快速发展。此外，国务院办公厅印发的《国民旅游休闲纲要（2013—2020 年）》也明确提出"要逐步推行中小学生研学旅行"，进一步为研学旅行的发展提供了政策依据。地方政府也积极响应国家号召，出台了一系列支持研学旅行的政策措施。例如，一些地方政府推出了研学旅行补贴政策，取消研学旅行企业税收，制定行业发展政策等，为研学旅行产业创造了良好的政策环境。地方政府还积极建设研学旅行基地，打造研学旅行精品线路，为研学旅行的发展提供了有力支撑。

在政策的推动下，研学旅行市场呈现出蓬勃发展的态势。越来越多的学校、家长和学生开始重视研学旅行，将其视为提升学生综合素质、拓宽视野的重要途径。研学旅行产品也日益丰富多样，涵盖了历史文化、自然生态、科技创新等多个领域，满足了不同年龄段、不同兴趣偏好的学生需求。

（四）产业链整合与发展

研学旅行产业链的整合与发展是近年来教育领域的一大热点。这一产业链涵盖了上游资源提供方、中游研学旅行企业以及下游学校、学生家长等需求主体。

在上游，高校、事业单位、研学基地和营地等构成了资源提供方，它们为研学旅行提供了丰富的教育资源，如历史文化、科技创新、自然探索等领域的知识点和体验项目。这些资源的整合与利用，为研学旅行提供了坚实的基础。中游则是研学旅行企业，包括旅行社、教育培训机构、留学机构和销售平台等。它们负责承接上游的研学项目和开发具体研学产品，将教育资源与旅游服务有效对接，确保研学旅行的顺利进行。同时，它们还通过专业的组织和接待服务，提升研学旅行的教育性和科学性。下游则是学校、学生家长等需求主体。他们对研学旅行的需求日益多样化，推动了研学旅行产品的不断创新和丰富。学校作为研学旅行的主要组织者之一，根据教育需求和学生特点选择合适的研学旅行产品。学生及家长则根据自身兴趣和需求选择适合的研学旅行项目。

随着研学旅行市场的不断发展，产业链的整合也显得尤为重要。通过打破行政区域界限、建立旅游协作组织，可以促进旅游资源要素的高效、合理流动，加强各节点企业的沟通协调，建立共同发展理念。同时，培育旅游产业链中的核心企业，增强协调整合作用，也是产业链整合的关键。

（五）挑战与机遇并存

一方面，研学旅行面临着同质化严重、价格虚高、安全管理不力、教育效果不显著等挑战。许多研学旅行项目内容重复，缺乏新意，导致学生参与积极性降低。高昂的费用也给家庭经济状况不佳的学生带来较大负担，限制了他们的参与机会。此外，部分研学旅行在安全管理上存在漏洞，应急预案不完善，增加了风险。一些研学活动过于注重旅游成分，忽视了教育的核心价值，导致学习效果不明显。另一方面，研学旅行也迎来了诸多机遇。随着"双减"政策的出台和国家对人才培养模式的改革，素质教育越来越受到重视，研学旅行作为素质教育的重要组成部分，市场需求持续增长。政府也相继出台了一系列政策措施，支持研学旅行产业的发展，为研学旅行创造了良好的政策环境。互联网、大数据、人工智能等科技手段的应用，也为研学旅行提供了更多的创新可能性，提升了服务质量和用户体验。

面对挑战与机遇并存的局面，研学旅行行业需要不断创新，提升产品质量和服务水平。通过加大市场准入和监管力度，制定统一的标准和规范，确保研学旅行市场的健康发展。同时，研学旅行机构也应注重课程化建设和师资培训，提升教育效果和社会影响力。只有这样，研学旅行才能在激烈的市场竞争中脱颖而出，实现优质发展。

◇ 任务评价

班级：　　　　　　　　　　姓名：　　　　　　　　　学号：

评价项目	评价标准	分值	自评	互评
学习态度	认真按照要求完成学习任务	10		
专业知识	全面掌握完成任务所需专业知识	40		
沟通交流	能清楚表达自己观点，并与他人有效沟通	10		
团队意识	具有主动与团队成员协作完成任务的意识	10		
信息素养	会搜集信息，并分析、运用信息	10		
实践能力	根据知识，能够进行实践操作	20		
总分		100		

◇ 任务小结

知识要点	
技能要点	
遇到的问题	
解决问题的方法	

◇ 任务思考

如何理解现在的研学旅行与先秦诸子的游学之间一脉相承的关系？

项目三　研学旅行课程设计

研学旅行课程设计是一个综合性强、注重实践与体验的过程。它不仅仅是对传统课堂知识的简单复现，更是通过实地考察、亲身体验、互动交流等方式，让学生在真实的情境中学习、探索和成长。课程设计应充分考虑学生的年龄特点和兴趣爱好，结合地域文化和资源优势，制定出既有教育意义又具吸引力的主题。同时，课程还应注重培养学生的观察力、思考力和解决问题的能力，引导他们在研学过程中主动探索、积极实践。此外，安全管理和后勤保障也是课程设计中不可忽视的重要环节，确保学生在研学旅行中的身心健康和安全。

◆ 知识目标

1. 掌握研学旅行需求调研的方法。

2. 掌握研学旅行课程设计的基本原则和流程。

3. 了解研学旅行资源调查的操作要求和操作流程。

4. 理解研学旅行课程主题的基本原则和分类。

5. 掌握研学旅行课程主题设计的方法。

6. 掌握研学旅行课程目标的内容体系和方法技巧。

7. 掌握研学旅行行程规划的基本原则和步骤。

8. 了解研学旅行成本核算的要求。

9. 掌握研学旅行成本核算的操作流程，

◆ 能力目标

1. 能够进行实地调查，收集和分析研学旅行资源信息。

2. 能够收集和分析参与者对研学旅行的需求和反馈。

3. 能够设计研学旅行课程主题。

4. 能够制订研学旅行课程计划，包括课程目标、内容、实施方式和评价等。

5. 能够识别研学旅行过程中可能出现的问题，并提出解决方案。

6. 能够结合实际情况，创新研学旅行课程内容和形式。

7. 能够运用统计学方法对收集到的数据进行深入分析。

◆ 素质目标

1. 培养他们的创新思维和实践能力。

2. 提高他们的学习兴趣和动力。

3. 培养他们的文化素养和人文情怀。

4. 培养他们的社会责任感和公民意识。

◆ 思政目标

1. 通过研学旅行，培养学生的爱国情感和民族自豪感。

2. 鼓励学生参与文化传承活动，培养他们的文化认同感和传承意识。

3. 培养学生的生态文明意识，引导他们积极参与环境保护。

4. 注重法治教育，引导学生遵守法律法规和社会公德。

任务一 研学旅行课程需求调研

◇**任务目标**

掌握研学旅行课程需求调研的方法。

◇**任务描述**

研学旅行课程需求调研涵盖学生感兴趣的研学主题、期望的旅行目的地、希望从中获得的学习成果以及对于课程时长、住宿条件、交通方式等方面的具体要求。如果你是小林，你打算怎么跟小陆讲解研学旅行课程需求的调研呢？

◇**任务分析**

1.实地调查，了解中小学生研学旅行课程需求。

2.将中小学生的需求归纳总结。

◇**知识准备**

研学旅行课程需求调研是一个综合性的过程，通过收集和分析不同利益相关者的意见和期望，来设计和优化研学旅行课程。

一、调研目的

研学旅行需求调研的目的在于深入了解和把握目标市场群体对于研学旅行的多元化、个性化需求，从而为研学旅行产品的设计与优化提供科学依据。调研要实现以下几个核心目标。

首先，通过调研可以明确研学旅行的目标受众，包括学生的年龄层次、兴趣爱好、学习需求等，以及家长和教师对研学旅行的期望与关注点，从而确保研学旅行产品的针对性和实效性。

其次，调研有助于揭示市场对研学旅行内容的偏好，如历史文化、自然科学、社会实践等领域的热度，以及对于互动体验、实践操作等环节的需求，进而指导研学旅行项目的开发与创新。

再次，通过了解消费者对研学旅行价格、行程安排、安全保障等方面的满意度与期望，可以为研学旅行服务的定价策略、行程设计及安全保障措施的制定提供参考，提升整体服务质量。

最后，研学旅行需求调研还能帮助识别市场中的潜在机会与挑战，为研学旅行行业的持续健康发展提供战略导向，促进教育资源与旅游资源的深度融合，推动研学旅行市场的繁荣发展。

二、调研对象

研学旅行课程需求调研的对象主要包括以下几个方面。

（1）学校管理层。包括校长、副校长、德育主任等，他们负责学校整体教育教学的规划和决策，对研学旅行课程的需求有较为全面的了解。

（2）相关教师。包括年级组长、班主任、任课教师及带队教师等，他们直接参与学生的教育教学活动，对学生的学习需求和特点有深入的了解。

（3）学生及家长。学生是研学旅行课程的直接参与者，他们的需求和兴趣对课程的设计至关重要。家长则作为学生的监护人和支持者，对课程的认可度和满意度也会影响课程的实施效果。

三、调研内容

研学旅行调研内容应全面覆盖参与者的基本特征、消费习惯、偏好选择、影响因素、满意度评价及未来期望等多个维度，以确保调研结果的全面性和准确性。以下是对研学旅行调研内容的详细概述。

（1）参与者基本特征。调研应首先关注参与研学旅行活动的人群基本特征，包括年龄分布、性别比例、教育背景等，以了解不同人群对研学旅行的参与程度和需求差异。

（2）消费习惯与预算。了解参与者的消费习惯，包括研学旅行的费用来源、预算范围、支付方式等，有助于旅游企业制定合理的价格策略和支付方式，满足消费者的经济承受能力。

（3）偏好选择与需求。调研应涵盖参与者对研学旅行内容的偏好，如学科领域、活动类型、目的地选择等，以及出行方式、住宿类型、餐饮安排等实际需求，为旅游企业设计符合市场需求的研学旅行产品提供依据。

（4）影响因素分析。分析影响参与者选择研学旅行的因素，包括时间、经济、同伴、安全等，有助于旅游企业识别市场中的潜在障碍和风险，制定相应的应对措施。

（5）满意度评价与改进建议。收集参与者对研学旅行活动的满意度评价，包括教育内容、旅游服务、安全保障、行程安排等方面，以及他们对未来研学旅行活动的改进建议，为旅游企业提升服务质量和优化产品提供参考。

四、调研方法

研学旅行课程需求调研的方法主要包括以下几种。

（1）问卷调查。设计并发放问卷，通过书面形式收集学校、教师、学生及家长的意见和建议。问卷调查具有覆盖面广、收集信息量大的优点。

（2）访谈。采用面对面访谈、电话访谈或邮件访谈等方式，深入了解调研对象的具体需求和期望。访谈可以更加直接地获取受访者的主观感受和真实想法。

（3）专题会议。组织学校管理层、相关教师及家长代表等召开专题会议，就研学旅行课程的需求进行深入讨论和交流。专题会议有助于集思广益，形成更加全面和可行的课程方案。

五、调研步骤

研学旅行需求调研的步骤通常包括以下几个关键阶段，以确保调研的全面性、准确性和有效性。

（1）明确调研目标与范围。明确研学旅行需求调研的具体目的，如了解目标群体的研学偏好、需求特点、市场现状等。根据调研目的，确定调研的地域范围、人群范围（如学生、教师、家长、旅游企业等）及调研内容的具体领域。

（2）设计调研方案。根据调研目标和范围，选择合适的调研方法，如问卷调查、访谈、焦点小组讨论、观察法等。问卷调查因其覆盖面广、收集信息量大而常被采用。采用问卷调查法，则需要设计科学合理的问卷，包括问题设计、选项设置、逻辑结构等。问卷内容应涵盖研学旅行的需求、偏好、期望、满意度等多个方面。明确调研的时间安排、人员分工、样本量确定、数据收集与分析方法等。

（3）实施调研。根据调研目标和范围，选择合适的样本群体，并采用随机抽样、分层抽样、整群抽样等方法确定样本量。按照调研计划，通过问卷调查、访谈等方式收集数据。在数据收集过程中，要确保数据的真实性和有效性。对调研过程进行质量监控，如问卷回收率、访谈记录完整性等，确保调研数据的可靠性和准确性。

（4）数据分析与解读。对收集到的数据进行整理，包括数据清洗、编码、录入等步骤。运用统计软件或方法，对整理后的数据进行描述性统计、相关性分析等，以揭示研学旅行需求的特点和规律。根据数据分析结果，对研学旅行需求进行解读，明确目标群体的具体需求和期望，以及市场现状和发展趋势。

（5）撰写调研报告。将调研目的、方法、过程、结果和解读等内容整理成调研报告。调研报告应结构清晰、逻辑严密、数据翔实。根据调研结果，提出有针对性的建议与对策，为研学旅行产品的开发、优化和推广提供参考。

（6）成果应用与反馈。将调研报告的成果应用于研学旅行产品的设计、营销和服务等环节，提升产品的竞争力和市场占有率。在研学旅行产品实施过程中，持续收集目标群体的反馈意见，以便对产品和服务进行持续改进和优化。

六、注意事项

在进行研学旅行课程需求调研时，需要注意以下几个方面。

（1）确保调研对象的代表性。尽可能选择具有代表性的调研对象，以确保调研结果的客观性和准确性。

（2）保护隐私和信息安全。在收集和处理调研信息时，要注意保护个人隐私和信息安全，避免泄露敏感信息。

（3）及时反馈与沟通。在调研过程中要及时与调研对象进行沟通和反馈，确保信息的准确性和完整性。

（4）注重数据的真实性和有效性。在数据整理和分析过程中要注重数据的真实性和有效性，避免主观臆断和偏见的影响。

◇ 任务评价

班级：　　　　　　　　　姓名：　　　　　　　　　学号：

评价项目	评价标准	分值	自评	互评
学习态度	认真按照要求完成学习任务	10		
专业知识	全面掌握完成任务所需专业知识	40		
沟通交流	能清楚表达自己观点，并与他人有效沟通	10		
团队意识	具有主动与团队成员协作完成任务的意识	10		
信息素养	会搜集信息，并分析、运用信息	10		
实践能力	根据知识，能够进行实践操作	20		
总分		100		

◇ 任务小结

知识要点	
技能要点	
遇到的问题	
解决问题的方法	

◇ 任务思考

如何针对不同学情的学生开展研学旅行需求调研？

——————————— 任务二　研学旅行资源调查 ———————————

◇任务目标

1. 理解研学旅行资源调查的操作要求。

2. 掌握研学旅行资源调查的操作流程。

◇任务描述

研学旅行资源调查是指考察潜在的目的地及这些地点所能提供的教育资源和体验活动。同时，调查还会关注目的地的交通便利性、住宿设施的适宜性、当地的安全状况以及是否具备专业的研学指导团队。如果你是小林，你打算怎么跟小陆讲解研学旅行资源调查的操作要求和操作流程呢？

◇任务分析

1. 查阅资料，理解研学旅行资源调查的操作要求。

2. 描述研学旅行资源调查的操作流程。

◇知识准备

一、研学旅行资源调查操作要求

研学旅行课程资源调查是一项重要的工作，它要求全面、系统地评估和利用各种资源，以支持研学旅行的有效实施。

（一）明确调查目的与范围

1. 调查目的

全面了解各地可用于研学旅行的教育资源、自然景观、科技设施等，评估其教育价值和适用性。基于资源调查结果，设计更符合学生需求、具有教育意义的研学旅行课程，确保课程内容的丰富性和多样性。考察目的地的安全性、交通便利性、住宿条件等，确保研学旅行过程中学生的安全与健康，同时提升整体旅行体验的质量。与目的地相关机构建立联系，探讨合作可能性，共同推动研学旅行事业的发展，促进教育资源的共享与交流。

2. 调查范围

明确调查范围有助于更精准地定位资源需求，为研学旅行活动的顺利开展奠定坚实基础。调查的范围主要包括以下几种。

（1）目的地类型。其包括知识科普型，如博物馆、科技馆、动物园、植物园等；自然观赏型，如依托山川、江河、湖泊、大海、草原、沙漠等自然资源建立的公园、景区；体验考察型，如农庄、实践基地、夏令营营地或拓展基地等。

（2）地域范围。根据实际需求，调查范围可覆盖国内多个省份或特定区域，甚至可延伸至国际范围，以提供更广阔的视野和多元化的学习体验。

（3）资源类型。资源类型包括以下五种。一是教育资源，如专业讲师、研学导师、教育课程等，确保学生在旅行过程中能够获得专业的指导和教育。二是自然景观，如山川湖泊、森林草原等，让学生亲近自然，了解生态保护的重要性。三是科技设施，如科技馆、创新中心等，通过参观学习，激发学生的科技兴趣和创新能力。四是文化体验，如民俗活动、手工艺制作等，让学生深入体验当地文化，增进文化理解和尊重。五是相关服务，包括交通、住宿、餐饮等配套设施的调查，确保学生在研学旅行过程中得到服务保障。

（二）制订详细的调查计划

1. 设计调查框架

根据目标，设计调查问卷或访谈大纲，内容应包含资源类型、地理位置、历史背景、现状描述、教育价值评估、可开发潜力等多个方面。同时，确定数据收集方法，如实地考察、专家访谈、文献回顾等。

2. 确定调查方法

选择适当的调查方法，如文献研究、问卷调查、访谈、实地考察等，结合多种方法以获取更全面的信息。

3. 时间安排

合理规划调查的时间表，包括准备阶段、实施阶段、数据分析阶段和报告撰写阶段。

4. 样本选择

确保样本的代表性和广泛性，覆盖不同地区、不同类型、不同层次的研学旅行课程资源。

（三）确保调查内容的全面性和深入性

1. 资源类型与特点

详细调查各类研学旅行资源的类型、特点、数量、分布等，了解其教育价值和适用对象。

2. 资源质量与教育价值

评估资源的专业性、安全性、教育效果等，确保资源能够满足研学旅行的教育需求。

3. 市场需求与反馈

通过问卷调查、访谈等方式收集学生、教师、家长等对研学旅行课程资源的需求和反馈，了解市场需求的变化趋势。

（四）遵循科学、客观的调查原则

1. 科学原则

调研应全面覆盖研学旅行资源的各个方面，包括自然资源、文化遗产、科技设施等，形成完整、系统的数据体系。采用科学合理的调研方法，如实地考察、问卷调查、深度访谈等，确保数据的真实性和有效性。对收集到的数据进行深入分析，运用统计学、地理学、教育学等多学科知识，揭示资源的内在规律和特点。

2. 客观原则

调研过程中应如实记录资源的实际情况，不夸大、不缩小，确保数据的真实性。调研者应保持中立态度，不受个人喜好、偏见或利益集团的影响，客观评价资源的价值和潜力。调研结果应具有可验证性，即其他研究者或机构在相同条件下能够重复验证调研结果。

（五）注重数据分析与结果应用

通过数据分析，可以揭示研学旅行资源的分布规律、类型特征、教育价值等，为项目规划提供科学依据。数据分析有助于准确评估资源的研学旅行价值，包括教育意义、吸引力、可开发潜力等，为资源筛选和优先级排序提供依据。通过深入分析数据，可以发现资源保护、利用等方面存在的问题，为提出改进建议提供支撑。

调研结果应直接应用于研学旅行项目的规划，包括线路设计、活动安排、教育目标设定等，确保项目与资源特点相匹配。根据调研结果，可以优化资源的管理和保护措施，提高资源的可持续利用能力。调研结果还可以为地方政府、旅游企业等提供决策参考，促进研学旅行产业的健康发展。

（六）实践中的注意事项

1.确保数据质量

数据分析的前提是数据质量可靠，因此要确保调研过程的严谨性和数据的真实性。

2.多维度分析

应从多个角度对数据进行深入分析，避免片面性，确保结果的全面性和准确性。

二、研学旅行资源调查操作流程

研学旅行课程资源调查是一个系统而细致的过程，旨在确保所选择的资源能够满足研学旅行的教育目标和学生的实际需求。

（一）前期准备阶段

（1）确定研学旅行资源调查的具体目的，如了解资源分布、评估资源价值、制定开发规划等；界定调查的地域范围、资源类型及调查深度等。

（2）组建由地理、教育、旅游等多领域专家组成的调查小组，确保团队成员具备丰富的专业知识和实践经验。

（3）通过图书馆、互联网、政府部门等渠道，收集关于研学旅行资源的历史文献、政策文件、统计数据等相关资料。对收集到的资料进行整理和分析，为实地调查提供参考依据。

（二）实地调查阶段

（1）按照调查计划，对选定的研学旅行资源进行实地踏勘，了解资源的地理位置、自然环境、人文景观等基本情况。

（2）对当地居民、游客、管理人员等进行访谈，了解他们对研学旅行资源的看法和建议。设计并发放问卷调查表，收集游客和潜在游客对研学旅行产品的需求和偏好信息。

（3）在实地调查过程中，详细记录资源的特点、规模、现状等信息，并使用 GPS 定位仪等设备记录地理位置信息。对收集到的数据进行整理和分析，形成初步的研学旅行资源数据库。

（三）资料整理与分析

对收集到的资料与信息进行整理和分析，包括以下三步。

（1）分类整理。将收集到的资料按照资源类型、地域范围、教育价值等进行分类整理。

（2）数据分析。运用统计学方法对问卷调查结果进行数据分析，了解目标群体对研学旅行资源的偏好和需求。

（3）综合评估。结合实地考察、访谈结果和政策文件等内容，对研学旅行资源进行综合评估，确定其教育价值、可行性和发展潜力。

（四）成果总结与应用阶段

（1）将调查过程、数据分析结果及开发建议等内容整理成详细的调查报告。

（2）通过会议、研讨会等形式，向相关部门、企业和公众展示调研成果，分享经验和教训。

（3）协助相关部门和企业制订具体的实施计划，推动研学旅行资源的开发和利用。

（4）收集实施过程中的反馈信息，对调研成果进行持续优化和完善。

（五）撰写调查报告

根据资料整理与分析的结果，撰写研学旅行课程资源调查报告。报告应包括以下内容。

（1）调查背景与目的：阐述研学旅行课程资源调查的背景、目的和意义。

（2）调查方法与过程：介绍采用的调查方法、实施过程以及遇到的主要问题和解决方案。

（3）调查结果与分析：展示收集到的资料与信息、数据分析结果以及综合评估结论。

（4）建议与展望：针对调查结果提出改进建议和未来发展方向展望。

◇ 任务评价

班级：　　　　　　　　　　姓名：　　　　　　　　　　学号：

评价项目	评价标准	分值	自评	互评
学习态度	认真按照要求完成学习任务	10		
专业知识	全面掌握完成任务所需专业知识	40		
沟通交流	能清楚表达自己观点，并与他人有效沟通	10		
团队意识	具有主动与团队成员协作完成任务的意识	10		
信息素养	会搜集信息，并分析、运用信息	10		
实践能力	根据知识，能够进行实践操作	20		
总分		100		

◇ 任务小结

知识要点	
技能要点	
遇到的问题	
解决问题的方法	

◇ 任务思考

如何结合当地特色研学旅行资源开展有针对性的资源调查？

任务三 研学旅行主题确定

《中小学综合实践活动课程指导纲要》指出，按活动方式分类，研学旅行属于考察探究类活动。按照活动类课程特有属性，在活动开展前应设计决定整个活动内容和方向的主题。因此，研学旅行课程必须有明确的主题。研学旅行课程设计的第一环就是根据学校教学理念、课标要求、学科特点、学生兴趣等确定研学主题，以适宜学生身心发展为目标，挑选恰当的活动内容进行整合。

◇ 任务目标

1. 理解研学旅行课程主题的基本原则。

2. 理解研学旅行课程主题分类。

3. 掌握研学旅行课程主题设计的方法。

◇ 任务描述

鲜明、有吸引力的主题不仅能够激发参与者的兴趣，还能引导整个研学活动的方向，确保课程内容丰富、有深度。为此，小陆广泛收集资料，进行市场调研，力求确定一个既符合教育目标又具有吸引力的研学旅行主题。如果你是小林，你会怎么帮助小陆确定研学旅行主题呢？

◇ 任务分析

1. 明确设计研学旅行课程主题的基本原则。

2. 掌握研学旅行课程主题分类。

3. 设计研学旅行课程主题。

◇ **知识准备**

一、研学课程主题设计的基本原则

（一）"教育为本"原则

研学旅行本质上是教学活动，因此在进行研学活动课程主题设计时，首先要体现课程的教育性。研学旅行通过学习研究和旅行体验的有机结合，寓教育性、知识性、科学性、趣味性于活动中，以生动直观、亲身体验的方式实现教育目标。教育性原则要求课程设计体现课程的四个基本要素——课程目标、课程内容、课程实施、课程评价。课程目标必须依据国家课程标准关于研学旅行活动标准中与研学旅行相关的规定。课程内容的呈现要能够引领学生对学习、参观、体验的旅行资源进行深度的思考和体验，有助于学生获得研究成果，获得预期的情感体验和价值倾向。课程实施阶段，良好的课程设计往往能实现良好的教育效果。课程评价是检查课程目标、编订和实施是否实现了教育目标，并以此衡量课程设计是否需要改进。

（二）"以学生发展为主线"原则

依据新课程改革理念和人本主义教育观点，学生是教学活动的中心。因此，在主题设计时必须考虑学生的兴趣爱好、学习情况、身体素质等因素，联系学生生活实际，联系各学科教学内容，注重社会发展。在选择研学主题时，为提升学生的参与热情，发挥学生的主观能动性，教师可引导学生积极参与对情景化知识的体验，主动收集感兴趣的研学背景材料并加工整理，在教师指导下确定研学主题，激发学生求知欲。通过主动学习过程，提升学生的自我效能，培养学生的综合思维能力和区域认知能力。同时，教师在设计研学主题时，要按照不同年龄段学生的智力、体力等合理安排行程；要按照不同学段学生的素养要求系统设计课程，融入知识，增强趣味性；要适量设计、穿插教学内容与知识，提升学生学习兴趣。

（三）"安全是底线"原则

研学旅行是学校组织的集体课程活动，是一群学生有组织地开展野外学习的教学活动。因此，研学旅行主题设计要充分考虑课程的安全性，将安全放在第一位，做好研学旅行课程的安全风险评估，强化日常风险防范。为保障师生人身、财产安全，对出行期间的环境要进行全天候监控与反馈，做好行程中的应急预案和活动方案，及时应对突发事件，开展安全教育大会，落实安全保障措施，确保学生安全。提前去研学地走访、勘探，要充分考察景点资源的安全性特点，在景点线路的规划上，尽量不要选择未开发的景点，以避免因安全设施不到位而出现意外；也应适度避开人流量大的景区或者道路，以避免因拥挤推搡而发生事故；尽量减少学校与目的地之间的换乘次数，合理规划长线旅程。

（四）"体现地方特色"原则

依据研学地点的资源特点提炼出课程主题，是研学主题设计的重要内容。因此，在确定研学主题之前，应对研学地点的资源属性进行分析，对当地的自然、社会、经济发展状况进行详细调查了解，结合地方课程和校本课程，立足于本地丰富特色资源推进实施。例如，当研学地点是人民解放纪念碑、重庆大轰炸惨案遗址、八路军重庆办事处旧址、周公馆、李子坝抗战遗址公园等红色革命类资源时，则可以选择红色资源类游学主题；当研学地点是重庆三江影视拍摄基地、重庆工业文化博览园、重庆建川博物馆等工业遗址类资源时，则可以选择工厂考察类和工业遗址参观类主题。

二、研学旅行课程主题分类

（一）按层次结构划分

研学旅行课程主题按照层次结构可划分为单一主题和综合主题。单一主题研学资源比较单一，依托主题开展的活动少，其特点是研学内容明确，适合短期的科学探究，如观测星空、观察月相都属于单一主题。综合主题研学资源丰富，依托主题开展的活动相对较多，其特点是研学内容容量大，蕴含较多的教育价值。如冰城夏都——哈尔滨考察研学、重庆魅力·科技强国研学、"追学总书记足迹，勇当秦岭生态卫士"研学活动，都属于综合主题。

（二）按形式划分

研学旅行主题按照形式划分，可以分为自然观赏型、体验考察型、知识科普型、励志拓展型等。自然观赏型研学通过引导孩子和自然环境的互相接触，建立人与自然间的深度联系，激发孩子尊重自然、保护自然。体验考察型研学专注探究和实践并存，专注学生思想的多维度发展，主要包括农庄、实践基地、夏令营营地或团队拓展基地等资源。知识科普型研学主要包括各种类型的博物馆、科技馆、主题展览、动物园、植物园、历史文化遗产、工业项目、科研场所等资源。励志拓展型研学主要包含红色教育基地、大学校园、国防教育基地、军营等资源。

（三）按内容划分

研学旅行主题按照内容划分，可分为自然地理主题和人文地理主题。自然地理主题主要涉及地球的自然环境和自然现象，包括天文、天气与气候、水资源、地质地貌、土壤等多个方面。这些主题有助于学生了解地球的自然构造和运行规律，增强对自然环境的认识和保护意识。例如，水资源主题可以关注水资源的分布、利用和保护，引导学生珍惜水资源，树立可持续发展的观念。人文地理主题则侧重于人类活动与地理环境之间的关系，包括城市、工业、农业、交通、人口类等多个方面。这些主题有助于学生了解人类社会的发展历程和地域文化特色，培养人文素养和社会责任感。例如，农业主题可以深入农村、体验农耕文化，让学生了解农业生产的现状和挑战，培养其对农业发展的关注和支持。

三、设计研学旅行课程主题

研学实践课程以非学科知识逻辑的活动经验为中心组织课程内容，没有固定的课程名称和教材，因此研学实践课程设计的第一步是设定主题、明确课程的主旨与核心，以统领研学实践课程的目标和内容。

研学实践课程主题的设计主要有两种形式。一是单一主题设计，即以某个明确的主题作为研学实践的核心目标或内容。二是综合主题设计，即依托地域特色，在一次研学实践中设计多个学习主题。研学实践课程不明确区分各个学习主题的主次。这些学习主题的切入角度和具体内容不同，相应的学习方式也应不同。不管哪种形式的主题设计都要遵循源于学生生活、指向社会现实、活动可行性强、立足地域特色等原则。研学实践课程主题的设计方法主要有以下几种。

（1）融合学校活动法。研学实践课程的主题可以与学校综合实践活动主题以及德育、劳动教育、中华优秀传统文化教育等主题结合起来设计。研学旅行的核心是研究性学习和旅行体验，灵魂是实践育人。一方面，结合学校综合实践活动的内容和方式，教师引导学生开展考察探究，为研学实践课程提供丰富的主题来源。另一方面，研学旅行作为教育改革的关键措施，可以拓宽综合实践活动、德育、劳动教育等育人渠道，创造性地改变学生的学习方式。

（2）整合学科资源法。《义务教育课程方案（2022年版）》指出，要"加强课程综合，注重关联""统筹设计综合课程和跨学科主题学习"。研学实践课程是实现课程综合的重要途径和方式，通过充分挖掘各学科教学内容，针对不同年级学生的不同身心特点、课本教学内容和教育培养目标，以课程内容的体验式运用为路径，以"研"为主线，带着课本去研学，设计对应教材内容的特色研学活动。

| 案例分析 |

端午研学活动

端午节是我国重要的节日之一，各地都举办了赛龙舟等活动，不少中小学校为了结合"端午"这一话题，也开展了各式各样的活动。为更好地促进学生德、智、体、美、劳全面发展，不断探索跨年级、跨学科、跨区域的"五育"融合新模式、新方法。眉山市丹棱县齐乐镇小学校开展了"端午飘香'粽'是情"主题系列研学活动，让学生全方位体验了端午传统文化的魅力。

在文化课上，数学组以端午文化为背景，组织学生运用计算、统计、几何等数学知识进行端午活动资金准备、材料采购、货款支付等，开启"端午之旅中的数学"；语文组老师开设"端午讲堂"，主讲端午节的由来、习俗、新时代民族精神，感受中华传统文化的魅力，激发爱国热情和民族自豪感；融合传统文化，拓展课堂教学的广度和深度。

在活动课上，融合劳动教育、美育、心理教育，对学生开展研学实践教育活动。学生在教师和家长的指导下包粽子、制作香囊等，互相帮忙，享受团队合作与劳动收获的快乐；学生利用综合材料制作"端午娃娃""龙舟"等多个美术作品，提升学生审美乐趣；学校、家庭、社会三方协作，拓宽"五育"渠道，家委会策划组织学校端午亲子活动，并组织留守儿童与贫困学生20余名参加大雅堂"浓情端午"活动，学生在体验传统文化魅力的同时，感受社会各界人士的关爱；学校还制订个性化"送教上门"方案，为2名特殊儿童送去粽子、作业本、水彩笔等端午礼物，聆听家长心声，了解孩子近况，鼓励孩子积极面对生活，走进孩子心灵。

案例思考：如何结合学科特点设计研学旅行主题？

（3）挖掘地域、社区特色法。挖掘本土悠久的人文历史文化、自然生态和工业等课程资源，找出特色文化资源与学校综合实践育人的结合点，根据其内在逻辑关系，进行资源整合与系统归类，开发设计学生成长需要的、配套学校教育的、有地方特色的研学实践课程，如绿色生态家园之旅、红色精神传承之旅、"古色"传统文化之旅、蓝色科技梦想之旅等主题的研学课程。

（4）捕捉社会热点法。社会热点紧密联系生活实际，容易引起学生的兴趣和注意力，在情景教学中让学生收获体验与成长。2020年，突如其来的新冠疫情打乱了人们的生活节奏，给社会带来了深刻影响。一些中小学校抓住这一现实热点，设计并实施了以"我是疫情宣传员""消毒的方法和技巧"等为主题的研学实践课程，引领学生走进社区和工厂，学习相关防疫知识，进行防疫宣传教育。

（5）学生自主选题法。研学旅行主题设计过程中，指导教师可以通过创设情境，引导和启发学生独立自主地发现和寻找问题，然后师生共同来筛选问题，把问题转化成研学旅行的主题。例如，学科教学所涉及的与实践有关或学生非常感兴趣且想进一步了解的内容，学生个人生活和学习中遇到的问题，学校、家庭、社区生活中学生感兴趣的现象，科技与社会热点问题等，都可以作为研学旅行课程主题来选择。对于自己选择的主题活动学生参与的积极性和效果自然是不言而喻的。

（6）生活与职业体验法。生活本身丰富多彩，职业类型也多种多样。结合中小学职业生涯规划课程设置，可将生活中的问题和职业类型有选择地设置为研学旅行课题，并选定适合的课程主题开展研学旅行活动。在职业体验研学课程中，同学们可以模拟"上岗"，做一日的小小实习生。例如，体验茶艺、咖啡制作、插花制作、学习操作农耕工具、参与农耕种植活动，同学们可以了解到不同职业的特性、工作流程等，从中体会到不同职业的使命感、责任感，还可以拓宽自己的眼界，感受职业生涯规划的重要性。

｜情景模拟｜

职业体验研学活动

研学主题： 换个视角，遇见未来

研学活动目的和意义： 活动设计结合学生年龄特点，通过组织小学生走进职业学校或合作企业，体验职业项目，以专业知识讲解、职场情境体验、专业操作实践等环节为重点，开设富有趣味性、实践性的职业体验项目，培养小学生的职业认同感、职业精神、责任意识和创新理念。

研学活动安排：

1. 职业调查与选择：在活动开始前，学生可以根据自己的兴趣、能力和未来规划，选择想要体验的职业。

2. 分组与导师匹配：学生根据自己的选择组成小组，每个小组配备一名专业导师。

3. 实地参观与体验：学生跟随导师前往相关职业场所进行实地参观和体验。

4. 分享与交流：参观结束后，学生回到学校或指定地点进行分享与交流。

项目名称	项目内容
"筷"乐小工匠	体验木艺加工、制作筷子
学无"纸"境	创作纸模作品，体验建筑艺术魅力
室内设计大比拼	运用画笔，绘制"家"平面图案
特效伤口化妆及包扎	体验急救包扎止血
火眼金睛——识别假币	通过纸币颜色、图案、花纹和安全线等分辨真伪

课程主题的选题方法多种多样，这就需要指导教师、学校、研学基地等机构或部门根据资源的实际情况和本部门、本单位的实际情况统筹考虑，选取可行性强、具有教育价值和意义的课程主题。

◇ 任务评价

班级：　　　　　　　　　姓名：　　　　　　　　　学号：

评价项目	评价标准	分值	自评	互评
学习态度	认真按照要求完成学习任务	10		
专业知识	全面掌握完成任务所需专业知识	40		
沟通交流	能清楚表达自己观点，并与他人有效沟通	10		
团队意识	具有主动与团队成员协作完成任务的意识	10		
信息素养	会搜集信息，并分析、运用信息	10		
实践能力	根据知识，能够进行实践操作	20		
总分		100		

◇ 任务小结

知识要点	
技能要点	
遇到的问题	
解决问题的方法	

◇ 任务思考

1. 请任选一处研学资源地，为其设计研学主题。

2. 除了文中所讲到的，你还能想到什么研学实践课程主题的设计方法？

任务四 研学旅行目标确定

研学旅行是一种结合学校教育和实地探索的教学方式，目的在于让学生通过实践体验，拓宽知识面，培养实践能力和创新思维。研学旅行的课程目标在于提供一个多元化的学习环境，激发学生对学科知识的兴趣，促进他们综合能力的全面发展。

◇ 任务目标

1. 理解研学旅行课程目标的重要性。

2. 理解确定研学旅行课程目标的依据。

3. 掌握研学旅行课程目标内容体系。

4. 掌握确定研学旅行课程目标的方法技巧。

◇ 任务描述

明确、具体且富有挑战性的目标，能够为整个研学活动指明方向，激发参与者的学习热情和探索欲望。在确定目标时，要充分考虑研学团队的实际情况和参与者的需求，力求使目标既具有可行性又具有吸引力。如果你是小林，你打算怎么帮助小陆认识研学旅行呢？

◇ 任务分析

1. 查阅资料，理解研学旅行课程目标的重要性。

2. 梳理研学旅行课程目标的确定依据。

3. 总结研学旅行课程目标内容体系。

4. 归纳总结确定研学旅行课程目标的方法技巧。

◇**知识准备**

一、理解研学旅行课程目标对于研学课程的重要性

（一）拓宽知识面

研学旅行提供了一个全新的学习环境，让学生有机会接触到平时课堂上无法接触到的知识内容。通过亲身实践，学生可以深入了解自然科学、人文历史等各个学科领域的相关知识。例如，在考察地质学的研学旅行过程中，学生可以实地观察地质构造，了解地壳运动原理等。这种全面、多样的知识学习能够拓宽学生的知识面，培养他们对不同学科的兴趣与理解能力。

（二）培养实践能力

研学旅行注重学生的实践操作，鼓励他们通过亲身实践来探索和解决问题。学生在实地考察中，常常需要进行实际操作、观察和收集数据，并通过分析、归纳等科学方法得出结论。通过这样的实践训练，学生可以培养自己的实践能力，提高自己的实际操作能力和问题解决能力。

（三）培养创新思维

研学旅行强调学生的创新思维与实践能力的培养。学生在实地考察中，经常需要从实际问题出发，运用已有的知识和经验，寻找新的思路和方法，并进行创新性的思考与实践。通过这样的学习方式，可以培养学生的创新思维，提高他们的创新能力和解决问题的能力。

（四）培养合作精神

研学旅行通常是以团队的形式进行的，学生需要在小组中相互配合、相互协作，共同完成研学任务。在研学旅行中，学生需要互相帮助、分工合作，共同解决问题。通过这种集体合作的过程，可以培养学生的合作意识和合作精神，提高他们的团队合作能力和交流能力。

二、明确研学旅行课程目标的依据

研学旅行课程目标对课程设计和实施具有引导性意义，课程设计内容和具体实施都要以目标可达成性作为考量标准。制定研学课程目标的依据是多方面的，通常需要考虑以下几个方面。

（一）国家层面政策性文件要求

研学课程目标的确立需要国家层面的政策性文件指导，才能达到有效开展教学活动、实现预期课程目标的目的。教育部等 11 部门联合下发的《关于推进中小学生研学旅行的意见》从育人目标、能力目标、理解认知目标、体验感知目标几方面对研学活动总目标进行阐述，这是国家层面首次对研学课程目标进行规定。为贯彻党中央教育方针，教育部和权威教育团体纷纷响应，又从不同角度对研学课程目标进行规定。《中小学综合实践活动课程指导纲要》规定了研学旅行课程学段总目标，从价值认知、责任担当、问题解决、创意物化等对不同学段的课程目标进行了细化说明。

（二）社会发展趋势与家庭需求

学校的课程建设是一个动态发展的过程，需要不断融入社会元素、时代元素。对于学生的研学能力，包括研学中的交往能力培养，已经成为学校课程能力培养的一部分。同时，随着家庭经济状况的改善，许多家长都有"放松心情、增长见识"的计划，因此，许多学校结合家长的专业技能与丰富的社会资源开创"家长导师进课堂"项目，真正实现有效的家校共育，拓宽研学之路。在探索实践过程中，家长有机会更深入地观察和了解孩子的个性、兴趣和能力；并在专家的指导下，将家庭教育的理论知识应用于实践之中，提升自身的教育技巧和能力。研学过程邀请家长导师全程参与，以满足不同家庭的需求，为家长提供更全面、专业的家庭教育支持，让研学旅行成为增进家校沟通、促进家校合作的有效载体。

（三）学生素养和发展需要

新课程要求以学生为中心，尊重学生兴趣爱好、行为习惯、文化背景方面的差异，改变传统教学方式，由教师的"教"转变为学生的"学"，最终把学生培养成学会学习、学会生活、学会做人、学会做事、终身发展的人。这就要求在制定研学课程目标时，明确参与研学旅行活动的学生年级、专业、兴趣爱好等信息，要充分考虑学生的发展需求，既能利用研学课程学习新知识，又能通过研学资源对所学旧知识进行验证，提升学生知识素养；力求做到"知行合一"，开发学生的自主探究潜力、数据收集与处理能力，提升学生能力素养；力求做到"以小见大"，培养学生从认知家乡概况上升到具有家国情怀、世界眼光，提升学生责任担当素养。

三、确定研学旅行课程目标内容体系

研学旅行活动是提升学生核心素养的有效载体，在研学旅行设计过程中，首先需要确定的是课程的目标内容体系，即知识与技能、过程与方法、情感态度与价值观。在研学旅行中，通过实践、学习、反思的结合，达到培养学生实践能力和综合素养的目标。这几个维度内容相互支持、相互促进、不可分割。

（1）知识性目标。研学旅行中学生获得的知识，跟学校系统的学科课程相比是有区别的。学校的学科课程主要是教师的系统讲授，而研学旅行的学科课程来源于学生的实践和体验的过程，通过实地考察，让学生深入了解所有知识，加深对知识的理解和记忆。

（2）能力性目标。在研学旅行课程中的能力目标，不是单一维度的，而是多维度的综合能力。通过实践活动，让学生掌握一定的实践技能，提升认知与思维能力、发现问题与解决问题能力、社会参与合作能力、创新能力等多维度的综合能力。

（3）情感、态度价值观领域的目标。教育部等11部门联合下发的《关于推进中小学生研学旅行的意见》中紧密关注学生全身心参与研学活动，并积极培养学生健康的情感、态度、价值观。因而，情感领域目标是学生在研学旅行活动课程体验过程中的重要目标维度。

（4）核心素养目标。国家制定的核心素养框架由文化基础、自主发展、社会参与三个方面构成，整合了学生个人、社会和国家三个层面对学生发展的要求。研学旅行中，在体验社会真实情境、研究性学习、集体生活过程中，都必须以培育核心素养为探索目标。

四、掌握撰写研学旅行课程目标的方法技巧

（一）周密策划

（1）根据课程总体计划，提前选定研学地点，确定研学主题，预设知识迁移节点。

（2）充分考虑研学对象的知识储备、生活经验、社会发展趋势等多方面因素，确定研学过程所具备的能力、方法培养目标及其教学实施策略。

（3）确定研究选择点和研究实施策略，引导学生的情绪、态度和价值观。

（二）确立重点

（1）引领学生带着基于研学主题的问题参与研学，要生成研学报告，此为"研"。

（2）帮助学生深度融合课堂知识与课外实践，以课堂知识指导课外实践，以课外实践深化课堂所学，此为"学"。

（3）教师要善于挖掘德育渗透点，实现德与智一体化，此为"德"。

（4）为学生多提供动手实践的机会，让学生在研学的过程中实现研中学、做中学，实现心、手、脑的融合发展，此为"做"。

（三）写作方法

以下是两个常用的研学目标写作方法模板。

模板1：行为主体+过程与方法/知识与技能/情感态度价值观

例如：学生+做什么内容/用什么方法/通过什么程序/得到什么结果/达到什么目的。

示例：

（1）过程与方法方面。

①学生通过小组讨论的方式，共同研究和探讨一个科学实验的主题。

②在教师的引导下，学生利用实验器材和教材，按照预定的实验步骤进行操作。

③学生记录实验过程中的数据变化，并观察实验现象。

（2）知识与技能方面。

①学生掌握了实验的基本操作方法，如正确使用实验器材、读取数据等。

②学生了解了实验所涉及的科学原理和知识，深化了对相关学科内容的理解。

（3）情感态度价值观方面。

①学生培养了严谨的科学态度和实事求是的精神。

②学生学会了与他人合作与交流，提高了团队协作能力。

③学生体验到了科学探究的乐趣，激发了对科学学习的兴趣和热情。

模板2：行为条件＋表现程度（表现性任务行为动词＋认知/技能领域行为动词＋情感领域行为动词）

例如：通过参与/完成具体任务，学生能够认知/理解/掌握相关知识，能够运用/操作/实践相关技能，并在过程中体验到兴趣/成就感/责任感等积极情感。

示例：

通过参与科学实验设计活动，学生能够理解实验原理和方法，能够熟练运用实验器材进行操作，并在实验过程中体验到科学探究的乐趣和成就感，培养了严谨的科学态度和团队合作精神。

概念解释：

（1）行为主体。

主体必须是学生而不是老师，判断研学旅行有没有效益的直接依据是学生有没有取得具体的进步，而不是研学导师有没有完成任务。所以，建议在写研学课程的教学目标时，可以省略行为主体，但格式必须注意，一般可以采取以下的表达："通过……学习，能说出……""通过……学习，能分析归纳……""能读准……""能熟记……"

以上表述都表明达成目标的行为主体是学生。避免使用"使学生掌握""教会学生""让学生""提高学生""培养学生"等表述方式。

（2）行为动词。

行为动词必须是具体可测量、可评价的，如知道、归纳、列举、感受、参加等。常用行为动词举例如下。

①知识方面：认识、学习、学会、把握、了解、熟记、理解、展示、扩展、使用、分析、区分、判断、获得、表现、扩大、拓展、评价、掌握、运用、懂得。

②能力方面：讲述、表达、复述、写出、倾听、观察、推想、想象、转述、讲

述、选择、发现、借助、捕捉、提取、收集。

③过程与方法方面：感受、尝试、体会、参加、发表意见、提出问题、讨论、积累、体验、策划、交流、制订计划、收藏、分享、合作、探讨、沟通、组织。

④情感态度与价值观方面：喜欢、体会、乐于、敢于、抵制、有兴趣、欣赏、感受、愿意、体味、尊重、理解、抵制、辨别（是非）、品味、关心、养成、领悟。

（3）行为条件。

行为条件指影响学生产生学习结果的特定限制或范围，如"通过收集资料""通过观看影片……""通过本次研学活动学习……"特别是在研学旅行过程中，我们更多时候需要表明学生在什么情况下或什么范围里完成指定的研学活动，如"通过小组讨论，完成……"

（4）表现程度。

表现程度指学生在研究旅行后行为变化的最低表现水平，用于评价研究表现或研究成果的程度。例如：通过学习……（行为条件），能够准确描述……（行为动词）……（表现程度），了解（行为动词）……（表现程度）。研学旅行，就是要培养学生的创新精神和实践能力。因此，研学课程目标的设定必须能够帮助学生积极主动、创造性学习和发展，这是时代的要求，也是研学旅行的本质要求。

| 案例分析 |

探索历史文化之旅——北京故宫研学活动

一、研学背景及研学目标依据

北京故宫，作为明清两代的皇家宫殿，是中华民族历史文化的瑰宝，也是世界文化遗产的重要组成部分。它以其独特的建筑风格、丰富的文物收藏和深厚的历史文化底蕴，吸引了无数国内外游客前来探访。

1.国家层面政策性文件要求

文化和旅游部、国家文物局等相关部门对于文物保护和文化遗产传承的要求，强调在研学活动中应尊重和保护文物，传承和弘扬中华优秀传统文化。

2.社会发展趋势与家庭需求

（1）文化自信与文化自觉。随着我国国际地位的提升和文化交流的增多，社会对于文化自信和文化自觉的需求日益增强。故宫作为中华文化的重要代表，通过研学活动可以让学生更深入地了解和认同中华文化。

（2）丰富孩子课外生活。故宫研学活动可以为孩子提供一个走进历史、感受文化的机会，丰富生活体验，提升个人素养。

（3）增强亲子互动与共同学习。在故宫的研学活动中，家庭成员可以一起探索、学习，共同感受中华文化的魅力。

3. 学生素养和发展需要

（1）历史文化素养。通过故宫研学活动，学生深入了解中华历史和文化，可提升历史文化素养、增强对传统文化的认同感和自豪感。

（2）实践能力和创新精神。故宫研学注重实践性和创新性，学生在活动中可以锻炼实践能力，培养创新精神，提升解决问题的能力。

（3）团队合作精神和沟通能力。故宫研学活动采用团队合作的方式进行，学生在活动中可以学会与他人合作、沟通，培养团队合作精神和沟通能力，培养健康的情感、态度和价值观，为他们的全面发展奠定坚实基础。

二、研学主题

穿越时光，探寻故宫的历史与文化。

三、研学目标

1. 知识目标

（1）学生能够全面了解故宫的历史背景、建筑布局及文化内涵，掌握故宫作为明清两代皇家宫殿的基本知识。

（2）通过实地考察和导师讲解，学生能够深入了解故宫内的主要建筑及其功能，如三大殿、乾清宫、钟表馆等，理解其在中国古代建筑史上的重要地位。

（3）学生能够学习并了解故宫内的文物收藏，包括瓷器、书画、玉器等，理解其艺术价值及历史意义。

（4）认识故宫内的文物珍品，了解它们的制作工艺、历史价值和文化内涵。

2. 能力目标

（1）提升学生的观察能力与分析能力，使其能够细致观察故宫的建筑细节、文物特征，并能够分析其背后的历史文化内涵。

（2）培养学生的信息收集与处理能力，通过实地调研、查阅资料等方式，收集并整理关于故宫的相关信息，形成自己的研学报告。

（3）增强学生的团队协作与沟通能力，在研学过程中通过小组讨论、分工合作等形式，促进团队成员之间的交流与协作。

（4）激发学生的创新思维与实践能力，鼓励学生在研学活动中提出新颖的观点和想法，并尝试将其付诸实践。

3.情感、态度价值观领域的目标

（1）激发学生对故宫及中国传统文化的兴趣和热爱，增强他们的文化自信和民族自豪感。

（2）培养学生的文物保护意识和历史责任感，使其认识到保护故宫这一世界文化遗产的重要性，并愿意为之付出努力。

（3）提升学生的审美能力和艺术鉴赏力，通过欣赏故宫内的文物和建筑，培养学生的审美情趣和鉴赏能力。

（4）引导学生形成尊重历史、珍视传统的价值观，使其在未来的学习和生活中能够积极传承和弘扬中华优秀传统文化。

◇任务评价

班级：　　　　　　　　姓名：　　　　　　　　　　学号：

评价项目	评价标准	分值	自评	互评
学习态度	认真按照要求完成学习任务	10		
专业知识	全面掌握完成任务所需专业知识	40		
沟通交流	能清楚表达自己观点，并与他人有效沟通	10		
团队意识	具有主动与团队成员协作完成任务的意识	10		
信息素养	会搜集信息，并分析、运用信息	10		
实践能力	根据知识，能够进行实践操作	20		
总分		100		

◇ 任务小结

知识要点	
技能要点	
遇到的问题	
解决问题的方法	

◇ 任务思考

1. 举例说明撰写研学课程目标应当注意哪些问题，如何把控好"学"和"游"的比例。

2. 请根据所学内容，为"探寻古镇遗韵　赓续历史文脉——重庆市高新区××小学开展磁器口古镇研学活动"撰写研学目标。

任务五 研学旅行行程确定

研学活动是对学生的课堂知识进行巩固和拓展的重要一环，通过实地参观和实践操作，能够让学生更深入地了解所学知识，并提供一个全新的学习方式。研学行程安排是研学活动中最重要的环节，它关系到活动的效果和学生的学习收获，其涉及线路安排、活动设计、食宿安排、安全管理等多个方面。

◇任务目标

掌握研学旅行行程确定的流程。

◇任务描述

小陆开始设计研学旅行的行程，她应该从哪几个方面进行设计呢?

◇任务分析

确定研学旅行行程的步骤。

◇知识准备

一、合理安排时间

研学时间规划是确保研学活动顺利进行的关键环节。关于研学时间的考量，主要体现在如下几个方面。

（一）选择合理的研学时段

研学时段的选择应遵循因地制宜、因时制宜。既要考虑研学时段的天气状况，避开自然灾害频发时段，宜选择在晴朗、温度适中、少风的天气；又要考虑研学地点最佳游览时间，以便合理安排考察顺序。注意特定场馆、景观的时间安排，如观潮、赏瀑布、望星空等需要选择适宜的季节和时段。

（二）确定研学时长

根据研学活动的目标和内容，确定合适的研学时长。一般来说，研学活动的时间长度不宜过短，以确保学生能够充分参与和体验；但也不宜过长，以免影响学生的正常学习和生活。

（三）安排具体日期

在确定了研学时长后，需要进一步安排具体的日期。考虑到学生的学习进度和节假日情况，可以选择在学期中间或寒暑假期间进行研学活动。同时，要尽量避免与国家法定节日重叠，以确保活动的顺利进行。

（四）预留弹性时间

在规划时间时，要预留一定的弹性时间，以应对可能出现的意外情况或临时调整。例如，交通延误、天气变化等因素都可能影响活动的进度。因此，在安排时间时要保持一定的灵活性，确保活动的顺利进行。

（五）注意劳逸结合

在规划研学时间时，要注意劳逸结合，避免学生过度疲劳。可以适当安排一些休息和放松的时间，让学生在紧张的学习之余得到充分的休息和恢复。

二、选择安全可靠的交通工具

学校或研学机构应提前了解活动地点、参与人数、出行时间等信息，并据此制订详细的交通计划。选择适合的交通方式时要考虑学生的年龄、体能状况以及目的地的距离。

研学的交通工具有多种选择，具体取决于研学活动的性质、目的地、参与人数和预算等因素。以下是一些常见的研学交通工具。

（一）校车

校车是研学活动中常见的交通工具，尤其适用于学校组织的短途研学活动。校车通常配备有专业的司机和随车老师，能够确保学生的安全和舒适。

（二）旅游大巴

旅游大巴通常用于长途或跨地区的研学活动。它们不仅舒适度高，而且具备空调、卫生间等设施，能够满足学生在旅途中的基本需求。

（三）火车

对于需要跨越较长距离或跨越不同城市的研学活动，火车是一个理想的选择。火车运行稳定、安全可靠，且能提供舒适的座位和卧铺，让学生在旅途中得到充分的休息。

（四）轮船

如果研学活动涉及水上交通，可以选择轮船作为交通工具。轮船不仅具有独特的观光价值，还能让学生在航行中感受大自然的魅力。

在选择研学交通工具时，还需要考虑以下几点：安全性，确保所选择的交通工具安全可靠，符合相关安全规定和标准；舒适性，考虑到学生在旅途中的舒适度，选择具备良好座椅、空调等设施的交通工具；经济性，根据预算和出行需求，选择性价比高的交通工具。

总之，研学交通工具的选择应根据实际情况进行综合考虑，以确保学生安全、舒适地完成研学活动。

三、设计研学线路

设计研学线路是一项综合性的任务，它涉及主题确定、地点选择、行程规划、活动设计以及安全保障等多个方面。以下是设计一个研学线路的基本步骤和考虑因素。

（一）初定主题，明确方向

在研学线路设计之初，先确定一个宽泛的"大主题"，以把握大致的研学方向。以自然地理研学旅行为例，可以先根据自然地理要素初步拟定一个"大主题"，如地质地貌类、河流水文类、植被土壤类或者综合自然地理类。此时"大主题"涵盖范围广、内容量大、宽泛、不聚焦、实施困难。因此，还需将"大主题"下的内容进一步拆分为可实施的"具体活动主题"，如地质地貌类下可以细化为"岩石的辨别""岩层产状的测量"等具体活动主题。

（二）目标引导，确定内容

在初步拟定研学主题后，接着确定与主题相关的研学目标和研学内容。研学目标主要侧重在"立德树人"理念的宏观指导下，制定具体的知识性目标、能力性目标、情感态度价值观领域的目标、核心素养目标等。因研学旅行没有统一的标准和教材，研学目标主要依据课程标准、教学计划、学科背景、学生学情、区域研学资源的特点等而制定，以便更加贴合教学需求。在以研学目标为导向基础上，进一步筛选出合适的研学内容。研学目标和研学内容是研学活动设计的核心要素，它们共同构成了研学活动的整体框架和指导方向。

（三）契合主题，筛选地点

在选择研学地点时，需要考虑多方面的因素，以确保学生能够获得丰富的学习体验和深刻的教育意义。首先，要考察研学地点是否具有丰富的教育资源。一个优质的研学地点应该能提供多元化的教育资源，包括但不限于历史文化、自然科学、社会实践等方面。例如，历史博物馆可以让学生亲身感受历史的厚重，自然保护区则可以让学生近距离观察生物多样性和生态系统的运作。这样的多样性可以确保学生能够从多个角度、多个层面进行学习和体验。其次，研学地点的选择应该考虑教育目标与课程内容的契合度如科学实验室、自然保护区等，便于学生能够将在课堂上学到的知识与实地体验相结合。再次，还需考虑研学地点的安全性和便利性，它们直接关系学生的生命财产安全以及研学活动的顺利进行。最后，还需要考虑学生的年龄和兴趣特点。例如，对于小学生而言，可选择一些互动性强、趣味性高的研学地点，如动物园等；对于中学生而言，可选择一些更具挑战性和深度的研学地点，如企业实践基地等。

（四）设计活动，安排任务

研学活动的设计是确保学生能够通过实践体验深化理论知识的关键环节。首先，以探究性研学问题作为引导，紧扣研学主题，引导学生深入思考和实践，在一定程度上避免陷入"只游不研""只游不学"等的误区。其次，活动内容的设计应围绕活动目标展开，确保学生能够通过参与活动达到预定的学习目标。活动内容的设计需要丰富多样，以激发学生的学习兴趣和积极性，同时又要具有层次性和递进性，引导学生逐步深入探究研学主题。活动内容可以包括实地考察、实验探究、团队挑战、主题讨论等多种形式。再次，研学活动还应强调学生的实践体验。通过动手实践、亲身体验等方式，让学生直接感受研学主题的魅力，加强对所学内容的掌握和应用。最后，为了增加研学活动的互动性和趣味性，要不断尝试、创新活动形式。如结合当地传统文化特色、民俗活动设计地方特色研学活动，结合户外探险、运动竞技等元素设计更具挑战性和刺激性的活动形式，提升学生的参与度和积极性。

｜案例分析｜

穿越历史长河——古都西安文化研学之旅

（研学活动安排）

具体安排如下：

第一天：实地考察与感知

参观兵马俑。学生分组实地参观兵马俑，观察兵马俑的形态、服饰等细节，感受秦文化的雄浑与壮观。

古城墙骑行。组织学生骑行古城墙，感受古都的历史韵味，同时了解古城墙的建造历史和文化内涵。

第二天：实验探究与体验

传统手工艺制作。邀请当地手工艺人教授学生制作秦绣、陶器等传统手工艺品，体验古代匠人的智慧与技艺。

历史场景模拟。学生分组模拟古代生活场景，如古代市集、宫廷礼仪等，通过角色扮演深入了解古代社会的风俗与文化。

第三天：团队挑战与合作

历史文化知识竞赛。组织学生进行历史文化知识竞赛，通过抢答等形式检验学生对西安历史文化的掌握程度。

古迹寻踪任务。设计古迹寻踪任务，学生根据线索分组寻找隐藏的古迹，完成任务并分享发现，培养团队协作和解决问题的能力。

第四天：主题讨论与总结

主题讨论会。围绕"西安文化的传承与发展"等议题展开主题讨论，鼓励学生发表自己的观点和见解，促进思维碰撞和深入探究。

活动总结与分享。学生分享本次研学活动的收获和体会，导师进行总结点评，肯定学生的表现和成果，同时提出改进建议。

（五）串点成线，初定线路

确定研学地点，安排研学任务后，接着就是规划研学线路。一般来说，研学旅行线路设计要综合考虑上述各方面因素后，按照就近原则，合理串联研学地点或者研学考察点，初步拟定研学线路。

研学线路设计有两种设计方法：一是以"点"串"线"；二是布"线"选"点"。这两种方法的最终目的都是以"线"带"面"。

以"点"串"线"，即先确定典型"点"，然后统筹考虑各研学点间的远近顺序，依据"先近后远"的就近原则，合理串联研学考察点。对于研学考察点的连接，主要是利用省道、国道等交通干线加以串联，从而形成一条完整的研学线路。线路设计最好采用环线式、单枢纽式、多枢纽式等线路布局形态，避免走回头路，节省时间和经济成本。

布"线"选"点"，即按照既定的线路走向，选择该线路上典型的研学考察点，完善线路。既定的线路走向，大概有三类：第一类是线性地理条件本身具有线性特征，研学线路设计就可以按照线性景观的线性特征作为线路走向，如文化线路"一带一路"等；第二类可以按照空间分布规律设计线路，包括地域分异规律、距离衰减理论等，如从山麓到山顶的垂直自然带地域分异规律；第三类可依托现有线路，尤其是景区内部开发的游线，这类游线是由景区专门打造的线路。

（六）安排研学旅游指导师和导游，护航学生成长

为了确保研学活动的顺利，安排合适的研学旅游指导师及导游并确保其发挥护航学生成长的作用至关重要。

研学旅游指导师要提前了解研学活动的目的、内容、行程安排等，并制订详细

的安全预案。同时，对学生的身体状况、兴趣爱好等进行了解，以便根据学生实际情况进行个性化指导。导游要帮助学生更好地理解研学地点的历史、文化和自然景观；此外，还要根据学生的年龄和兴趣，提供有趣且富有启发性的讲解，使研学活动更加生动。

选择研学旅游指导师和导游时需要注重他们的专业性和经验。研学旅游指导师需要具备丰富的学科背景知识、实践经验和教学技巧，能够根据研学活动目的、学生的特点和需求，引导学生进行深度学习，并在活动过程中给予学生充分的指导和关注，从容应对突发情况，确保学生安全。导游要具备相关的导游资质，还要展现出良好的沟通能力和服务意识及高度的责任感和安全意识，负责活动地点的讲解和导览，协助研学旅游指导师完成教学任务。

（七）保证线路安全，排除安全隐患

研学线路的安全问题是一个重要的考量因素，关系到学生的生命安全以及研学活动的顺利进行。以下是一些关于研学线路安全方面的注意事项。

（1）提前规划与准备。在活动开始前，组织者应对研学线路的地形、天气、交通等因素进行详细的规划和考察，确保线路的安全性。

（2）交通安全。组织者应确保选择安全、可靠的交通工具，并对驾驶员进行严格的筛选和培训。同时，对学生进行交通安全教育，增强他们的安全意识。

（3）食品卫生安全。组织者应确保食品来源可靠、卫生达标，并避免学生食品过敏等问题。

（4）实践活动安全。组织者应提前制订好实践活动安全方案，对学生进行安全教育和指导，确保他们掌握安全操作规程。同时，配备好安全保护设施，对活动环境进行安全检查和清理。

（5）住宿安全。组织者应确保住宿场所的安全和卫生条件，并对学生进行住宿安全教育。

（6）应急处理。在研学活动中，可能会发生各种突发状况。因此，组织者应制定详细的应急预案，包括人员疏散、急救措施等，并配备必要的急救设备和药品。

| 案例分析 |

"溯源钱塘江"研学行程线路安排

行程	研学地点	研学时间	研学活动	研学任务
第一天	集合点	7:30	集合出发	—
	杭州湾跨海大桥上观景平台	8:00~9:00	欣赏杭州湾跨海大桥的雄姿,利用手机 App 观察杭州湾南北两岸地貌特点	1. 比较长江口与杭州湾地貌差异,并分析原因 2. 思考杭州湾跨海大桥呈现"S"形弯曲的原因 3. 探究钱塘江涌潮的形成原因
	海宁观潮胜地公园	10:00~11:00	欣赏钱塘江大潮并探索形成原理;体验盐官镇特色民宿活动	
	鱼鳞石塘	11:00~11:30	参观鱼鳞食堂;开展一系列研学活动,如了解当地防治海潮的措施、海水检测等	1. 了解鱼鳞食堂的建造背景 2. 调查防治海潮的其他措施
	午餐、自由活动 1 小时,行驶 1 小时				
	西湖博物馆	14:00~17:30	参观西湖博物馆;体验西湖特色美食等	了解西湖形成的原因,以及疏浚、治理历史等
	夜游西湖				
第二天	龙井村	8:00~9:00	参观龙井村茶园并开展一系列研学活动,如土壤检测、体验采茶、品茶等特色活动	结合龙井村茶园的区位条件,分析西湖龙井茶品质上乘的原因
	新沙岛	10:30~12:00	参观游览新沙岛岛上风光,开展相应的研学活动	观察新沙岛在河流中的位置,识别并描述地貌
	午餐 1 小时,行驶 1.5 小时				
	垂云通天河景区	15:00~17:00	游览桐庐垂云通天河景区,欣赏造型奇特的喀斯特地貌景观;开展相应的研学活动等	识别石笋、石柱、地下暗河等喀斯特景观类型,探究桐庐垂云通天河景区喀斯特地貌形成原因
第三天	富春江小三峡	7:30~9:30	欣赏富春江两岸自然风光;开展相应的研学活动等	观察并描述沿岸地貌特点
	行驶 1 小时				
	建德市	10:40~12:00	欣赏"白沙奇雾";了解建德市特色民宿活动	分析"白沙奇雾"形成原因
	千岛湖	14:00~17:00	游览千岛湖景区,开展一系列研学活动	分析千岛湖形成原因,了解水库对周边气候的调节作用
	行驶 2 小时				
第四天	钱江源国家森林公园	8:00~11:30	参观并游览钱江源国家森林公园;开展一系列研学活动等	识别从山麓到山顶的植被、土壤类型
	下山返程,活动结束				

◇ **任务评价**

班级： 姓名： 学号：

评价项目	评价标准	分值	自评	互评
学习态度	认真按照要求完成学习任务	10		
专业知识	全面掌握完成任务所需专业知识	40		
沟通交流	能清楚表达自己观点，并与他人有效沟通	10		
团队意识	具有主动与团队成员协作完成任务的意识	10		
信息素养	会搜集信息，并分析、运用信息	10		
实践能力	根据知识，能够进行实践操作	20		
总分		100		

◇ **任务小结**

知识要点	
技能要点	
遇到的问题	
解决问题的方法	

◇ **任务思考**

请根据所学内容，自定主题和内容，为重庆市沙坪坝区某小学五年级的学生设计一个周末两日游的研学线路行程。

任务六　研学旅行课程成本核算

成功的研学活动不仅仅是内容上的精彩，还需要合理的经济核算。研学课程成本核算是一个复杂但必要的过程，它涉及对研学活动全过程中产生的各项费用进行详细的记录、分类和计算。

◇任务目标

1. 了解研学旅行课程成本核算的要求。

2. 掌握研学旅行课程成本核算的操作流程。

◇任务描述

研学旅行课程成本核算要求具备扎实的财务知识和敏锐的市场洞察力，还需要拥有良好的组织协调能力和细致入微的工作态度。合理的成本控制是确保研学团品质与盈利的关键。如果你是小林，你打算怎么帮助小陆进行研学课程的成本核算呢？

◇任务分析

1. 市场调研，了解成本核算时需要考虑的因素。

2. 根据实践操作，总结归纳成本核算的操作流程。

3. 根据实际情况，对成本核算进行后续分析。

◇知识准备

一、成本核算原则

研学旅行课程成本核算的原则是确保核算结果的准确性、合理性和全面性，以便为研学旅行项目的决策提供可靠的经济依据。

（一）全面性原则

研学旅行课程成本核算应涵盖所有与研学活动直接和间接相关的费用支出，确保无遗漏。直接成本包括交通费用、住宿费用、餐饮费用、门票费用、人员费用（如研学旅游指导师、跟队人员等）以及耗材费用等，这些费用可以直接归属于特定的研学活动。间接成本如行政费用、市场推广费用等，这些费用虽然不直接归属于某个具体的研学活动，但也需要按照合理的比例分摊到各个活动中。

（二）准确性原则

核算过程中应确保各项费用的数据准确无误，避免高估或低估成本。费用数据应来源于可靠的渠道，如供应商报价、实际支付凭证等。对各项费用数据进行核对和验证，确保数据的真实性和准确性。

（三）合理性原则

成本核算应基于合理的假设和计算方法，反映研学活动的真实经济成本。对于间接成本，应根据活动的实际情况和合理比例进行分摊。在研学活动开始前，应根据历史数据和市场行情进行合理的成本预估，以便制订科学的预算计划。

（四）及时性原则

成本核算应及时进行，以便及时发现问题并采取相应措施。应定期对研学旅行的成本进行核算，如每月、每季度或每学期等。在研学活动过程中，应对成本进行实时监控，确保各项费用支出在预算范围内。

（五）透明性原则

成本核算过程应公开透明，接受相关方的监督和审查；应编制详细的成本报告，明确列出各项费用的支出情况，并解释费用支出的合理性和必要性。成本核算过程和结果应接受学校、家长及相关监管部门的监督和审查，确保核算的公正性和准确性。

二、成本核算操作流程

（一）明确成本项目

需要明确研学课程中涉及的所有成本项目，包括但不限于交通费、住宿费、餐饮费、门票费、教学材料费、人员费用（如研学旅游指导师、助教等）以及保险和其他杂项费用等。

（1）交通费用。这是研学活动的重要支出之一，涉及学生从出发地到研学目的地的往返交通费用。根据研学地点和交通方式的不同，费用会有所差异。例如，如果研学地点较远，可能需要选择飞机、火车等交通工具；若地点较近，则可以选择大巴或自驾。此外，如果研学过程中需要多次转场或前往不同的地点，还需考虑中转交通的费用。

（2）住宿费用。如果研学活动需要在外住宿，住宿费用也是一项重要支出。费用会因住宿条件、地理位置和季节等因素而有所不同。根据研学活动的需求，可能需要预订酒店、民宿或青年旅舍等不同类型的住宿设施。住宿地最好是封闭的，便于安全管理。

（3）餐饮费用。研学期间的餐饮费用也是一项必要的支出。可以选择在住宿地点或附近的餐馆就餐，也可以自行准备干粮或组织野餐。对于一些特殊的研学活动，如户外探险或野外生存训练，可能还需要考虑特殊的餐饮需求。学生餐饮考虑营养与安全，应适当提高配置，选择资质齐全的餐饮单位。

（4）门票与场地费用。如果研学活动涉及景区、博物馆、实验室等需要门票或场地使用费的场所，那么这些费用也是研学成本的一部分。需要提前了解并将这些费用加进预算中，以确保活动的顺利进行。很多在景区开展的研学活动，学生票有折扣，研学组团还有优惠。需要注意的是，景区内的二次收费项目，如摆渡车、收费项目折扣力度不大甚至没有，需和景区具体沟通，把握好整体成本。

（5）课程费用。研学旅行的主要收入来源是课程费用。一般来说，研学旅行的课程费用包括活动策划、课程设计、活动实施等方面的费用。由于研学的特性，它通常能够吸引一大批对实践学习有需求的学生和家长，从而带来稳定的收入。

（6）研学材料费用。研学需要使用的物品包括出行装备（遮阳帽、雨伞、分组背心等）、教学用品（手册、笔、画板等）、实验用品（放大镜、标本盒等）、户外装备等。有些耗材是一次性，有些可重复使用。活动证书、奖品等物料类的也在此范畴中。这些材料的采购和准备也是一笔必要的支出。

（7）人员费用。这包括研学旅游指导师、助教、讲解员等的费用。自带研学旅游指导师、跟队人员的，算在人力成本里；需外聘研学旅游指导师（或由导游担任）、专家、安全员等的，按日结算或计入总费用中结算。这些人员是研学活动顺利进行的关键，他们的专业知识和经验对于活动质量和效果有着重要影响。

（8）管理与组织费用。研学活动的组织和管理也需要一定的费用支出，如活动策划、行程安排、安全保障等方面的费用。这些费用虽然可能不如其他费用项目那么直观，但同样是研学成本的重要组成部分。

（9）保险费用。为了确保参与研学活动的人员的安全，通常需要购买意外险等保险。保险费用也是研学成本中不可忽视的一部分。

（10）其他费用。除了上述费用项目外，还可能产生一些其他杂项费用，如通信费、打印费（印刷广告物料、横幅、牌、证）、纪念品费用等。这些费用虽然可能金额不大，但也需要纳入研学成本的考虑范围。

（二）收集成本数据

针对每一个成本项目，收集实际发生的成本数据。这些数据可以通过发票、收据、合同等方式获取。

（三）分类与记录

将收集到的成本数据按照成本项目的性质进行分类，并详细记录在成本核算表中。例如，可以将成本分为直接成本和间接成本，直接成本是与研学课程直接相关的费用，如教学材料费；间接成本则是与多个研学课程或活动相关的费用，如行政费用。

（四）计算总成本

根据行情、供应商报价或往年数据来预估各项成本，将各项成本相加，得出研学课程的总成本。

（五）研学成本项目的合理分摊

1. 直接成本的分摊

直接成本是与研学活动直接相关的费用，通常可以明确归属到特定的活动或项目上。例如，某个研学活动的教学材料费用、特定景点的门票费用等，都是直接成本。这些费用应该直接关联到相应的活动或项目上，无须进一步分摊。

2. 间接成本的分摊

间接成本则是与多个研学活动或项目相关的费用，如行政费用、管理费用等。这些费用不能直接归属到某个具体的活动或项目上，因此需要进行合理的分摊。在分摊间接成本时，我们可以采用以下几种方法。

（1）按活动时长分摊。指根据每个研学活动的时长来分摊间接成本。这种方法适用于那些时间成本占比较大的情况，如场地租赁费、人员工资等。

（2）按参与人数分摊。指根据每个活动的参与人数来分摊间接成本。这种方法适用于那些人力成本占比较大的情况，如导游费、助教费等。

（3）按预算比例分摊。指根据每个活动的预算金额占总预算的比例来分摊间接成本。这种方法适用于那些各项费用相对均衡，难以按其他标准分摊的情况。

| 案例分析 |

佛山一小学研学 5 天收费 5980 元

《南方都市报》报道，2023 年 4 月 18 日，佛山家长孙先生在网络上发布一则视频称，自己女儿就读的广东省佛山市广石实验学校（原石门附小），即将在 5 月份正常上课的时间组织小学生开展为期 5 天的香港研学活动，收费为 5980 元 / 人。

对于此次研学活动收费是否合理，孙先生提出了疑问，"本次活动收费价格是如何确定的？是否经过物价局审批？"记者从孙先生提供的资料里看到，该研学活动费用为 5980 元 / 人，具体包括交通费用、生活费用、活动费用、保险费用、团服费用、学习手册和证书费。但对于每一项具体的费用明细就没有列出。

4 月 21 日，广石实验学校在微信公众号发出《致我校三、四年级学生家长的一封信》，针对家长提出的关于在正常教学时间组织研学活动是否合理、承办单位选择的依据、签署的协议是否合理、研学收费是否合理等八个方面的问题进行了回应。

2020年，教育部等五部门共同印发《关于进一步加强和规范教育收费管理的意见》，要求各地按照规定的管理权限全面落实教育收费管理，文件提到研学旅行收费问题，"组织开展研学旅行、课后服务、社会实践等活动，对应由学生或学生家长承担的部分，可根据自愿和非营利原则收取服务性费用"。但是，"学校不得擅自设立服务性收费和代收费项目，不得在代收费中获取差价"。

案例思考：研学能收费吗？研学旅行的费用由哪几部分组成？

三、研学成本核算后续分析

完成成本核算后，还需要对成本数据进行分析，以评估研学课程的改进空间。例如，可以比较不同研学课程的成本结构，找出成本控制的关键点；同时，也可以分析成本变化趋势，预测未来的成本走向。对于如何节约研学成本的方式和策略，有以下几个方面可以考虑。

（1）合理利用资源。充分利用现有资源，避免资源浪费。例如，与当地景区、博物馆等机构合作，利用它们的场地和设施，减少租赁费用。

（2）集中采购和物料共享。与其他学校、研学机构等合作，共同采买所需物料和设备，以获得更好的价格优惠。共享物料和设备也可以减少重复采买和浪费。

（3）优化行程和交通安排。合理安排行程，减少交通费用。选择就近的考察点和活动场所，尽量减少交通时间和费用。考虑使用公共交通工具或集体包车等方式，节约交通费用。

（4）精细管理和控制人力。根据课程的规模和需求，合理安排工作人员的数量和工作时间，避免人力资源浪费。同时，优化培训和指导方案，提高工作效率。

研学课程成本核算是一个复杂但必要的过程，在核算方面，需要将实际发生的费用与预算进行对比和分析，以评估控制的效果和经济性。建立一个明确的核算体系，记录和追踪每个环节的费用支出，并与预算进行对比，及时调整和优化控制策略。这有助于决策者更好地了解研学课程的成本结构和经济效益，为后续的决策和规划提供有力支持。

◇ 任务评价

班级：　　　　　　　　　　姓名：　　　　　　　　　　学号：

评价项目	评价标准	分值	自评	互评
学习态度	认真按照要求完成学习任务	10		
专业知识	全面掌握完成任务所需专业知识	40		
沟通交流	能清楚表达自己观点，并与他人有效沟通	10		
团队意识	具有主动与团队成员协作完成任务的意识	10		
信息素养	会搜集信息，并分析、运用信息	10		
实践能力	根据知识，能够进行实践操作	20		
总分		100		

◇ 任务小结

知识要点	
技能要点	
遇到的问题	
解决问题的方法	

◇ 任务思考

请根据所学内容，对任务五中的案例"溯源钱塘江"研学行程线路安排做一个研学成本核算。

任务七　研学旅行课程手册设计

研学旅行课程手册是研学旅行课程设计的产品，既可以作为研学旅游指导师的"教案"，也可以成为学生的"教材"，由于研学旅行的特质，研学旅行课程手册的设计需要具备综合性、探究性、实践性，同时还需要满足旅行附带的需求，提供旅行和生活的常识，研学旅行课程手册等于是教科书＋旅行指南＋行为规范的综合性课程手册。

◇ 任务目标

1. 理解研学旅行课程手册设计的原则。
2. 掌握研学旅行课程手册设计的主题内容。
3. 掌握研学旅行课程手册的编制内容。

◇ 任务描述

小陆被指派负责设计研学旅行课程手册，然而她对这个任务几乎一无所知，因而感到既紧张又迷茫。为了顺利完成这项工作，她请教了研学机构的老员工小林，希望小林能帮助她。如果你是小林，你打算怎么帮助小陆设计研学旅行课程手册呢？

◇ 任务分析

1. 通过调研了解研学旅行课程手册设计的原则。
2. 根据客户需求，归纳总结研学旅行课程手册设计的主体内容。
3. 根据市场需求以及查阅资料，梳理总结研学旅行课程手册的编制内容。

◇ **知识准备**

一、研学旅行课程手册的设计原则

（一）内容全面化

研学旅行课程手册不同于传统分科教学的教科书，应体现其综合性和实践性特点。手册的内容应该包括课程简介和课程设计的组成要素，即研学主题、线路规划、课程目标、课程内容、课程实施和课程评价，这是研学旅行课程手册的主体部分；除此之外，还应考虑"旅行"需求，提供出行与生活的基本信息，如安全注意事项和应急措施、行前准备的物品备忘检查表、研学旅游指导师电话号码、带队教师电话号码、研学目的地驻地医院和派出所联系方式等。

（二）形式新颖化

研学旅行课程手册的设计要新颖独特，以吸引学生的学习兴趣和探索欲望。手册可以不限于纸质形式，还可以结合数字化媒体。例如，可以设计一款配套的 App 或小程序，学生可以通过手机或平板随时查看研学旅行课程手册的内容。丰富的图片、视频、音频等多媒体元素，能让学生更直观地了解研学内容。针对不同年龄段和兴趣爱好的学生，还可以设计不同风格的手册。例如，对于小学生，可以采用卡通图案和鲜艳色彩，使手册更加生动有趣；对于初中生或高中生，则可以采用更加成熟、专业的设计风格，以满足他们的审美需求。

（三）导向学习化

研学旅行课程手册在导向学习中扮演着至关重要的角色。它不仅为学生提供了研学活动的线路图和指导，还引导他们更加科学和系统地进行研究性学习活动，从而提高其研究水平。首先，研学旅行课程手册的课程简介、总体目标、课程亮点等内容，为学生指明了学习方向。其次，研学旅行课程手册通过设计多样化的学习任务和课后作业，引导学生逐步深入探究研学主题；这些任务涵盖了观察、调查、实验、制作等多种形式，旨在让学生在实践中获取新知识，提升实践能力。同时，课后作业则帮助学生巩固所学知识，拓宽视野，激发他们的探究欲望和创新能力。

（四）设计方便实用化

研学旅行课程手册的设计要方便实用，以提升学生的学习效果和体验。首先，研学旅行课程手册的排版要简洁明了，可以采用清晰的标题、醒目的图标和易于阅读的字体，确保学生在阅读手册时能够一目了然。学生随时在手册上记录重要信息，教师及时对学生完成任务的情况进行评价，提高学生的自我效能感。其次，研学旅行课程手册还是学生的一本"口袋书"，因此在版式设计和装帧方面也要用心，应便于携带、翻阅，可以采用异形开本、特殊纸张、立体图案等设计元素，使手册看起来更加独特和有趣，简单、清新、大方的同时，又不乏时尚和灵动。

二、研学旅行课程手册的主体内容

研学旅行课程手册的设计，就是将课程设计的要求具体呈现的过程。其主体内容应遵循中小学课程设计的原则，需含有课程目标、课程内容、课程实施、课程评价等要素。研学旅行课程手册一般包含以下内容。

（一）封面与目录

（1）封面设计。包括研学活动的主题、名称、时间、地点等基本信息，以及学校的标志或徽章，使手册具有辨识度和专业感。

（2）目录索引。列出手册的章节和页码，方便学生快速查找所需内容。

（二）课程简介

课程简介的设计需要根据课程的内容，把课程各个单元的学习资源介绍清楚，同时说明课程的主题和各单元之间的系统性和层次性，并说明学习本课程的意义所在。

（三）课程的总体目标

课程总体目标是课程在宏观层面上要实现的目标，主要围绕知识拓展、问题解决、能力培养及实践体验等方面展开，旨在通过研学活动促进学生的全面发展，提升他们的综合素质和实践能力。一般可以通过将中小学综合实践课程指导纲要和核心素养两个方面相结合来确定。

（四）课程规划

研学旅行课程手册的课程规划旨在为学生提供一个全面、有序且富有成效的研学体验。课程规划是指对研学课程进行整体设计和布局，将其划分为若干相互关联、逻辑清晰的单元或模块。这些单元或模块按照一定的行程先后顺序进行排列，共同构成完整的研学课程体系。通过课程规划，学生可以清晰地了解每个单元的学习内容和学习目标，从而有针对性地进行研学活动。同时，这样的规划也有助于教师组织和实施教学活动，确保研学课程的系统性和有效性。

（五）行程规划

行程规划中应详细列出各学习单元、行程途中的时间节点，每一处景点参观学习的时长、集合地点，各段行程的交通工具类别，所乘车、船、飞机的车次或航班号（由于手册是行前的，所以车次号可以做成空格，之后确定了再人工填写）。研学旅行课程手册中的线路规划需要综合考虑多个方面，确保线路的合理性、安全性和有效性。通过精心规划和布局，可以为学生提供一个丰富、有趣且有意义的研学体验。

（六）课程实施

课程实施应分单元陈述。每个单元的课程内容应包括单元标题、课程实施具体地点、课程时长、课程内容的相关学科、本单元的具体课程目标、课程实施方式、课程资源详述、过程性课程任务、课后作业、对学生的过程性指导和评价、研学注意事项等。这些要素共同构成了完整的课程实施方案，有助于确保研学活动的顺利进行和取得预期的教育效果。

（七）课程评价

研学旅行课程手册中的课程评价旨在全面、客观地评估学生的学习过程和成果，以指导后续课程的改进和优化。本评价包括过程性评价和成果性评价两部分，通过量化指标和详细描述，对学生的学习表现进行综合评价。综合评价学生的学习过程和成果，将过程性评价和成果性评价的得分进行汇总，得出学生的最终评价结果。同时，指导教师应给予学生及时的反馈和建议，帮助学生了解自己的优点和不足，为后续学习提供指导。

（八）课程学习成果

具体来说，在研学旅行课程手册中，主要呈现的成果文件通常包括研究报告、研学论文或研学活动总结等，这些文件是学生研学成果的具体体现。这些成果文件在研学旅行课程手册中的呈现，不仅展示了学生的研学成果，也体现了他们在研学活动中的积极参与和认真思考程度。同时，这些成果文件也为教师和家长提供了了解学生研学情况的重要途径，有助于他们更好地指导和支持学生的研学活动。

（九）附件

为了保障研学旅行课程能顺利实施的内容，可以在附件中体现，主要包括行前物品备忘检查表、安全知识及安全应急预案、重要信息（包括学生电话、家长电话、研学旅游指导师电话和带队教师电话，研学目的地附近派出所联系电话、医院的相关信息）。这些附件内容可以根据具体的研学课程进行调整和补充，以确保研学课程的顺利实施和学生的学习效果。

三、研学旅行课程手册的编制原则

（一）针对性原则

研学旅行课程手册的针对性原则是其编制过程中的重要指导原则，它确保了手册的内容与研学主题、学生需求以及教育要求紧密结合，从而提高了研学活动的质量和效果。首先，针对性原则强调手册的内容应紧密结合研学旅行的主题和目的。手册的内容需要根据研学课程的性质、目标和预期效果进行定制。其次，研学旅行课程手册的设计需要考虑到不同研学群体的特点和需求。手册的内容、难度和形式需要针对不同群体进行差异化设计，以满足其特定的学习需求。再次，针对性原则还体现在手册的具体内容上。手册应提供与研学主题相关的具体知识、技能和方法，帮助学生深入了解研学主题，掌握相关的知识和技能。最后，研学旅行课程手册还需要考虑与课程大纲、教学目标等教育要求的契合度，避免与日常教学产生冲突或重复。

（二）科学性原则

研学旅行课程手册的科学性原则要求手册在内容、方法和评价等方面都要遵循科学理论和科学方法，以确保研学活动的质量和效果。首先，在活动决策上必须遵循科学决策的程序，运用科学思维方法。这包括在研学课程的设计、组织、实施和评估等各个环节，都应基于教育学的科学理论，确保活动的科学性和有效性。其次，内容必须保证科学性。在研学课程的选择上，要围绕研学旅行主题活动设计而编制，确保主题立意科学；在内容上，要准确反映相关学科的基本原理和核心概念，使用准确、清晰的语言，图表规范，避免误导学生。最后，评价方式上也要体现科学性。手册应提供多样化的评价方式，包括学生自评、互评、教师评价等，以便全面、客观地反映学生的学习效果。同时，评价主体应多元化，包括学生、教师、家长等，以便从多个角度了解学生的学习情况。

（三）规范性原则

研学旅行课程手册的规范性原则主要体现在手册的格式和内容上。这一原则要求手册在编写过程中，必须遵循一定的规范和标准，以确保手册的高质量和可靠性。具体来说，规范性原则要求手册的格式统一规范，包括字体、排版、图标等的使用都应当遵循一定的标准，使得手册整体看起来整洁、美观，有助于提升研学旅行课程手册的专业性和可信度，也有助于提高研学旅游指导师的阅读体验，使其能够更快速地找到所需的信息，更有效地理解和执行手册中的指导。此外，手册的内容也应当规范，包括研学课程的选择、设计、实施和评价等各个环节的描述，都应当准确、清晰、具体，避免模糊不清或者存在歧义的情况。

四、研学旅行课程手册的编制内容

研学旅行课程手册是对研学课程的组织、实施和评估等方面进行详细规定和说明的文件，是研学活动的重要组成部分。研学旅行课程手册通常包括前期策划、中期执行、后期评估三方面内容。

（一）前期策划

在研学的前期策划阶段，需要明确研学的目标，选择适合的目的地，设计研学课程和活动。同时，也需要进行预算规划，保证活动的顺利进行。前期策划是确保研学活动能够达到教育目标，让学生获得良好学习体验的重要基础。

（1）确定研学课程的主题和内容。主题和内容要综合考虑学科特点、学生兴趣、地方特色等多个因素，注重跨学科知识的整合，将不同学科的知识融合在一起，科学设计具有探究性和操作性的活动，形成综合性的学习体验，打造出富有特色、具有教育价值的研学课程。

（2）确定研学课程的时间和地点。根据研学课程的主题和内容，综合考虑学生的年龄和身体状况及交通、安全、设施等因素，选择便于学生参与的时间。同时需要详细规划活动的日程安排，包括每天的行程、活动内容、时间安排等，以便教师能够清晰地了解活动的流程和安排。

（3）确定研学课程的参与人员。参与人员应当包括学生、教师和其他相关人员。在研学旅行课程手册中，应明确参与人员的职责和要求，包括活动前的准备、活动中的表现、活动后的总结等方面，这有助于参与人员更好地了解自己在活动中的角色和任务，提高活动的效率和质量。

（4）开展研学课程前期预算规划。这包括两方面：一是课程设置及运营费用，即研学旅行、课外活动、实践活动和特色课程的费用，如可能需要支付交通和门票费用，特色课程可能需要聘请的专家或购买特定教学材料的费用。二是人员成本，即教师及工作人员的工资和福利，这些费用通常根据人员的数量、职位和薪资水平来确定。

（二）中期执行

在研学的中期执行阶段，重点是实施研学课程和活动。教师需要引导学生进行实地考察，激发他们的探究精神，帮助他们通过实践活动理解和掌握知识。此外，也需要确保活动的安全，对可能出现的问题进行及时处理。

（1）研学课程的准备工作。准备工作包括制定完整的课程大纲、设计具有挑战性和趣味性的研学任务、收集与研学主题相关的书籍等教学资源、准备必要的教学设备和工具、确定研学课程的教师和辅助人员、招募志愿者、制定详细的预算与费用管理等，确保活动顺利进行。

（2）组织研学课程的实践活动。实践活动是研学课程的核心内容。设计实地考察、科学实验、社会调查等实践活动内容，制定详细的活动流程，引导学生积极参与，与相关部门和人员进行协调，确保资源的及时供应和合理使用。

（3）制订和实施课程安全预案。成立研学活动安全领导小组，在活动前进行安全风险评估，对学生开展安全教育，制订详细的安全预案并配备专业的安全管理人员和急救人员，能及时对突发事件进行及时有效处置，以确保学生生命安全和身体健康。

（三）后期评估

研学活动结束后，进行后期评估是十分必要的。这包括对研学活动的反思和总结，评估学生的学习成果，以及对研学活动的满意度进行调查。通过后期评估，可以不断优化研学活动，提升研学的教学质量。

（1）确定研学课程的评估标准。评估标准包括课程是否达到预设目标、课程内容设置是否合理有趣、学生在课程中参与度如何、课程安全保障措施是否到位、教师在课程中的指导是否有效、课程是否具有创新性和特色等。

（2）开展研学课程的评估工作。根据所选的过程性评价、成果性评价、综合性评价等评估方法，收集评估数据及师生对课程的反馈意见，全面、客观、准确地评估课程实施效果，为课程改进和优化提供支持。

（3）开展研学课程的总结和反思。深入回顾研学课程的优点和不足，总结和反思实践活动中所采用的内容和方式，分析和评估学生在实践活动中的表现、收获，为未来的研学活动提供宝贵经验和教训。

◇ 任务评价

班级：　　　　　　　　　姓名：　　　　　　　　　学号：

评价项目	评价标准	分值	自评	互评
学习态度	认真按照要求完成学习任务	10		
专业知识	全面掌握完成任务所需专业知识	40		
沟通交流	能清楚表达自己观点，并与他人有效沟通	10		
团队意识	具有主动与团队成员协作完成任务的意识	10		
信息素养	会搜集信息，并分析、运用信息	10		
实践能力	根据知识，能够进行实践操作	20		
总分		100		

◇**任务小结**

知识要点	
技能要点	
遇到的问题	
解决问题的方法	

◇**任务思考**

请简述设计研学旅行课程手册需遵循的基本原则。

任务八　研学旅行课程学生手册

研学旅行课程学生手册是研学旅行不可或缺的重要学习载体，它是研学旅行准备阶段的"预习卡"、实践探究中的"学习单"、总结评价中的"成绩册"。它是培养学生自主学习和建构知识能力的一种重要媒介，具有导读、导听、导思、导做的作用。

◇任务目标

1. 介绍研学旅行课程内容与安排。

2. 指导研学旅行课程学习方法与技巧。

3. 强调安全与行为规范。

◇任务描述

小陆需要制定一份研学旅行课程学生手册。该任务要求她系统地整理并呈现研学旅行课程的所有关键信息，包括但不限于课程目标、日程安排、学习方法指导、安全规范、行为准则以及自我评估与反馈机制，确保学生能够全面了解课程要求，做好充分准备，积极参与，并从中获得最大的学习收益。她应该怎么做呢？

◇任务分析

1. 安排研学旅行课程内容。

2. 选择研学旅行课程学习方法。

3. 关注研学旅行过程中的安全管理。

◇知识准备

一、行前思

"行前思"的主要内容有事前准备（研学活动信息、健康状况确认）和行前准备

（着装准备、物品准备、财务准备、文化和礼仪准备）两方面内容。

（一）事前准备

1.研学活动信息

研学活动信息包括研学课程简介、研学地点介绍、行程安排等内容，确保对活动有充分的了解。其中，"研学课程简介"通常会涵盖课程的背景、目标、内容以及实施方式等方面，帮助学生了解课程理念、课程内容介绍、课程特色、学习方式等，说明研学活动的目的和意义，为学生提供研学背景信息。

"研学地点介绍"提供给学生相关信息，如地理位置、交通信息、网络平台链接、历史文化沿革等，同时要给予留白，让学生有思考和记录的空间，让学生真正成为研学旅行的策划者、亲历者、体验者。

"行程安排"是指导学生主动进行知识建构而编制的活动内容细化表，可以帮助学生了解研学旅行课程行程的具体安排，掌握整个研学活动的时间、地点、活动内容、食宿安排以及注意事项，提前进行研学预习，更好地规划自己的时间和精力。

2.健康状况确认

健康状况确认主要是为了确保学生的身体健康状况能够适应研学活动的需求，保障学生的安全与健康。通过这一环节，学校可以了解学生的过去疾病史、过敏史以及有特殊健康需求的学生等基础健康状况，同时，了解学生的患病情况、身体状态等近期健康状况，也提醒学生关注自己的身体状况，如有任何不适或突发情况，学生应及时报告导师并遵循相应的处理流程。

（二）行前准备

1.着装

根据活动的性质和天气情况，准备好穿着舒适的换洗衣物和鞋子，以确保舒适和安全。如果研学活动在户外进行，特别是在阳光强烈的地区，要携带防晒衣物、帽子、防护用品、雨伞等。

2.物品准备

（1）基本生活用品。包括洗漱用品（牙刷、牙膏、毛巾、洗发水、沐浴露、面巾纸等）；床上用品（枕头、被子或毯子，以及一套轻便的睡衣）；旅行箱/背包（容量大、轻巧、便于携带）；身份证件（身份证、学生证、胸牌等，国外研学还需带好护照及相关证件）；医药包（创可贴、晕车药、肠胃药、驱蚊水、消毒酒精片等）；电子设备（手机或平板电脑、充电器和移动电源、耳机等）。

（2）学习用品。笔和笔记本（记录旅行中的所见所闻和心得，或者记录课堂笔记）；地图或指南针（了解当地地理环境，提高学生地理知识水平）；书籍或杂志（有趣的书籍或杂志，帮助学生在旅途中放松心情、增长知识）。

（3）食品和水。零食（饼干、巧克力等）、水等，以备不时之需。

3. 资金准备

提前了解研学活动的具体安排，包括餐饮、住宿和行程等，以确定学生可能面临的额外消费情况。根据学生的消费习惯和喜好，考虑是否有购买纪念品、零食或饮料、娱乐等需求，预留一定的资金以备不时之需，同时培养消费意识和理财能力。

4. 文化和礼仪准备

在出发前，学生应通过各种途径了解目的地的文化背景、风俗习惯、宗教信仰等，在研学过程中，要尊重当地的习俗和文化传统。同时，学生应保持整洁的仪容仪表，穿着得体、大方。与当地人交流时，要使用礼貌用语，语气要平和、诚恳。此外，要尊重他人的隐私和权利，不要随意打扰他人或侵犯他人的利益。

二、行中研

"行中研"作为研学活动的具体实施环节，这个阶段几乎全是学生的实践行动。其包括单元标题、本单元课程内容的相关学科链接、本学习单元课程概述、课程资源详述、课程实施方式、过程性课程任务、研学记录等。

（一）单元标题

研学旅行课程学生手册的课程单元标题应该围绕研学活动的核心目标和内容来设计，旨在引导学生深入了解研学主题，积极参与研学活动，并从中获得知识和技能的提升。以下是一些可能的学生手册课程单元标题。

（1）历史文化之旅。这个单元可以涵盖对历史文化名胜的考察，介绍特定地区的历史文化背景和传统民俗，帮助学生更深入地了解中国文化的发展脉络。

（2）城市探秘与规划。这个单元将引导学生走进城市，了解城市发展的历程、现状和未来规划，以及城市的人文风情和发展潜力。

（3）生命科学探索。通过参观生物科研机构、实验室等场所，此单元将带领学生探索生命科学的最新成果和发展前沿，培养他们的科学素养和研究兴趣。

（4）社会公益实践与体验。学生将投身社会公益活动，了解社会公益事业的重要性和发展现状，培养他们的奉献精神和社会责任感。例如，农村教育之旅：走进农田的课堂；农艺之美：欣赏与学习农业艺术；从田间到餐桌：全面认识农业生产链；播种未来：可持续农业教育。

（二）本单元课程内容的相关学科链接

研学旅行课程学生手册的单元课程内容可以涵盖多个相关学科，具体取决于研学活动的主题和目标。以下是一些常见的学科及其可能应用于手册单元课程内容的示例。

（1）历史学科。介绍研学地点的历史背景、重要事件、历史人物等。例如，在"历史文化之旅"单元中，学生可以通过实地考察历史遗迹、博物馆等，了解当地的历史变迁和文化传承。

（2）地理学科。探讨研学地点的地理位置、地形地貌、气候特征等。例如，在"自然环境保护与探索"单元中，学生可以研究特定地区的生态系统、地理分布和环境保护措施。

（3）生物学科。观察和研究研学地点的生物种类、生态习性、生物多样性等。例如，"生命科学探索"单元中，学生可以参观生物实验室、自然保护区等，了解生物科学的最新研究成果。

（4）社会学科。研究研学地点的社会结构、文化特色、经济发展等。例如，"城市探秘与规划"单元中，学生可以调查城市的发展历程、文化特色和未来规划，了解城市社会的多个方面。

学生手册的单元课程内容还可能涉及跨学科的知识整合，通过综合性的研学活动，帮助学生建立多学科之间的联系，培养综合素质和解决问题的能力。示例：请学生参考教材相关内容做铺垫练习。

①地理学课程标准：生产活动与地域联系；区域可持续发展。

②生物学课程标准：生物的变异和生物的进化；生态系统；生物科学与社会——生物科学与农业；现代生物科技专题—生态工程。

③化学课程标准：化学与技术；化学与工农业生产。

（三）本学习单元课程概述

课程概述旨在为学生和教师提供关于本单元研学活动的全面介绍和指导。主要包括如下内容。

（1）明确课程目标及每个学习单元的学习目标，示例如下。

①知识目标：对土壤及其形态进行再认识，亲身体验传统农作与科技农作，思考如何进行科技农业创业。

②能力目标：学会采集样本土壤，掌握当季蔬菜有土和无土栽培基本技能。

③价值观目标：积极参与《保护我们的土地倡议》活动，形成土地可持续发展的正确认知与态度，锻炼和培养正确的劳动观念，增强对乡土的眷念之情。

（2）明确课程内容，了解课程活动安排和研学活动流程，示例如下。

①参加土壤科普微讲座：学习有土／无土蔬菜种植，观察科技温室作物，参与护土倡议。

②土壤科普微讲座：邀请著名农业专家介绍土壤之重、土壤之危和土壤之望，认识拯救土壤刻不容缓。

③有土蔬菜栽种：田间地头体验，使用农具进行挖土、平土、打窝、栽菜、浇灌等劳动活动，观察春土样态，体会春耕乐趣。

④无土蔬菜栽种：了解无土栽培科学常识，在工作人员指导下使用农具、材料、器件等进行基质搅拌、栽菜、摆放等劳动活动，从经济、技术、生物等角度思考无土栽培在哪些方面更优于传统农业。

⑤科技温室作物观察：观察春季和跨季作物，至少了解一种跨季生长作物。开展科技农业畅想，谈谈自己的主张。

⑥护土倡议：参与"护土倡议"万人签名活动，做土壤亲人，成土壤卫士。

（四）课程资源详述

课程资源旨在为学生提供丰富多样的学习材料和实践活动，以帮助他们更好地理解和掌握研学主题，包括研学基地概况介绍及文化特色，研究报告，专家讲座的录音或视频，在线课程，专业网站与论坛等多种课程资源。

示例：

良渚文化国家遗址公园的介绍

良渚文化是环太湖流域分布的以黑陶和磨光玉器为代表的新石器时代晚期文化，因 1936 年首先发现于浙江良渚而命名。良渚古城由包括莫角山遗址、良渚古城区和外郭区等部分构成，面积达 8 平方千米。其中根据测年数据，良渚古城的塘山、水坝、反山、莫角山宫殿都已距今 4900~5000 年，城墙距今约 4800 年，外郭大致距今 4700 年。良渚文化已经发展到较高的水平，它是吴越文化进入了文明时代的标志。而当时的吴越居民在水稻种植、陶器、玉器的生产及渔猎等方面取得了辉煌成就，形成了极具特色的原始文化，尤其是玉器最能体现江南先民的艺术想象力，并为后世文学艺术的发展提供了肥沃的土壤。

（五）课程实施方式

课程实施方式主要强调实地考察、专家讲座、实践操作以及团队合作等多元化教学方法，旨在通过亲身体验和实践操作，提升学生的综合素质和实践能力。

（1）实地考察。组织学生前往相关地点进行实地考察，观察、记录并分析该领域的实际情况。例如，深入观察植物、建筑、假山、水源、文化等许多有形或无形的元素，研究能工巧匠是如何利用大小、曲直、明暗、高低、收放等视觉原理，打造主次分明、有层次、有对比、有色彩的空间体系。

（2）专家讲座。邀请该领域的专家举办讲座，为学生介绍前沿知识、技术和发展趋势。例如，邀请浙大校友进行一场励志演讲，为学习生涯赋能。

（3）实践操作。通过设计实践操作环节，学生可以亲身参与和体验相关技能和方法的应用过程，从而更好地掌握和理解相关知识。例如，茶园体验采摘，观摩茶叶加工工艺流程，品鉴了解龙井茶生长环境和加工手法，并学习龙井茶的冲泡方法。

（4）团队合作。通过小组合作的形式，完成学习任务，培养学生的团队合作精神和沟通能力。

（六）过程性课程任务

研学旅行任务的设计要充分考虑学生的知识储备和认知规律，要能够充分调动学生的积极性和主动性，引导学生进行自主、合作和探究学习。以下是一些常见的过程性研学任务。

（1）知识型研学任务。知识型研学任务是一种注重知识学习和理解的研学活动，可通过现场知识讲解、知识竞赛与问答、知识图谱构建、专题研究报告、游戏活动来实现。以下是"一场穿越热带雨林的奇妙之旅"西双版纳傣族文化单元研学任务的示例。

①描述傣族村寨的选址特征。

②描述干栏式建筑的结构特点。

③干栏式建筑一楼用途、二楼用途（柱子为什么是方形的）。

④用简笔画记录干栏式建筑的剖面图。

（2）体验型研学任务。体验型研学任务是一种侧重于学生通过亲身参与和体验来深化理解和感受研学主题的活动。可通过角色扮演与模拟体验、体验社会实践活动、互动体验文化氛围和生活方式、自然观察和探索等活动来实现。以下是"盛世钱塘 茶丝通达"研学任务示例。

①乘船观赏西湖美景，寻觅治水人物苏轼的踪影，知晓苏轼与西湖的渊源，接触古代水利职官体系，熟悉历史上重要的水利人物，尤其是在水利方面颇有建树的帝王将相与地方官吏。进一步了解西湖悠久的历史文化，认识水利在历史进程中的重要作用。

②跟着苏轼、白居易、杨万里、柳永、林升等诗人的古诗游西湖，实地体验西湖诗词文化。

（3）实践型研学任务。实践型研学任务是一种强调学生实际操作和实践能力的研学活动形式。可通过手工制作、劳动实践、实地践行等方式来设计。例如，分组在博物馆的巨鲸展厅、海洋哺乳动物展厅、海洋无脊椎动物展厅内寻找线索，每组要挑战成6项任务，可获得"博物馆小博士"奖章。挑战任务如下。

①巨鲸展厅：了解巨鲸外形和习性相关知识，填写任务单，并完成团队创意合

影秀。

②海洋哺乳动物展厅：记录至少三种"海洋哺乳动物"相关信息，完成团队情景模拟拍活动。

③海洋无脊椎动物展厅：了解海洋里的无脊椎动物相关知识和内容。完成任务单填写，并开展相关话题采访活动。

（4）艺术型研学任务。艺术型研学任务是一种将艺术元素融入研学活动，旨在提升学生的艺术鉴赏能力、创造力和实践技能的任务形式。主要通过艺术表演或作品鉴赏与体验，以及绘画、摄影、雕塑等艺术创作活动、艺术文化交流与研讨、研学剧场等形式来实现。以下是"绚丽瑶绣"非物质文化遗产文化技艺研学任务示例。

①识别在瑶族刺绣里各种颜色所代表的意思。

②选择用相应颜色绣出瑶族特色的水纹、山纹或草纹等图案。

③设计一款瑶族脚绑。

（5）创新型研学任务。创新型研学任务旨在培养学生的创新思维和实践能力，鼓励他们通过探索、实践和创新来解决实际问题。可通过创意设计与制作、科技创新项目、社会问题调研与解决、头脑风暴与创意征集等方式来实现。

（七）研学记录

学生手册中的研学记录是研学活动中的重要组成部分，它详细记录了参与者在研学活动中的所见、所闻、所感，是学习和成长的见证。它主要包括研学过程记录和研学收获两方面。

（1）研学过程记录。研学过程记录更像是学生的课堂笔记，学生记录下在活动过程中的所见所闻、所思所想、所学所悟等内容。一方面是活动的基本信息，如活动名称、时间、地点、对象、主题等；另一方面是对研学活动的具体过程和内容的记录，包括实地参观与考察的记录、小组讨论与交流的摘要、研学任务完成情况的记录等。

（2）研学收获。这部分是研学手册里可以任意发挥的、最自由的部分。学生可以将他们在研学过程中的感受、新认识和理解、知识和技能的提升都记录下来。教师要鼓励学生跨领域、跨学科学习，引导学生把自己的成长环境作为学习场所，在学习过程中不断拓展活动时空和活动内容，使自己的个性特长、实践能力不断发展。

三、行后悟

"行后悟"总结阶段主要内容包括研学作业完成、研学成果展示、研学课程评价、研学拓展延伸等。

（一）研学作业完成

学生手册中的课后作业是巩固和拓展学生在研学活动中所学知识的重要方式，它包括以下几种。

（1）知识巩固类作业。针对研学活动中的关键知识点，完成填空题、选择等客观题，简答题、图标分析题，增强学生对知识内容的理解程度。

（2）实践探究类作业。要求学生根据研学活动的具体活动内容，完成撰写实验报告、实地考察报告以及项目设计，培养学生的实践能力和创新能力。

（3）拓展阅读与思考类作业。推荐与研学主题相关的阅读材料，要求学生阅读后撰写笔记，或设置与研学主题相关的讨论话题，鼓励学生积极参与主题讨论。

（4）综合应用类作业。要求学生概括性总结研学旅行深度学习实践的主要成果，以研学总结报告等多种形式分享研学经历和学习心得。

（二）研学成果展示

学生手册中的研学成果展示是研学活动的重要一环，它不仅是学生展示自己学习成果的机会，也是检验研学活动效果的重要途径。

（1）PPT展示。通过制作精美的PPT，学生可以梳理并呈现研学过程中的关键知识点、实地考察的照片、绘画、标本、数据分析结果等内容。

（2）海报展示。学生可以设计制作海报，用图文并茂的方式展示研学成果。

（3）视频展示。通过拍摄微视频、分享朋友圈美文等，记录研学活动的全过程，包括实地考察、实验操作、小组讨论等场景。

（4）口头报告。学生可以通过口头报告的形式，向听众介绍演讲、歌舞、小品等多样化的研学成果。

（三）研学课程评价

研学课程评价是一个系统而全面的过程，旨在全面检验研学旅行课程设计及其实施情况与效果。

（1）过程性评价。关注学生在研学活动过程中的表现，包括学习态度、实践能力、合作精神等。这种评价方式有助于教师及时了解学生的学习进度和困难，从而提供有针对性的指导。过程性评价可以通过观察、记录、访谈等方式进行。

（2）成果性评价。主要评价学生在研学活动结束后所取得的知识、技能、情感态度等方面的成果。这通常通过学生的作品、报告、展示等方式来体现。成果性评价有助于检验研学活动的最终效果，衡量学生的学习收获。

（3）自我评价、教师评价、家长评价与社会评价。这些评价方式体现了评价主体的多样性。学生可以通过自我评价反思自己的学习过程，教师可以从专业角度评价学生的学习成果，家长和社会各界则可以从不同视角提供反馈和建议。

（四）研学拓展延伸

研学拓展延伸是指在研学活动的基础上，进一步拓展其内容和形式，以丰富学生的学习体验，提升其综合素质。

示例：针对"踏行博物馆，对话大自然"大连自然博物馆研学旅行，在学生手册结尾处设计了新视窗——"发现新大陆"环节，作为此次研学活动的拓展延伸。为学生提供了大连贝壳博物馆、大连现代博物馆、国家自然博物馆、上海自然博物馆的图片和文字简介，以此来激发学生研学兴趣，给他们提供下一步到博物馆进行研学的学习方向。

国家自然博物馆

国家自然博物馆是中国唯一的国家级、综合性自然博物馆，代表国家保护、研究、收藏、阐释和展示自然物以及人类社会发展过程中具有历史、科学和艺术价值的自然遗产。馆藏藏品 40 余万件，珍稀标本数量在国内自然博物馆居首位，如世界上出现最早的有胎盘哺乳动物中华侏罗兽化石、复原全身羽毛颜色的赫氏近鸟龙化石、唯一保存完整的"黄河象"化石等，还收藏有许多珍贵的国礼标本。国家自然博物馆基本陈列以生物进化为主线，设有古爬行动物、古哺乳动物、无脊椎动物、神奇的非洲等常设展览，展示了生物多样性以及与环境的关系，构筑起一个地球上生命演化发展的全景图。

◇任务评价

班级：　　　　　　　　　　　姓名：　　　　　　　　　　　学号：

评价项目	评价标准	分值	自评	互评
学习态度	认真按照要求完成学习任务	10		
专业知识	全面掌握完成任务所需专业知识	40		
沟通交流	能清楚表达自己观点，并与他人有效沟通	10		
团队意识	具有主动与团队成员协作完成任务的意识	10		
信息素养	会搜集信息，并分析、运用信息	10		
实践能力	根据知识，能够进行实践操作	20		
	总分	100		

◇任务小结

知识要点	
技能要点	
遇到的问题	
解决问题的方法	

◇任务思考

1.请根据所学内容，选择重庆一个古镇，进行研学旅行课程学生手册的设计。

2.研学旅行课程学生手册和研学旅行课程手册的内容有何异同？它们对于研学工作开展的意义在哪儿？

任务九　研学旅行课程工作手册

　　研学旅行课程工作手册是对研学课程的组织、实施和评估等方面进行详细规定和说明的文件。它为研学活动的组织者和参与者提供了明确的指导和参考。通过明确规定研学活动的任务和要求，它可以使参与者明确自己的工作重点，避免出现混乱和麻烦，确保研学活动的顺利进行。同时，它详细规定了研学活动的具体方法和流程，包括活动的时间安排、人员配备、活动地点的选择、活动过程中的注意事项等，从而确保研学活动能够按照预定的计划进行，达到预期的效果。

◇任务目标

　　1. 规范研学旅行课程开发流程。
　　2. 制定研学旅行课程工作手册的各种表格。

◇任务描述

　　小陆开始制定研学旅行课程工作手册，为研学教育活动提供一个全面、规范的指导蓝本。为了保证研学课程的科学性、实用性和安全性，小陆应该怎样制作研学旅行课程工作手册呢？

◇任务分析

　　1. 理顺研学工作操作流程。
　　2. 明确研学工作各个环节的工作内容。

◇知识准备

　　研学工作手册的执行过程，多以表格方式呈现。

一、行前组织

行前组织是研学活动准备阶段的重要环节，它涉及对活动信息的整理、备案、预算安排以及参与人员的管理等多个方面。实践备案、实践预算、学生信息管理、教师信息管理等，都是行前组织工作的重要组成部分。

（一）信息概况表

研学旅行课程工作手册中的信息概况表是对研学旅行课程基本信息的汇总和呈现，它有助于参与者快速了解课程的整体情况，并为后续的组织和实施工作提供便利。信息概况表主要包括研学课程概况、课程时间与地点、参与人员信息、交通与住宿安排、餐饮安排、预算与费用等。

（1）研学课程概况。一般包括主办协办单位名称、课程名称、课程编号、研学地点、出行日期、出发及返回安排等。

（2）课程时间与地点。主要包括课程开始的具体日期、课程结束的具体日期、课程总时长及课程具体地点。

（3）参与人员信息。主要涉及参与课程的学生总人数、参与课程的教师总人数，以及导游、司机等其他辅助工作人员数量。

（4）交通与住宿安排。简单说明交通工具（大巴车、火车等）的车辆分配信息、住宿分配信息（几人一间、入住信息等）。

（5）餐饮安排。包括用餐地点（餐厅、食堂等）和用餐标准（几菜一汤，是否包含水果等）。

（6）预算与费用。主要包括课程总预算、学生费用（每位学生需要承担的费用）、费用支付方式（现金、转账等），表3-1是信息概况表示例。

表3-1 ××学校华东研学信息概况表示例

学校名称	××学校	年级	初一年级1~4班
研学地点	上海、浙江杭州、绍兴、嘉兴	出行日期	2023年4月4~8日

续表

出发信息	4月4日早晨，学生4:45到校，学校5:00发车。请提前抵达学校，并提前联系车辆事宜				去程车票信息：G××次7:20~13:08		
返回信息	4月8日，20:58抵达北京南站，集体乘车返校。抵达后领取行李、集合，待学校负责人宣布后方可解散				返程车票信息：G××次14:48~20:58		

人数		学生	教师	研学旅游指导师	总计	项目负责人：李×× 158××× 学校课程执行组组长：汪×× 139×××
	男	78	6	2	86	领队老师：王×× 136×××
	女	84	6	2	92	地接社课程执行组组长：陈××
	合计	162	12	4	178	138××

用餐安排信息	日期	午餐	晚餐
	4月4日	餐厅名称×× 地址××	餐厅名称×× 地址××
	4月5日	餐厅名称×× 地址××	餐厅名称×× 地址××
	4月6日	餐厅名称×× 地址××	餐厅名称×× 地址××
	4月7日	餐厅名称×× 地址××	餐厅名称×× 地址××
	4月8日	餐厅名称×× 地址××	餐厅名称×× 地址××

用餐标准：行程内中餐、晚餐标准30元／人，十人一桌，十菜一汤。外加应季水果、牛奶、酸奶（三种食品根据当天餐食搭配最适合的一种）。
特殊需求关注：对于有特殊饮食需求的学生（如食物过敏、素食者等）和需要特殊照顾的学生（如残障等），提供必要的协助和支持

住宿安排信息	住宿酒店信息：房间配备空调、热水器等基本设施，每间房均配有独立卫生间。 联系人及电话：××经理，电话：××-×××× 住宿安排明细： 酒店入住信息：4日晚入住上海××酒店，师生、研学旅游指导师共用房间89个房间； 5日晚入住嘉兴××酒店，师生、研学旅游指导师共用房间89个房间； 6~7日晚入住杭州××酒店，师生、研学旅游指导师共用房间89个房间； 学生信息：男生（78人）39个标间＋女生（84人）42个标间； 教师信息：男士（6人）3个标间＋女士（6人）3个标间； 研学旅游指导师信息：男士（2人）1个标间＋女士（2人）1个标间

车辆分配信息	车辆编号	学生	学校教师	地接社研学旅游指导师
	1号车48人	1班学生44人	教师1张×× 158××× 教师2李×× 135××× 教师3陈×× 136×××	李××159×××

	车辆编号	学生	学校教师		地接社研学旅游指导师
车辆分配信息	2 号车 49 人	2 班学生 45 人	教师 1 吴×× 教师 2 张×× 教师 3 孙××	177××× 159××× 131×××	姜××136×××
	3 号车 47 人	3 班学生 43 人	教师 1 江×× 教师 2 沈×× 教师 3 程××	136××× 133××× 151×××	邓××137×××
	4 号车 47 人	4 班学生 43 人	教师 1 龙×× 教师 2 郑×× 教师 3 何××	186××× 177××× 135×××	李××155×××

（二）实践备案表

实践备案表详细记录了活动的各项内容和安排，以确保活动的组织者和参与者对活动有清晰的了解和准备。主要涵盖了研学内容细节，包括学校带队领导、参与教师、研学基地负责人等的职责和分工，家长委员会、学校及各教育行政部门沟通合作的计划安排等信息。

（三）实践预算表

实践预算表通常包括以下几个主要部分，用以详细列出研学活动的各项预算：交通费预算（往返车费、市内交通费）、住宿费预算（住宿标准、住宿天数）、餐饮费预算（每天的早餐、午餐、晚餐、茶歇等）、场地费预算（活动场地费、会议或讲座场地费等）、教学材料费（教材费、教学器材费等）等，以更好地明确活动成本、控制成本支出和筹集资金。

（四）学生信息管理表

学生信息管理表（见表 3-2）是用于记录和管理参与研学活动学生信息的表格。它可以帮助组织者更好地了解学生的基本情况，以便更好地进行活动安排和安全管理。

学生信息管理表需要罗列出学生的基本信息（姓名、性别、年龄、班级、身份证号码、联系电话）、健康状况（身体健康状况、特殊病史、过敏情况、用药情况等）、紧急联系人（紧急联系人姓名、紧急联系人电话等）、行为习惯与特殊需求等。表格可以根据研学活动的具体需求进行定制和扩展，以确保信息的完整性和准确性。

表3-2　学生信息管理

序号	学号	性别	班级	身份证号码	联系电话	紧急联系人及联系电话	病史	过敏/用药情况	备注
1	……								
2	……								
3	……								

（五）教师信息管理表

教师信息管理表（见表3-3）是研学活动中用于记录和整理参与教师的详细信息的重要工具。这份表格旨在帮助活动组织者更好地了解每位教师的背景、职责和特长，以便进行更有效的团队协调和管理。

教师信息管理表需罗列出教师基本信息（姓名、性别、年龄、学校、职务/职称、联系电话）、研学活动经验（参与研学活动次数、取得成果或荣誉等）、特长与技能（专业特长、研学技能等）、研学课程担任职责、带队车辆信息、教师其他特殊需求等。

表3-3　教师信息管理

序号	姓名	负责班级	职务	性别	联系电话	大巴车号	研学课程担任职责	特长与技能	其他需求	备注
1	……	全体	校长			1号车	学校负责人			
2	……	初一3班	班主任			2号车	2号车车长			
3	……	初一2班	英语教师			3号车	指导教师			
4	……									

（六）学生分车信息表

学生分车信息表（见表3-4）主要用于记录研学活动中学生的分车情况，确保每位学生都能准确、安全地乘坐对应的车辆。这类表格有助于组织者更好地管理学生的交通安排，减少混乱和错误。

学生分车信息表主要包括学生基本信息（姓名、电话、班级等）、分车信息（车辆编号、座位号、司机姓名、司机电话、带队老师信息等）、其他特殊需求（学生晕车情况、行李情况或其他特殊健康问题等）。

表3-4　学生分车信息

序号	姓名	班级	电话	带队老师姓名电话	车辆编号	司机姓名电话	备注
1	……						
2	……						
3	……						
4	……						

（七）学生分餐信息表

学生分餐信息表（见表3-5）主要用于记录研学活动中学生的分餐情况，确保每位学生都能得到合适的餐饮安排。这样的表格有助于组织者更好地管理学生的饮食需求，避免浪费和混乱。

分餐信息表主要包含桌号、学生基本信息（姓名、班级等）和分餐信息（早餐安排、午餐安排、晚餐安排）、饮食需求与注意事项（食物过敏、宗教或文化饮食禁忌、特殊饮食习惯等）。

表3-5　学生分餐信息

1班				2班			
序号	1号桌	2号桌	3号桌	序号	4号桌	5号桌	6号桌
1				1			
2				2			
3				3			

续表

1班				2班			
序号	1号桌	2号桌	3号桌	序号	4号桌	5号桌	6号桌
4				4			
5				5			

3班				4班			饮食特殊需求同学
序号	7号桌	8号桌	9号桌	序号	10号桌	11号桌	12号桌
1				1			
2				2			

（八）学生分房信息表

学生分房信息表（见表3-6）是研学旅行中用于记录学生住宿安排的重要工具。通过填写这样的分房信息表，组织者可以更加全面地掌握每位学生的住宿需求和情况，从而进行合理的房间分配和管理。这有助于确保学生在研学活动中的住宿安全和舒适度，提高活动的整体质量。

分房信息表主要包括学生基本信息（姓名、性别、班级）和住宿安排（房型、房间号、同住人）、学生特殊需求与注意事项等。

表3-6　学生分房信息

序号	房间	姓名	性别	班级	××酒店（6月10~11日）房间号	××酒店（6月12~13日）房间号	备注
1	标间						
2							
3	标间						
4							
5	单间						

二、行中执行

"行中执行"部分主要指的是在研学旅行的实地研究阶段，学生按照手册中的指导进行实践探究和学习活动的执行过程。资源信息对接、课程执行安排、应急处理等工作，是研学旅行中不可或缺的重要内容。

（一）工作人员信息表

工作人员信息表（见表 3-7）是一份非常重要的文档，它记录了研学活动中各个工作人员的基本信息和联系方式，以便在需要时能够迅速找到相应的人员进行沟通和协调。

表 3-7　工作人员信息

序号	姓名	性别	职务 / 角色	研学课程担任职责	联系方式
1	赵 ××	男	领队 / 教师	负责整体行程安排和学生管理	137××××××
2	张 ××	女	研学导师	负责研学内容讲解和指导学生实践	135××××××
3	李 ××	男	安全员	负责研学过程中的安全保障和应急处理	135××××××
4	陈 ××	男	摄影师	负责研学活动的照片和视频	176××××××
5	……	……	……	……	……

（二）物料清单表

物料清单表通常涵盖了研学活动所需的所有物资，以确保活动的顺利进行。具体的物料清单应根据研学活动的性质、规模、目的地等因素进行调整和补充。

（1）教学用具。投影仪及屏幕，白板、白板笔、黑板及粉笔，音响设备，展示板、海报、图表等教学辅助材料，实验器材及试剂（如果有科学实验环节）。

（2）学习资料。研学教材、课本、学习手册；练习册、试卷、答题卡等，地图、指南、手册等参考资料，电子学习资料（如 U 盘、电子文档等）。

（3）生活与后期物资。通信设备（手机、对讲机等），应急照明设备（手电筒、应急灯等）。

（4）宣传与记录物资。相机、摄像机等摄影摄像设备，录音笔、笔记本等记录工具。

（三）资源信息对接表

资源信息对接表（见表 3-8）是研学活动筹备和执行阶段的重要参考工具，有助于团队成员之间信息的共享和沟通，确保资源的有效利用和活动的顺利进行。通过详细的对接记录，可以更好地安排行程、保障参与者的安全与舒适，以及提升整体的活动体验。

（1）景点资源对接。包括景点名称，对接单位/个人，预计参观时间，注意事项等。

（2）讲解资源对接。包含讲解员姓名，所属单位/机构，对接方式（现场讲解/视频等）、预计讲解时间等。

（3）餐饮资源对接。包括餐饮供应商，用餐时间与地点，餐标与菜品、特殊要求（如素食、过敏食物等）。

（4）住宿资源对接。包含住宿酒店，房型与数量，入住/退房时间，特殊要求（如无烟房、婴儿床等）。

（5）交通资源对接。包含车型与数量，司机信息，出发/返回时间，行车线路，特殊要求（如空调、座位安排等）。

表 3-8 资源信息对接表示例

	车、景、餐、房信息对接表			
类别	名称	联系人	联系方式	备注
景	重庆市人民大礼堂	张 ×	138××	
	重庆中国三峡博物馆	李 ×	134××	
	中国民主党派历史陈列馆	王 ×	135××	
讲解	重庆中国三峡博物馆讲解	李 ×	138××	
	中国民主党派历史陈列馆讲解	吴 ×	134××	
餐	九园蒸味馆（午餐）	王 ×	135××	× 素食，× 食物过敏
	喜洋洋餐厅（晚餐）	熊 ×	138××	
房	重庆全季酒店	张 ×	134××	
	重庆星豪鸿酒店	郑 ×	135××	
车	大巴车渝 A××	李 ×	138××	× 晕车
	大巴车渝 B××	王 ×	135××	

（四）课程工作执行表

课程工作执行表（见表 3-9）是用于规划和跟踪研学活动进程，它是研学活动执行过程中的核心环节，可以帮助组织者、教师或团队负责人确保研学活动的顺利进行，并跟踪各项任务的完成情况。课程执行安排主要分为以下几个环节。

（1）组织集合。要填写集合时间与地点，集合流程及集合安全事项。

（2）乘坐交通工具。要明确交通工具的类型（如大巴、火车等），出发时间，到达时间及乘车注意事项。

（3）课程组织实施。要明确课程介绍与破冰活动、理论学习与实践操作、研学地点考察与体验，以及分组讨论与案例分析及其他后续工作等不同活动内容的时间、地点和负责人。

（4）用餐安排。要明确用餐地点、用餐时间及用餐注意事项。

（5）住宿安排。要明确住宿地点、住宿标准及住宿注意事项。

表 3-9　××学校赴上海研学课程工作执行表示例

日期	时间	地点	课程内容参考时间安排	注意事项
4月5日	4:40	学校	研学导师、学生到学校指定地点集合，按时出发	携带好行李物品、有效身份证原件、学习工具，着统一校服，自备早餐、午餐
			4:40~5:00，按车号顺序上车（备注：班级是1~8班，对应车是1~8车）	
			5:00~6:00乘大巴车前往北京南站	
	上午	北京南站~上海虹桥站（高铁二等座）	6:00~6:30依次有序进站安检，进入候车室	请自行保管好行李。中途严禁下车，以免误站
			6:30~6:50北京南站候车厅候车	
			6:50~7:20预计检票上车	
			7:20~13:08北京南站乘高铁二等座前往上海虹桥站。车次信息：G105次（7:20~13:00）（备注：研学旅游指导师指导学生乘坐高铁注意事项并巡视。）	

续表

日期	时间	地点	课程内容参考时间安排	注意事项
4月5日	下午	抵达上海	13:08~13:28 高铁抵达上海虹桥站、列队车站，前往乘坐大巴车	引领学生走进上海历史博物馆——感受中华五千年文化灿烂与辉煌；游览上海外滩万国博览建筑群、黄浦公园、陈毅雕像见百年沧桑，品城市发展。考察活动：研学旅游指导师指导学生根据兴趣爱好，自由组合成小队 5~8 人，选择游览内容进行重点考察，并进行集体交流。提醒学生参观博物馆、游览建筑群和公园时注意礼仪和安全
		上海历史博物馆、上海外滩	13:40~14:10　1~4 班乘车前往研学地点上海历史博物馆，5~8 班前往研学地点上海外滩	
			14:30~15:30 研学旅游指导师 A 带领 1~4 班学生参观上海外滩万国博览建筑群、陈毅雕像、黄浦公园 14:30~15:30 研学旅游指导师 B 带领 5~8 班学生参观上海历史博物馆	
			16:00~17:00 研学旅游指导师 A 带领 1~4 班学生参观上海历史博物馆 16:00~17:00 研学旅游指导师 B 带领 5~8 班学生参观万国博览建筑群、陈毅雕像、黄浦公园	
	17:30	餐厅用餐	17:30~17:50 前往 × 餐厅	研学旅游指导师负责学生用餐秩序与安全。强调文明用餐
			18:00~18:20 根据学生分餐信息表安排用餐	
			18:30~19:30 组织学生有序用餐	
	19:40	酒店入住	19:40~19:50 乘车前往酒店	提前告知学生住宿酒店和标准。研学旅游指导师总负责学生住宿安全与秩序，并强调住宿纪律
			20:00~20:20 根据学生分房信息表安排分房	
			20:20~20:40 办理入住酒店	
			20:40 后学生入睡	
4月6日	……	……	……	……

（五）总人数控制信息表

总人数控制信息表（见表3-10）是用于管理和控制研学活动参与总人数，它有助于组织者更好地规划和管理活动，确保活动的安全、顺利进行，并提升参与者的研学体验。通过此表，可以明确车辆安排、学生人数分配、教师人数分配等总体框架内容。

表 3-10　总人数控制信息

总人数控制信息表					
车号	学生	教师	研学旅游指导师	车辆信息	合计
1 号车 1 班 33 人 2 班 14 人	47 人	3 人	李宝 × 134 × × ×	渝 A26 × × 张小 × 159 × × ×	
2 号车 1 班 40 人 2 班 13 人	53 人	3 人	李胜 × 135 × × ×	渝 A333 × × 舒赵 × 158 × × ×	
3 号车 2 班 35 人 3 班 12 人	47 人	3 人	谢东 × 177 × × ×	渝 A19 × × 罗先 × 158 × × ×	
4 号车 3 班 32 人 4 班 11 人	43 人	3 人	邱 × 131 × × ×	渝 A81 × × 钟润 × 137 × × ×	
	190 人	12 人	4 人	张医生：186 × × ×	
工作人员	内部工作人员 7 人，队医 1 人，司机 4 人，教官 4 人				
总人数	218 人				

（六）应急处理流程表

应急处理流程表主要用于指导在研学旅行过程中遇到紧急情况时，积极采取应对措施。主要包括以下步骤。

（1）紧急事件识别。首先是识别突发事件的性质（如交通事故、突发疾病、自然灾害等），并评估事件的严重程度和影响范围。

（2）初步响应。立即启动应急响应机制，通知相关人员。确保学生及其他参与者的基本安全，避免进一步伤害。

（3）现场处置。根据事件性质，采取相应的现场处置措施（如疏散、急救、报警等）。同时，维持现场秩序，避免恐慌和混乱。

（4）信息沟通与汇报。及时向上级领导或相关部门汇报事件情况，与家长、学校等保持沟通，确保信息透明。

（5）后续处理。安排受伤或受影响人员的后续治疗或安抚工作。并总结经验教训，完善应急预案。

三、行后评估

行后评估是对研学活动结束后的一次全面回顾和总结，旨在分析活动的成效和不足，为未来活动的改进提供参考。在进行行后评估时，可以采用问卷调查、访谈、观察记录等多种方法收集数据和信息，确保评估结果的客观性和全面性。行后评估从研学满意度反馈调查、研学实践决算、研学实践复盘等方面开展。

（一）研学满意度反馈调查表

研学满意度反馈调查表（见表 3-11）用于收集参与者对研学活动的满意度评价和反馈意见。通过对满意度反馈数据的分析和参与者反馈、意见的回应，更好地优化研学活动、增强参与者黏性，推动研学活动持续发展。

表 3-11　研学满意度反馈调查

尊敬的研学活动参与者：

为进一步提升研学活动的质量，我们希望通过这份调查表了解您对此次活动的满意度。您的反馈对我们至关重要，请您如实填写以下内容。

评价项目		满意度				评价及建议
		非常满意	基本满意	满意	不满意	
研学课程规划	课程主题 明确新颖					
	课程内容 教学目标					
	课程内容 学科关联					
	课程内容 德育关联					
	课程内容 地方特色					
	行前先导课 安全课					
	行前先导课 知识课					
	行前先导课 技能课					
研学课程实施	课程执行情况 实践内容					
	课程执行情况 趣味程度					

续表

评价项目			满意度				评价及建议
			非常满意	基本满意	满意	不满意	
研学课程实施	师资配备情况	研学指导师					
		专家讲师					
	出行交通安排	飞机					
		火车					
		巴士					
		乘船					
	住宿安排	酒店					
	餐饮安排	用餐					
研学课程成果	研学课程目标	目标完成					
	手册完成情况	内容完成					
	研学汇报计划	内化成果					
研学安全保障	安全执行方案	安全方案					
		保障措施					
	课程应急方案	安全教育					
		应急预案					

（二）研学实践决算表

研学实践决算表主要用于记录、核算和评估研学实践活动的经费使用情况。它不仅是经费核算的工具，更是预算控制、成本管理和决策优化的重要依据。通过合理使用决算表，可以提高研学实践活动的经费使用效率，促进活动的顺利开展和效益最大化。

它主要包括以下内容：基本信息，预算概览，费用明细（含交通费用、住宿费用、餐饮费用、场地费用、教学材料费用、导师/领队费用等），决算分析（预算执行情况概述、超出/节约预算的原因分析）及相关附件。

（三）研学实践复盘表

研学实践复盘表（见表3-12）主要用于对研学活动进行回顾和总结，整理活动过程中的关键信息，识别成功和失败的因素，以评估活动的效果，提炼经验教训，并为未来的研学活动提供改进方向。

表 3-12 研学活动复盘表

活动时间:		复盘时间:	
参与人数:		活动地点:	
项目	内容	结果反馈	改进建议
活动目标	明确的研学目标和预期成果	是否达成目标	
活动时间	研学活动的起止时间	时间安排是否合理	
活动地点	研学地点选择	地点是否适合	
参与人员	参与活动的组织者、教师、学生等	参与度如何	
活动准备	策划、资源准备、人员分工	准备是否充足且合理	
活动实施	活动的流程、环节、师生互动	安排是否合理？流程是否顺畅？内容是否吸引人	
活动总结	活动成果与展示	是否成果丰富	
问题与挑战	活动过程中遇到的问题和挑战		如何避免或解决
预算与实际支出	活动的预算和实际支出明细	是否超出预算	
成功经验	活动中的成功经验和亮点		如何复制和应用于未来活动
反馈与建议	参与者的反馈意见和建议汇总		如何采纳和改进
下一步计划	针对活动复盘结果提出的下一步工作计划		

◇**任务评价**

班级: 姓名: 学号:

评价项目	评价标准	分值	自评	互评
学习态度	认真按照要求完成学习任务	10		
专业知识	全面掌握完成任务所需专业知识	40		

评价项目	评价标准	分值	自评	互评
沟通交流	能清楚表达自己观点，并与他人有效沟通	10		
团队意识	具有主动与团队成员协作完成任务的意识	10		
信息素养	会搜集信息，并分析、运用信息	10		
实践能力	根据知识，能够进行实践操作	20		
总分		100		

◇**任务小结**

知识要点	
技能要点	
遇到的问题	
解决问题的方法	

◇**任务思考**

1. 请根据重庆经典红色两日游旅游线路之一（重庆大轰炸惨案遗址—重庆市人民大礼堂—周公馆、桂园），为即将组织研学旅行的重庆市铜梁区某小学的组织者制作课程执行安排表。

2. 你认为，除了文中所述内容，还可以增加哪些表格，让研学工作效率更高？

项目四 研学旅行课程实施

　　研学旅行课程实施是一个系统而全面的过程，它涉及行前课程、行中课程和行后课程等多个环节。通过多样的组织形式，将研学旅行课程设计转化为实践活动，让学生亲身体验、动手动脑，增强学习的趣味性和实践性。在研学旅行课程实施过程中，学生需要学会独立思考、合作交流、解决问题等关键能力，同时还需要培养诚实守信、遵纪守法、艰苦奋斗等必备品格。这些能力和品格的培养对于学生未来的学习和生活都具有重要意义。

◆ 知识目标

1. 了解研学旅行行前课程的目的。
2. 理解研学旅行行前课程的内容。
3. 理解研学旅行行中课程的操作要求。
4. 掌握研学旅行的实施方式。
5. 掌握研学旅行行后课程的操作流程。
6. 掌握研学反思的内容与方式方法。
7. 掌握研学展示的成果类型和展示方式。

◆ 能力目标

1. 能够完成完整的研学旅行课程实施过程。
2. 能够胜任研学旅游指导师"导游"和"教师"的双重身份。
3. 能够将劳动精神融入研学课程设施中，开展劳动教育。

◆ 素质目标

1. 培养学生动手能力和解决问题的能力，激发他们的创新思维。

2. 培养学生的团队合作精神、沟通能力、与他人协作解决问题的能力。

3. 培养学生良好的服务意识和职业素养。

◆ 思政目标

1. 通过情景模拟等方法，激发学生的学习兴趣和主动性。

2. 通过社会调查等活动，提升学生对理论知识的理解和应用。

任务一　行前课程

行前课程的主要目的是为研学旅行的实施做好充分准备，帮助学生提前了解研学旅行活动安排等相关信息，激发学生的兴趣和好奇心，同时培养学生的安全意识和团队协作精神。通过行前课程，学生可以带着问题和任务出发，提高研学旅行的针对性和实效性。为了确保研学旅行的顺利进行和预期教育目标的实现，行前课程的准备显得尤为重要。

◇任务目标

1. 了解研学旅行行前课程的目的。

2. 理解研学旅行行前课程的内容。

3. 掌握研学旅行行前课程的实施。

◇任务描述

小陆负责研学旅行团队的行前课程设计与执行工作。此任务旨在通过一系列精心策划的课程活动，为团队成员提供必要的行前准备，确保研学旅行顺利进行且收获满满。如果你是小林，你打算怎么帮助小陆开展行前课程呢？

◇任务分析

1. 了解研学旅行的目的、主题、参与者特点等信息，明确行前课程的需求。

2. 收集并整理相关教学资料，如视频、图片、文字资料等，明确行前课程的实施内容。

3. 注意行前课程的反馈与评估。

◇ **知识准备**

一、行前课程的目的

行前课程的主要目的是为学生提供必要的准备和指导，帮助他们更好地适应研学旅行的环境，明确研学目标与内容，提高学习效率。其主要目的有以下几点。

（一）激发学生学习兴趣

行前课程中通过精心设计的教学内容和活动，点燃学生对即将开展的研学活动的好奇心和探索欲。运用多种教学手段，如生动的多媒体展示、引人入胜的故事讲述、互动式的问答环节等，来呈现研学主题的魅力和趣味性。同时，行前课程还会设置一些预热活动或小型项目，让学生提前感受到研学的乐趣和挑战，从而激发他们的学习动力和参与热情。为后续的学习活动打下良好的心理基础。

（二）明确研学课程目标

确保每位参与者都对即将开展的研学活动有清晰的认识和期待，同时对学生学习需求和兴趣进行准确把握，这是行前课程的重要目的。在行前课程中，研学旅游指导师会详细阐述研学旅行的教育意义，明确指出通过这次活动，学生应该掌握哪些知识、提升哪些技能以及培养哪些情感态度和价值观。这些目标不仅涵盖了学科知识的拓展，还包括了实践能力的培养、团队协作精神的锻炼，以及对自然和社会的更深理解，从而确保研学旅行的教育效果达到最佳。

（三）知识预备与拓展

研学旅行行前课程不是仅仅简单地为学生提供研学主题的基础信息，而是通过系统的教学安排，让学生对该主题有一个全面而深入的理解。行前课程会涵盖研学主题的背景知识、核心概念、相关理论以及前沿动态，为学生构建一个完整的知识框架。通过这样的知识预备与拓展，学生在研学旅行中就能更加自信地面对各种学习任务，更好地理解和吸收新知识，同时也能在实践中运用所学知识，达到学以致用的目的。

（四）培养研学技能与方法

行前课程会教授学生一些基本的研学技能和方法，如资料收集、观察记录、数据分析等。这些技能和方法对于学生在研学过程中进行自主探究和学习至关重要。研学旅游指导师选择具有代表性的研学旅行技能与方法，让学生提前进行学习，这有助于学生在后续的研学过程中运用。通过行前课程的训练，学生可以掌握这些技能和方法，为后续的研学活动做好充分准备。

（五）安全教育与风险防范

研学旅行涉及学生的安全和健康问题，因此行前课程会重点进行安全教育和风险防范的教育。安全教育的内容应涵盖交通安全、饮食安全、住宿安全、户外活动安全等多个方面。对于可能遇到的自然灾害、突发事件等，也应进行有针对性的教育和演练，让学生了解应对措施，掌握自救互救技能。学生会了解到研学过程中的安全注意事项和可能遇到的风险，并学习如何应对和防范这些风险。这有助于确保学生在研学过程中的安全和健康。

（六）心理调适与团队协作

行前课程还会关注学生的心理健康和团队协作能力的培养。通过心理辅导和团队建设活动，学生可以调整自己的心态，缓解紧张情绪，增强自信心和抗压能力。同时，团队协作的训练也有助于学生在研学过程中更好地与他人合作，共同完成任务。

二、行前课程的内容

（一）研学主题介绍

介绍研学主题时应首先明确研学的核心目标和意义，让学生明白此次研学活动不仅是一次简单的旅行，更是一次深度的学习和探索。接着，详细介绍研学主题的背景、历史、现状及未来发展趋势，让学生对该主题有一个全面而系统的认识。同时，结合研学目的地的实际情况，阐述该主题在当地的独特表现和价值，激发学生的好奇心和求知欲。

此外，研学主题的介绍还应包括研学过程中的主要活动和任务，让学生对研学活动有一个具体的期待和准备。通过生动的案例和有趣的互动，引导学生积极思考、主动探索，为研学旅行的顺利进行和取得丰硕成果奠定坚实基础。

（二）目的地与活动安排

在研学旅行行前课程中，目的地与活动安排的介绍是不可或缺的部分。首先，需详细描绘研学目的地的特色，包括其自然风光、历史文化、风土人情等，让学生对此次旅行的目的地有初步但深刻的印象。其次，向学生介绍活动安排，如实地考察、专家讲座、文化交流等，确保每项活动都能紧密围绕研学目标展开，使学生能够了解此次研学活动。最后，强调活动过程中的注意事项和安全要求，确保学生了解并遵守相关规定。通过这样全面而细致的介绍，学生不仅能对研学旅行的目的地和活动安排有清晰的认知，还能激发他们对即将到来的研学之旅的期待和热情。

（三）知识准备与任务布置

首先，学生需要进行必要的知识准备，包括研学主题的基础知识、目的地的历史文化背景等，通过讲解、视频、阅读材料等多种方式，帮助学生建立初步的知识框架，为实地研学打下坚实基础。

其次，根据研学目标和活动安排，明确布置研学任务。这些任务应紧密围绕研学主题，具有明确的目标和可操作的步骤，如观察记录、问题探究、小组讨论等。通过任务的完成，引导学生深入思考、主动探索，提升他们的实践能力、团队协作能力和问题解决能力。

再次，还要对任务完成的要求和评价标准进行详细说明，确保学生能清楚了解任务的重要性和完成标准，为研学旅行的顺利进行和取得丰硕成果提供有力保障。

最后，发放学习单或任务卡，明确学生在研学过程中需要完成的具体任务和目标。

（四）安全教育

首先，要向学生强调安全意识的重要性，让他们认识到在研学旅行中，安全始终是第一位的。其次，详细讲解研学过程中可能遇到的各种安全隐患，如交通安全、饮食安全、自然灾害等，并传授相应的防范措施和应对方法。再次，要提醒学生遵守研学纪律和规定，不要擅自离队或进行危险行为。还要告知学生紧急联系方式和求助方法，以便在遇到紧急情况时能够及时寻求帮助。通过全面的安全教育，学生能够增强安全意识，提高自我保护能力，为研学旅行的顺利进行提供有力保障。最后，要强调在研学过程中要听从指挥、遵守纪律，不擅自离队或进行危险活动。

（五）团队协作与沟通技巧

通过团队建设活动，如小组破冰游戏、角色扮演等，增进学生之间的相互了解和信任，为团队协作打下基础。同时，明确每个团队成员的角色和责任，使大家能够各司其职，共同为团队目标努力。还要教授学生有效的沟通技巧，包括倾听、表达、反馈等，鼓励他们用清晰、准确的语言表达自己的观点和想法，同时也要学会倾听他人的意见，尊重不同的声音。

通过这些培训，学生在研学过程中能够更好地与他人合作，共同解决问题，提升团队协作能力和沟通技巧。这不仅有助于研学活动的顺利进行，也能够为学生的未来发展奠定坚实的基础。

三、行前课程的实施方式

（一）课堂讲解

为了让学生更全面地了解研学主题和目的地信息，教师可以利用 PPT、视频等多媒体手段进行展示。通过生动的图片、翔实的数据和有趣的视频，学生可以直观地感受到研学目的地的魅力，激发他们对研学旅行的兴趣和期待。在展示过程中，教师应注重引导学生深入思考，让他们对研学主题有更深刻的理解。同时，通过组织学生讨论交流，学生可以分享自己对研学旅行的期待和想法，增进彼此之间的了解和沟通。

通过教室内集中讲解和多媒体展示，以及组织学生讨论交流，学生可以更加全面地了解研学旅行的相关信息，明确自己的学习目标和期待。这样的准备工作为后续的研学旅行打下了坚实的基础，有助于学生在实践中获得更多的知识和经验，提升他们的综合素质和能力。

（二）模拟演练

针对研学过程中的关键环节进行模拟演练，确保学生在实际活动中能够迅速、有效地应对各种突发情况的重要措施。模拟演练应重点围绕紧急疏散和急救处理两个关键环节展开。通过模拟火灾、地震等紧急情况，让学生熟悉疏散路线和疏散程序，确保在真正遇到危险时能够迅速、有序地撤离。同时，针对研学过程中可能发生的意外伤害，如摔倒、划伤等，组织学生进行急救处理的模拟演练，让他们掌握基本的急救知识和技能，如止血、包扎、心肺复苏等。

通过模拟演练，学生不仅可以提高应对突发事件的能力和实际操作技能，还能增强团队协作意识和自我保护意识。在演练过程中，教师应及时给予指导和反馈，帮助学生纠正错误，提高演练效果。

（三）在线学习

为了让学生在研学旅行前能够更充分地准备，并拓宽他们的知识面，还可以利用现代网络平台的优势，为学生提供在线学习资源。这些资源可以包括电子书籍、视频课程等，内容涵盖研学主题的各个方面，从基础知识到深入研究，可以应有尽有。电子书籍方便学生随时随地进行阅读，不受时间地点限制，可以让他们更灵活地安排学习时间，而视频课程则通过生动的画面和详细的讲解，帮助学生更直观地理解研学主题，激发他们的学习兴趣。

鼓励学生利用课余时间，如放学后、周末等，进行在线学习；这样不仅可以加深对研学主题的理解，还可以为后续的实地研学打下坚实的基础。通过在线学习，学生可以提前了解目的地的历史背景、文化特色、自然环境等方面的知识，从而在实地研学时能够更加深入地体验和感受。此外，网络平台还可以提供互动学习的功能，如在线讨论、作业提交等，让学生在学习过程中能够与同学、老师进行交流和互动，共同解决问题，提高学习效果。

（四）家长参与

在研学旅行行前课程中，家长的参与特别重要，特别是在关乎学生安全与成长的关键环节。因此，邀请家长参与行前课程的部分环节，特别是安全教育讲座，以期形成教育合力，共同为学生的研学之旅保驾护航。

安全教育讲座是行前课程中不可或缺的一部分，它涵盖了研学旅行中可能遇到的各种安全问题和应对措施。邀请家长参与，可以让家长更加直观地了解研学旅行的安全要求，以及学校在保障学生安全方面所做的努力。同时，家长也可以将自己在日常生活中的安全教育经验分享给其他家长和学生，形成相互学习、共同提高的良好氛围。家长的参与还有助于增强家校之间的沟通和信任。通过共同参与行前课程，家长可以更加深入地了解学校的教育理念和教学安排，从而更好地支持学校的工作。同时，学校也可以借此机会听取家长的意见和建议，不断完善研学旅行的筹备工作，确保活动的顺利进行。

四、行前课程的评估与反馈

（一）学生反馈

通过设计全面而细致的问卷，能够系统地收集到学生对行前课程各方面的评价，包括课程内容的实用性、教学形式的吸引力、教师讲解的清晰度等。问卷的匿名性也保证了学生能够真实、客观地表达自己的看法和感受。还可以组织学生进行小组讨论，让他们围绕行前课程的优缺点进行深入交流。在小组讨论中，学生可以自由地发表自己的观点，与其他同学进行思想碰撞，从而激发出更多有价值的意见和建议。

收集到学生的反馈意见后，及时对行前课程的内容和形式进行调整和完善。对于学生普遍反映较好的部分继续保留并加强；对于学生提出的不足之处，应认真分析原因，并采取相应的改进措施。通过不断地优化行前课程，能够更好地满足学生的需求，为他们的研学旅行提供更加坚实的基础。

（二）教师评估

在行前课程结束后，教师要对学生的表现进行全面而细致的评估，是确保学生能够充分准备并安全参与研学旅行的重要环节。评估的内容涵盖了知识掌握情况、安全意识、团队协作能力等多个方面，旨在全面了解学生在行前课程中的学习成果和成长情况。在知识掌握方面，教师会通过提问、测试等方式，检验学生对研学主题相关知识的掌握程度，确保他们拥有足够的知识储备，以便在研学旅行中能够深入理解和探索。教师观察学生在行前课程中的表现，评估他们是否具备基本的安全意识和自我保护能力。对于安全意识薄弱的学生，教师会给予特别的指导和建议，帮助他们增强安全防范意识。教师可以通过小组讨论、合作项目等方式，评估学生的团队协作能力，并针对存在的问题提出改进建议。

　　基于评估结果，教师给予每个学生个性化的指导和建议。对于表现优秀的学生，教师会给予肯定和鼓励，激励他们在研学旅行中继续发挥优势；对于需要改进的学生，教师会制订具体的改进计划，帮助他们弥补不足，更好地准备研学旅行。通过评估与指导，教师能够帮助学生全面提升自己，为研学旅行做好充分准备。同时，这也有助于增强学生对研学旅行的信心和期待，让他们在探索和学习中不断成长和进步。

五、行前课程的注意事项

　　在实施行前课程时，还需要注意以下几个方面。

（一）时间管理

　　在行前课程中要充分考虑到学生的学习规律和认知特点，力求合理安排课程的时间长度和内容密度。在设计行前课程时，既要保证内容的丰富性，又要避免过度堆砌，确保每一部分的内容都能得到充分的讲解和练习。同时，合理安排了课程的时间长度，既不要过于紧凑，也不要过于松散，让学生在轻松愉快的氛围中学习。同时，还要认识到学生之间存在个体差异，留出缓冲时间可以让学生根据自己的学习进度进行调整，确保每个学生都能跟上课程的步伐。这样，学生不仅能够充分掌握所需的知识和技能，还能在研学旅行中更加自信、从容地面对各种挑战。

（二）内容精练

　　行前课程的内容应当严格遵循精练与针对性的原则，旨在高效传达核心信息，避免冗长及与主题无关的讲解，从而最大化地利用宝贵的教学时间。这要求研学旅游指导师深入剖析课程内容，准确识别出哪些是重点、哪些是难点，确保这些关键环节得到充分的强调和深入解析。可以通过案例分析、互动问答、实操演练等，激发学生的学习兴趣，加深学生对关键知识和技能的理解与掌握。此外，行前课程还应注重实用性和时效性，确保所提供的信息是最新的，能够直接应用于学生即将到来的旅行或学习经历中。

　　总之，行前课程的设计需要紧密围绕学生的实际需求，通过精练的内容、针对性的教学策略以及具有实践导向的教学方法，确保学生能够快速有效地掌握关键知识和技能，为即将展开的旅程或学习项目做好充分准备。

（三）强化纪律

在行前课程中，强调纪律要求和行为规范是确保活动顺利进行、确保学生安全及展示形象的重要一环。研学旅行不仅是一次知识与实践的融合之旅，更是培养学生社会责任感、团队合作精神及良好行为习惯的机会。

行前课程中需要明确向学生传达研学旅行的纪律要求，包括准时集合、听从指挥、保持队形、不乱丢垃圾等基本规范。同时，要强调文明礼貌的重要性，展现出尊重、友善的态度，体现良好的个人修养和团队形象。在行前课程中，教师应密切关注学生的行为表现，对于违反纪律的行为，如擅自离队、大声喧哗、破坏环境等，应及时予以制止，并进行必要的批评教育，这也是为了后续研学旅行活动能够顺利开展打好基础。

（四）心理辅导

学生的心理状态直接影响其参与活动的积极性和体验效果，因此，教师应时刻保持高度的敏感性，细心观察每位学生的心理变化。在行前课程中，学生可能会因为不了解整个研学活动而产生不同程度的心理压力，甚至出现情绪波动。针对这些情况，教师应及时介入，提供必要的心理辅导和调适，帮助他们建立积极的心态，克服困难，享受研学带来的乐趣。同时，教师还应与这些学生保持密切沟通，了解他们的身体状况和心理需求，为他们提供个性化的支持和帮助。

总之，关注学生的心理变化和需求是研学旅行中不可忽视的重要方面。通过及时的心理辅导和调适，以及针对特殊情况的特别关注和照顾，可以确保每位学生都能在研学旅行中获得积极的体验和成长，同时促进他们的身心健康和全面发展。

◇ **任务评价**

班级：　　　　　　　　　姓名：　　　　　　　　　学号：

评价项目	评价标准	分值	自评	互评
学习态度	认真按照要求完成学习任务	10		
专业知识	全面掌握完成任务所需专业知识	40		

评价项目	评价标准	分值	自评	互评
沟通交流	能清楚表达自己观点，并与他人有效沟通	10		
团队意识	具有主动与团队成员协作完成任务的意识	10		
信息素养	会搜集信息，并分析、运用信息	10		
实践能力	根据知识，能够进行实践操作	20		
总分		100		

◇任务小结

知识要点	
技能要点	
遇到的问题	
解决问题的方法	

◇任务思考

你认为研学旅行开展之前的行前课程，最需要向学生强调的是什么？为什么？

任务二 行中课程

研学旅行行中课程的实施过程是一个充满探索与实践的阶段，它不仅是学生将理论知识应用于实际的重要途径，也是培养学生综合素质和能力的关键环节。行中课程还注重培养学生的问题意识和探究能力，鼓励他们在旅行中发现问题、提出问题，并尝试寻找答案。这种学习方式不仅能够激发学生的学习兴趣，还能够培养他们的创新思维和解决问题的能力。

◇ 任务目标

1. 理解研学旅行行中课程的操作要求。
2. 掌握研学旅行行中课程的操作流程。

◇ 任务描述

研学旅行行中课程需要引导学生观察、思考，通过互动交流、小组合作等方式，激发学生对研学主题的兴趣和探究欲望。需要关注学生的安全和健康，确保他们在研学过程中平安无事。此外，还需要与团队成员紧密合作，协调各方资源，确保行中课程的顺利进行。如果你是小陆，你打算怎么做呢？

◇ 任务分析

1. 根据研学旅行活动的目的，明确行中课程的操作要求。
2. 收集并整理相关教学资料，如视频、图片、文字资料等，掌握行中课程操作流程。

◇ **知识准备**

一、行中课程的操作要求

（一）确保学生安全

在行中课程中，必须对学生进行全面的安全教育，包括交通安全、饮食安全、自然灾害应对等内容，并强调安全意识的重要性。研学过程中，教师应全程陪同，密切关注学生的安全状况，及时发现并处理安全隐患。同时，制订紧急预案，确保在突发情况下能够迅速、有效地采取应对措施。

（二）深化研学主题理解

在研学过程中，要注重实践与理论的结合。通过实地考察、动手操作、互动交流等方式，让学生亲身体验研学主题所涉及的内容，从而加深对主题的理解。例如，在以历史文化为主题的研学中，可以让学生亲手触摸历史遗迹，感受历史的厚重；在以科学为主题的研学中，可以让学生进行实验操作，探究科学原理。在研学过程中，鼓励学生提出自己的疑问和看法，通过小组讨论、分享交流等方式，促进学生的思维碰撞和观点交流。同时，研学旅游指导师应及时对学生的疑问进行解答，对学生的观点进行点评和引导，帮助学生形成对研学主题的深刻认识。研学旅游指导师还可以通过布置作业、组织分享会、设计具有挑战性的研学任务，如问题探究、项目制作等方式，让学生在研学结束后继续对主题进行思考和探究，从而将研学成果转化为长期的学习和能力提升的动力。

（三）提升实践能力

在研学旅行课程实施中，提升学生的实践能力是核心目标之一，旨在通过亲身体验和动手操作，增强学生的实践技能和解决问题的能力。

（1）设计实践性强的活动内容是关键。研学旅行课程应包含丰富的实践活动，如实地考察、实验操作、手工制作等，让学生有机会亲身参与，通过实践来理解和应用所学知识。

（2）注重实践过程中的指导与反馈。教师应在学生实践过程中给予适时的指导和帮助，确保学生能够正确地进行实践操作，同时及时给予学生反馈，指出他们的优点和不足，帮助他们不断改进和提升。

（3）鼓励学生自主探究和创新实践。在研学旅行中，教师应给予学生一定的自主权，让他们根据自己的兴趣和想法进行探究和实践。通过自主探究，学生可以培养创新思维和解决问题的能力，同时增强自信心和自主性。

（4）实践后的总结与分享必不可少。在研学旅行结束后，教师应组织学生进行总结和分享，让学生回顾实践过程中的经验和收获，分享自己的感悟和体会。通过总结和分享，学生可以加深对实践活动的理解和认识，同时也可以从其他同学的经验中学习到更多的知识和技能。

（四）培养团队协作与沟通技巧

在研学旅行课程实施中，培养学生的团队协作与沟通技巧关乎学生个人能力的成长，也是他们未来融入社会、开展工作的重要基石。

（1）构建团队合作任务是基础。研学旅行应设计一系列需要团队合作才能完成的任务，如小组调研、角色扮演、共同解决问题等。这些任务能促使学生相互依赖，共同面对挑战，从而在实践中学习如何协作。可以在研学过程中穿插团队建设活动，如破冰游戏、角色扮演等，增进学生之间的相互了解和信任。

（2）强化沟通训练是关键。在团队合作中，良好的沟通是成功的关键。研学旅游指导师应指导学生学会倾听他人意见，清晰表达自己的想法，以及如何在冲突中寻求共识。可以通过组织小组讨论、角色扮演等活动，让学生在模拟情境中锻炼沟通技巧。通过角色扮演和模拟演练等方式，让学生在模拟情境中学习沟通技巧和团队协作方法。通过小组合作完成任务的方式，培养学生的团队协作能力和沟通能力，让他们学会在团队中发挥各自的优势，共同解决问题。

（3）培养领导力与责任感至关重要。鼓励学生在团队中担任不同角色，如组长、记录员等，让他们在实践中学习如何领导团队，同时也承担起对团队成果获得方面的责任。这有助于学生在团队协作中培养责任感和领导力。

（4）及时反馈与总结是提升团队协作与沟通技巧的催化剂。在活动结束后，教师应组织学生进行团队反馈和个人反思，讨论团队合作中的成功与不足，以及如何改进沟通方式。通过这样的总结，学生可以从中吸取教训，为未来的团队协作积累宝贵经验。

（五）其他注意事项

（1）时间管理要合理。合理安排研学行程，确保每个活动环节都有足够的时间进行深入学习和体验。要严格遵守时间表，避免拖沓和延误。对于可能出现的突发情况，如交通拥堵、景点人多等，应提前预留缓冲时间，并制定相应的应对措施。同时，教师应随时关注学生的状态，适时调整活动节奏，确保学生在轻松愉快的氛围中学习。此外，时间管理还应注重灵活性。在研学过程中，可能会遇到一些意想不到的学习机会或学生特别感兴趣的内容。此时，教师可以根据实际情况，适当延长或缩短某些环节的时间，以充分满足学生的学习需求，同时保证整体行程不受太大影响。

（2）资源利用要充分。充分利用当地的教育资源和文化资源，如图书馆、博物馆、文化中心等，丰富研学内容。要注重网络资源的利用。在研学旅行前，研学旅游指导师可以通过网络收集相关资料，为学生制作预习材料，帮助他们提前了解目的地背景知识，提升学习效果。同时，在研学过程中，也可以利用网络进行实时互动、分享学习心得，增强学习的趣味性和互动性。也要注重资源的整合与共享。研学旅行结束后，可以将收集到的资料、照片、视频等资源进行整理，形成学习成果展示，供学生回顾和分享。同时，这些资源也可以作为后续教学的素材，为其他学生提供参考和借鉴。

二、行中课程的操作规范

（一）明确研学目标与任务

在行前课程中，研学目标和任务已被明确。进入行中阶段，师生需再次确认这些目标和任务，确保每位学生都清楚自己在研学过程中的角色和职责。这些目标和任务可能包括了解特定地区的历史文化、自然现象、科技发展等，以及通过实地考察、调查研究等方式完成学习任务。明确的目标为整个研学活动提供了清晰的方向，使教师和学生都能围绕核心目标展开活动，避免偏离主题。有了明确的目标，才可以更有针对性地设计活动流程，选择适合的学习资源，从而提高学习效率。研学目标应能通过一定的标准或指标进行衡量，以便于评估达成度。设定的目标应是学生通过努力可以实现的，既要有挑战性，又要避免过高使学生产生挫败感。

行中课程中，对于研学目标可以通过以下流程来操作。

（1）任务分解。根据研学目标，将大任务分解为若干小任务，每个小任务都应直接关联到总目标，确保每一步都有明确的目的。

（2）任务设计。任务设计应兼顾知识性、趣味性和实践性，鼓励学生通过观察、记录、讨论、实验等多种形式完成任务。

（3）角色分配。根据学生的特长和兴趣，合理分配小组角色，如资料收集员、记录员、汇报员等，促进团队协作。

（4）过程指导。研学旅游指导师在研学过程中应扮演引导者和支持者的角色，适时提供必要的信息、资源和反馈，帮助学生克服困难，完成任务。

（二）参观学习与实践体验

（1）参观学习。师生按照既定的行程安排，前往研学目的地进行实地考察。在参观过程中，学生应仔细观察、认真记录，并积极向导游、讲解员或当地居民提问，以获取更多的一手资料和信息。例如，在历史文化类研学旅行中，学生可以参观博物馆、古迹遗址等，了解当地的历史沿革和文化特色；在自然生态类研学旅行中，则可以深入自然保护区、森林公园等地，观察动植物的生长习性，了解生态系统的运作规律。

（2）实践体验。除了参观学习外，行中课程还强调学生的实践体验。这包括科学实验、手工制作、社会调查等多种形式。通过实践操作，学生可以将理论知识转化为实际技能，加深对所学内容的理解和记忆。例如，在科技创新类研学旅行中，学生可以参与科学实验，亲手操作仪器设备，探究科学原理；在人文交流类研学旅行中，则可以通过问卷调查、访谈等方式了解当地居民的生活习惯和思想观念。

（三）分组探究与合作学习

在行中课程中，分组探究和合作学习是重要的组织形式。研学旅游指导师会根据学生的兴趣和特长进行分组，每组围绕一个特定的主题或问题进行探究。在探究过程中，学生需要分工合作，共同收集资料、分析数据、提出见解。这种合作学习的方式不仅有助于培养学生的团队协作精神和沟通能力，还能激发他们的创新思维和解决问题的能力。同时，分组探究与合作学习还能够激发学生的创新意识和创造力。

（1）分组探究能够让学生针对特定的研学主题进行深入的研究。在分组时，研学旅游指导师应充分考虑学生的兴趣爱好、特长以及学习能力等因素，力求使每个小组的成员都能互补互助。小组内成员可以分工合作，有的负责资料收集、有的负责实地考察、有的负责数据分析，这样既能提高工作效率，又能让每个学生都有机会参与研学活动的各个环节。

（2）合作学习强调学生在小组内的相互协作和共同解决问题的能力。在研学旅行中，学生会遇到各种各样的问题和挑战，这时就需要他们齐心协力，共同寻找解决方案。通过合作学习，学生可以学会倾听他人的意见，尊重他人的想法，培养团队协作精神和沟通能力。

（四）研学旅游指导师的指导与反馈

在行中课程中，研学旅游指导师的指导作用至关重要。他们需要全程参与研学活动的组织与实施，包括安排行程、准备教学材料、协调各方资源等。在实地教学中，研学旅游指导师要引导学生观察、思考、探索，激发他们的学习兴趣和求知欲。研学旅游指导师不仅要在专业知识上给予学生必要的帮助和支持，还要关注学生的学习态度、情感体验和心理健康。鼓励学生之间的互动交流，培养他们的团队协作能力和沟通能力。同时，研学旅游指导师还应及时给予学生反馈，肯定他们的进步和努力，指出存在的问题和不足，并提出改进建议。这种及时的反馈机制有助于学生及时调整学习策略和方法，提高学习效果。

此外，研学旅游指导师还需要密切关注学生的安全，预防事故发生。他们应具备一定的急救知识和技能，以应对突发状况。在研学旅行结束后，研学旅游指导师要对活动进行总结，评估学生的表现和收获，收集学生和家长的反馈意见，以便不断提高研学旅行的质量。

（五）安全保障与应急预案

在行中课程的实施过程中，安全保障是首要任务。在研学旅行过程中，必须配备专业的活动组织人员和研学旅游指导师,并确保他们具备相关资质和经验。他们应熟悉目的地情况,具备应急处理能力。学校和研学机构必须制订详细的安全预案和应急预案,这包括建立紧急联系机制,确保在突发情况下能够迅速有效地进行处置。要加强对学生的监管和管理,确保他们的行为符合活动规范,避免发生意外事件。明确应急事件的处理流程和责任分工,提前了解当地医疗救援资源和紧急联系方式等。研学旅游指导师和学生也应严格遵守安全规定和操作规程,确保自身和他人的安全。此外,学校还应加强与当地相关部门和机构的沟通协调,组织人员和研学旅游指导师还应接受相关急救培训,以便在紧急情况下能够及时采取措施保护学生的安全,确保研学活动的顺利进行。

(六)总结与反思

行中课程的最后阶段是进行总结与反思。师生共同回顾研学过程中的经历和收获,分享彼此的心得体会和感悟。同时,还应对研学活动的组织安排、实施效果等方面进行评估和反思,总结经验教训,为今后的研学活动提供改进建议。这种总结与反思的过程有助于师生不断提升自身的专业素养和教育教学能力。

◇任务评价

班级:　　　　　　　　　姓名:　　　　　　　　　学号:

评价项目	评价标准	分值	自评	互评
学习态度	认真按照要求完成学习任务	10		
专业知识	全面掌握完成任务所需专业知识	40		
沟通交流	能清楚表达自己观点,并与他人有效沟通	10		
团队意识	具有主动与团队成员协作完成任务的意识	10		
信息素养	会搜集信息,并分析、运用信息	10		
实践能力	根据知识,能够进行实践操作	20		
总分		100		

◇**任务小结**

知识要点	
技能要点	
遇到的问题	
解决问题的方法	

◇**任务思考**

在行中课程的实施过程中，你发现学生的参与度不高，此时你觉得应该怎样提高学生的积极性？

任务三　行后课程

行后课程是研学实践中的重要一环。主要是在校内对研学旅行的情况进行集中反馈，帮助学生梳理研学过程中的收获。包括研学反思、成果展示、评价表彰等内容。这个阶段所说的评价是指学生在整个课程实施过程中学习效果的评价，评价的对象是学生，并不是对研学旅行课程的评价。

◇任务目标

1. 掌握研学反思的内容与方式方法。
2. 掌握研学展示的成果类型和展示方式。

◇任务描述

小陆负责的研学团已经圆满结束其研学之旅，接下来将进入至关重要的行后课程阶段。此阶段的任务是巩固并深化研学过程中学生所获得的知识与体验。如果你是小陆，你打算怎样开展行后课程呢？

◇任务分析

1. 了解研学反思的主要内容。
2. 了解研学反思的方式方法。
3. 确定研学展示的成果类型。
4. 调查研学展示的主要方式。

◇知识准备

一、研学反思

（一）研学反思的目的与意义

（1）研学反思能够帮助学生深入理解所学知识，提升综合素质。在研学过程中，学生通过实践活动，将理论知识与实际操作相结合，从而更好地消化和吸收知识。而反思则能够让学生对自身的研学过程进行回顾和总结，发现自身的不足和问题，为今后的学习提供有益的借鉴。

（2）研学反思有助于培养学生的自主学习能力和创新精神。反思过程让学生学会对自己的学习过程进行评价和反思，从而激发他们主动调整学习策略、寻求解决问题的方法。在这个过程中，学生的思维能力得到锻炼，创新精神得到培养。

（3）研学反思能够提高学生的团队合作能力和沟通表达能力。在反思过程中，学生需要与团队成员交流想法，共同探讨问题解决方案，这有助于增强他们的团队合作意识、提高他们的沟通能力。同时，学生在反思过程中能够更好地表达自己的观点和见解，增强表达效果。

（二）研学反思的内容

研学反思的内容主要包括以下几个方面。

1. 对研学过程的回顾

（1）学生需要回顾研学目标。研学旅行的目标是让学生在实践中学习知识，提升能力，培养兴趣。学生可以通过思考自己在研学过程中的收获，来评估研学目标是否实现。例如，如果研学目标是了解某个地区的文化，学生可以通过回忆在研学过程中的所见所闻，来判断自己是否达到了这个目标。

（2）学生需要回顾活动安排。活动安排是研学旅行的重要组成部分，合理的活动安排可以让学生在实践中学习到更多的知识。学生可以通过思考活动安排的合理性，来评估研学旅行的效果。例如，如果活动安排得太紧凑，学生可能会感到疲惫，影响研学效果；如果活动安排得太宽松，学生又可能会感到无聊，影响学习兴趣。

（3）学生需要回顾实践操作。实践操作是研学旅行的核心环节，通过实践操作，学生可以将在课堂上学到的知识应用到实际中。学生可以通过思考自己在实践操作中的表现，来评估自己的学习效果。例如，如果在实践操作中发现问题，学生可以通过自主思考和团队协作来解决问题，这将有助于提升学生解决问题的能力。

2. 对所学知识的总结

学生应对在研学过程中所学的知识进行梳理和总结，加深对知识的理解和记忆。

这种总结不仅有助于学生更好地掌握所学内容，还能够帮助他们将知识内化为自己的认知体系，从而在未来的学习和生活中更加得心应手。

此外，对所学知识进行总结还有助于学生发现知识之间的联系，构建知识网络。通过梳理和总结，学生可以更加清晰地看到不同知识点之间的联系，从而形成一个完整的知识体系。这不仅有助于提高学生的学习效率，还能够帮助他们更好地应对各种复杂的问题和挑战。

总结的过程也是一个思考和反思的过程。学生通过对所学知识的总结，可以更好地理解自己的学习过程，发现自己的不足之处，从而有针对性地进行改进。这种反思能力对于学生的成长和发展具有重要意义。

3. 对自身表现的评估

学生应客观评估自己在研学过程中的表现，包括态度、能力、成果等方面，以了解自己的优势和劣势。

首先，在态度方面，学生是否始终保持着积极进取的态度，认真负责地对待研学任务？是否积极参与课堂讨论，主动向老师请教问题，展现出强烈的求知欲？在团队合作中，是否能与同学们密切配合，共同完成任务？

其次，在能力方面，学生是否学会了高效地搜集和整理资料，分析问题并提出解决方案？同时，学生的沟通能力、团队协作能力和时间管理能力是否得到了锻炼？学生的独立思考能力和创新意识，是否在研学过程中取得更好的成果？

最后，在成果方面，学生是否在研学报告中展示了扎实的研究功底和独特的见解，得到了老师和同学们的认可？学生是否在团队项目中发挥了积极作用，为团队的成果做出贡献？

4. 对问题解决方案的探讨

学生需要针对研学过程中遇到的问题，思考并探讨解决方案，为今后的学习提供参考。例如时间管理、学习方法、团队合作等。针对这些问题，可以从以下几个方面探讨解决方案。

（1）时间管理问题。

①制订合理的学习计划。学生可以根据自己的学习任务和时间安排，制订出合理的学习计划，确保每个学科都能得到充分的学习。

②设定优先级。在面临多个任务时，学生应学会根据任务的重要性和紧急程度，设定优先级，确保重要任务优先完成。

③避免拖延。学生应养成良好的学习习惯，避免拖延，确保按时完成学习任务。

（2）学习方法问题。

①寻找适合自己的学习方法。学生应根据自己的学习特点和学科特点，寻找适合自己的学习方法，提高学习效率。

②多样化学习。采用多种学习方式，如阅读、讨论、实践等，丰富学习体验，提高学习效果。

③及时反馈与调整。学生在学习过程中应及时检查学习成果，发现问题并及时调整学习方法和策略。

（3）团队合作问题。

①建立良好的沟通机制。团队成员之间应保持良好的沟通，确保信息畅通，提高协作效率。

②明确分工与责任。在团队合作中，学生应明确自己的分工和责任，确保各自任务的有效完成。

③培养团队精神。通过团队活动、讨论等方式，培养学生的团队精神，增强团队凝聚力。

5. 对研学成果的运用

学生应思考如何将研学成果运用到实际生活和学习中，以实现学以致用。要将研学成果运用到实际生活和学习中，学生可以采取以下几种方式。

（1）学生可以将研学成果运用到日常学习中。在完成一项研学活动后，学生可以将其中的知识和技能运用到课堂学习中，提高学习效果。例如，在完成一项关于环保的研学活动后，学生可以在课堂上主动参与有关环保的讨论，分享自己的见解和经验，从而加深对环保知识的理解和记忆。

（2）学生可以将研学成果运用到实际生活中。在完成一项有关健康饮食的研学活动后，学生可以将其中的知识和技能运用到日常饮食中，改善自己的饮食习惯。例如，学生可以主动选择健康的食物，避免食用过多的垃圾食品，从而提高自己的身体健康水平。

（3）学生可以将研学成果运用到社会实践中。在完成一项有关社区服务的研学活动后，学生可以将其中的知识和技能运用到实际社区服务中，提升自己的社会责任感和服务意识。例如，学生可以主动参与社区的清洁活动，帮助社区的环境保持干净整洁。

（三）研学反思的方式方法

为了保证研学反思的效果，学生可以采取以下方式方法进行反思。

（1）撰写研学日记。学生可以记录下研学过程中的所见所闻、所学所得以及自己的感悟和思考，以便在反思过程中进行回顾和总结。

（2）开展小组讨论。学生可以与团队成员一起，针对研学过程中的问题进行讨论，共同探讨解决方案，互相借鉴经验。

（3）制作研学展示。学生可以将研学成果以 PPT、视频等形式进行展示，通过讲解和分享，使自己对研学内容有更深入的理解和记忆。

（4）请教老师和同学。学生在反思过程中，可以主动向老师和同学请教，听取他们的意见和建议，以提高反思效果。

（5）定期进行自我评估。学生可以定期对自己的研学过程和反思效果进行评估，以便发现问题并及时调整。通过以上方式方法，学生可以更好地进行研学反思，提高研学活动的效果。

二、成果展示

研学旅行是一种结合了学习和旅行的教育教学活动，让学生在实践中获取知识，培养他们的实践能力和综合素质。研学成果展示则是将学生在研学旅行中所学到的知识和技能进行展示的一种方式。它有助于学生将所学知识与实践相结合，提升自身的综合素质。

（一）成果展示的重要性

（1）提高学生的实践能力。通过研学旅行，学生可以将所学知识运用到实际情境中，提高解决问题的能力。在成果展示环节，学生需要将自己的实践经历和收获进行整理、展示，从而进一步提升实践能力。同时，成果展示为师生提供了一个交流的平台，教师可以了解学生的学习情况，给予有针对性的指导和建议，学生也可以向教师请教问题，共同探讨学习问题。

（2）培养学生的表达能力。在成果展示过程中，学生需要运用语言、文字、图片等多种形式，将自己的研学成果呈现给他人。这有助于提高学生的表达能力和沟通技巧。通过成果展示，学生可以将自己的成果分享给他人，获得认可和鼓励。这也有助于增强学生的自信心，激发他们继续探索、学习的动力。

（3）锻炼学生的团队协作能力。在成果展示的准备阶段，学生需要分工合作，有的负责整理资料，有的负责制作展示材料，还有的负责演讲和解说。这个过程中，学生需要相互沟通、协调，共同解决问题，从而锻炼了他们的团队协作能力。成果展示也是一个团队共同面对挑战、克服困难的过程。在展示过程中，可能会遇到各种问题，如技术故障、时间紧迫等。这时，学生需要齐心协力，共同应对，这种经历无疑会增强他们的团队凝聚力和协作精神。此外，成果展示还为学生提供了一个相互学习和交流的平台。通过展示，学生可以了解彼此的学习成果和思考方式，从而拓宽自己的视野，促进个人成长。

（二）研学成果类型

根据研学实践，可以将研学成果划分以下类型。

（1）知识性成果。知识性成果是指学生在研学活动中通过探究、实践、体验等方式获得的知识和技能，如历史、地理、科学等领域的知识。知识性研学成果的表现形式多样，如研究报告、作品展示、竞赛成绩等。在我国，教育部等部门积极推动研学旅行，鼓励学生参与各类研学活动，以提高学生的综合素质和实践能力。

（2）技能性成果。技能性成果是指学生在研学活动中通过实践操作和技能训练所获得的具体技能和技巧。这类成果通常与学生的动手能力、专业技能和创新实践能力密切相关。技能性研学成果的表现形式包括以下六种。

①手工艺品制作：陶艺、木工、编织等。

②科技创新项目：机器人制作、编程、电子制作等。

③表演艺术：戏剧、舞蹈、音乐表演等。

④体育技能：球类运动、武术、体操等。

⑤实验技能：科学实验操作、数据分析等。

⑥野外生存技能等。

通过参与技能性研学活动，学生不仅能够提高自己的技能水平，还能够在实践中培养解决问题的能力、团队合作精神和创新思维。

（3）创意性成果。创意性成果是指在研学活动中，学生通过创新思维和创造性表达所形成的独特、新颖的想法、设计或解决方案。这类成果体现了学生的想象力、创新能力和个性化的创意表达。创意性研学成果的表现形式包括以下五种。

①创新项目：新型产品的设计、社会问题的解决方案等。

②艺术创作：绘画、雕塑、摄影、音乐创作等。

③文学作品：短篇小说、诗歌、剧本等。

④设计作品：服装设计、建筑设计、网页设计等。

⑤创新实验：科学实验的新方法、新技术等。

在研学活动中，鼓励学生发挥创意，通过各种项目和研究活动来培养和展示他们的创意性成果。这不仅有助于学生发展个人兴趣和特长，还能提高他们的创新能力和综合素质。

（4）调研性成果。调研性成果是指学生在研学活动中通过调查、研究、数据分析等方式所获得的关于特定主题或问题的信息和认识。这类成果通常包括对某一现象、问题或领域的深入研究，以及基于调研数据得出的结论和建议。调研性研学成果的表现形式包括以下五种。

①调研报告：详细记录调研过程和结果，包括数据收集、分析和结论。

②数据分析：通过图表、统计等方式展示调研数据，直观地呈现研究结果。

③案例研究：对特定案例进行深入分析，以揭示问题本质或探索解决方案。

④田野调查：通过实地考察和访谈，收集第一手数据，对特定社会现象进行研究。

⑤专家访谈：通过与专家的交流和访谈，获取专业意见和信息，丰富调研内容。

在研学活动中，调研性成果有助于学生提高研究能力、批判性思维能力和解决问题的能力。通过参与调研活动，学生能够更好地了解社会、认识自我，并为未来的学术研究或职业发展打下坚实的基础。

（5）团队协作成果。团队协作成果是指在研学活动中，学生在团队合作的过程中共同完成的项目、任务或解决方案。这类成果体现了学生的团队合作能力、沟通协作技巧以及共同解决问题的能力。团队协作成果的表现形式包括以下五种。

①共同完成的科研项目：科学实验、技术创新等。

②协同设计的艺术作品：合唱、舞蹈、戏剧等。

③合作制订的解决方案：社会问题研究、企业策划等。

④团队协作的学术论文：调研报告、案例分析等。

⑤协同完成的服务项目：社区服务、环保活动等。

通过参与团队协作活动，学生不仅能够提升自己的团队合作能力，还能够在实践中学习如何与他人沟通、协调和解决问题，这对于培养学生的社会适应能力和未来的职业发展具有重要意义。可以说，凡是在研学旅行课程组织实施过程中能作为载体进行展示的形式，都可作为成果展示的素材。

（三）常见的成果展示方式

研学成果的形式可以多种多样，可以是研究报告、日记、心得体会，也可以是图片、视频等。在制作研学成果的过程中，学生需要对研学旅行中的所见所闻进行深入思考，将自己的学习体验和感受用文字、图片、视频等形式表达出来。这不仅能够使学生对所学知识有更深刻的理解和掌握，还能够提升学生的创造力和审美能力。为了使研学成果展示更加生动、有趣、富有成效，可以采用以下几种方式进行展示。

（1）口头报告。学生通过口头报告的形式，向观众介绍自己在研学旅行中的所见所闻、所学所得。

（2）PPT展示。通过制作精美的PPT，将研学过程中的重要内容、亮点展示出来。PPT展示清晰、简洁，便于观众了解研学成果。

（3）海报展示。学生将研学成果制作成海报，通过图片、文字、图表等形式进行展示。

（4）视频展示。将研学过程中的精彩瞬间、感人故事制作成视频，通过观看视频，让观众身临其境地感受研学过程。

（5）实物展示。将研学过程中制作的手工艺品、模型等实物进行展示，让观众直观地了解学生的实践成果。

（6）互动体验。设置互动环节，让观众参与其中，亲身体验研学活动的乐趣。例如，组织观众进行实验操作、手工制作等。

（7）演讲汇报。学生通过演讲的形式，将自己的研学经历、收获进行汇报，让观众了解研学成果。

（8）舞台表演。学生通过舞台表演的形式，展示自己在研学旅行中学会的才艺。

（9）小组讨论。将观众分成若干小组，针对研学主题进行讨论，引导学生深入思考，提高观众的参与度。

（四）研学旅游指导师协同成果展示

研学旅游指导师需要对学生的研学成果进行指导和评价。研学旅游指导师可以根据学生的研学成果，了解学生在研学旅行中的学习情况和效果，对学生的学习进行有针对性的指导和帮助。同时，还可以通过评价学生的研学成果，激发学生的学习兴趣和主动性，促进学生的全面发展。

研学旅游指导师需要针对不同类型的研学成果展示方式进行相关指导。例如，针对 PPT、海报、视频、实物类的展示，研学旅游指导师需要协助学校和学生做好作品的评选，制定相对应的评价标准和程序，确保评价结果的客观公正。针对互动、演讲、表演类的展示，研学旅游指导师需要协助学校和学生做好活动前的策划、组织与实施等工作，做到线上与线下协同并轨。

这种成果展示的实质也是一次舞台活动的策划，从策划、设计、组织、实施，到流程设计，再到舞台搭建到设施设备安装，从主持人的选择与培训到每个节目的选择与衔接，台前幕后都需要研学旅游指导师的协助。研学旅游指导师在指导学生进行研学成果展示时，需要注意以下几个方面。

（1）了解学生情况：研学旅游指导师需要了解学生的年龄、兴趣、知识水平和能力，以便为他们提供适合的指导。

（2）明确展示目的：研学旅游指导师应确保学生明白展示的目的，不仅仅是展示成果，更是为了提升他们的表达、交流和批判性思维能力。

（3）成果准备指导：研学旅游指导师应指导学生如何准备展示材料，包括选择适当的形式（如口头报告、海报、演示文稿等），组织内容，准备展示道具等。

（4）提升表达能力：研学旅游指导师应帮助学生提升表达能力，包括语言表达、非语言表达（如肢体语言、面部表情等），并让学生练习在观众面前自信地展示。

（5）鼓励批判性思维：研学旅游指导师应鼓励学生在展示过程中提出问题、进行批判性思考，以及接受和利用反馈进行改进。

（6）培养团队合作：如果是团队成果展示，研学旅游指导师应指导学生如何协作，确保每个成员都能参与到展示中来，并发挥自己的作用。

（7）时间管理：研学旅游指导师应指导学生如何合理安排展示时间，确保展示内容完整，同时避免拖沓或过于仓促。

（8）反馈与评价：展示结束后，研学旅游指导师应提供及时的反馈和评价，既要肯定学生的努力和成果，也要指出可以改进的地方。

（9）鼓励创新与个性：研学旅游指导师应鼓励学生展示自己的创新思维和个性化成果，让学生感受到自己的独特价值。

通过这些指导，研学旅游指导师可以帮助学生更好地准备和展示他们的研学成果，从而提升他们的综合素质和能力。

（五）研学成果展示的注意事项

（1）突出重点：在展示过程中，要突出自己在研学旅行中的亮点和特色。

（2）简洁明了：展示内容要简洁易懂，让观众容易理解和接受。

（3）注重团队合作：在展示过程中，要体现团队协作精神，共同完成展示任务。

（4）创新展示方式：尝试采用新颖的展示方式，增加观众的兴趣和参与度。

（5）充分准备：提前准备好展示所需的材料、设备等，确保展示过程顺利进行。

在展示过程中，学生可以根据实际情况，灵活运用多种展示方式，使研学成果展示更加丰富多彩。同时，注重观众的反馈，及时调整展示内容和方式，提高展示效果。

◇**任务评价**

班级：　　　　　　　　姓名：　　　　　　　　学号：

评价项目	评价标准	分值	自评	互评
学习态度	认真按照要求完成学习任务	10		
专业知识	全面掌握完成任务所需专业知识	40		
沟通交流	能清楚表达自己观点，并与他人有效沟通	10		
团队意识	具有主动与团队成员协作完成任务的意识	10		
信息素养	会搜集信息，并分析、运用信息	10		
实践能力	根据知识，能够进行实践操作	20		
总分		100		

◇**任务小结**

知识要点	
技能要点	
遇到的问题	
解决问题的方法	

◇**任务思考**

1. 在行后课程中，若发现研学旅行课程实施过程中，对学生的评价不能真实地反映学生在活动中的表现，你应该从哪些方面进行改进？

2. 在行后课程中，若发现研学旅行课程实施过程中，不能有效地激发学生的学习情感，你应该从哪些方面进行优化？

项目五　研学旅行课程评价

研学旅行课程评价是指根据研学旅行方案设计的目标和实施过程，利用正确的评价方法，对实施过程及预期效果进行客观描述、价值判断的活动。通过研学旅行课程评价，可以了解其研学旅行目标是否达成，从而为修正设计提供依据，以使研学旅行课程更加完善。

为了研学方案的完善性和学生学习效果的达成，研学旅行课程的评价应该贯穿全过程，包括前期准备阶段、研学实施阶段、现场体验阶段、课后反思阶段、持续跟踪阶段。同时，研学旅行课程的评价应该是多样化的，既要注意过程评价，也要体现评价的多维主体视角。要自评也要有互评、他评，还要有学校教师、家长、第三方机构的共同参与，多维视角评价能使评价过程更加全面，充分满足学生个性化的发展需求。

◆ 知识目标

1. 掌握研学旅行评价的目的、意义、原则和内容。

2. 掌握研学旅行评价的具体标准和指标。

3. 掌握研学旅行评价的具体方法和操作流程。

4. 理解研学旅行全过程评价的概念和意义。

5. 了解多维度课程评价体系的构建方法和意义。

◆ 能力目标

1. 能够根据课程的特点和目标，设计科学合理的评价体系。

2. 在评价过程中，能够识别研学旅行课程中存在的问题和不足。

3. 能够提出有针对性的改进建议，优化课程方案。

4. 能够对收集到的评价数据进行深入分析。

5. 能够提供有针对性的反馈和改进建议。

◆素质目标

1. 在研学旅行评价过程中,保持客观公正的态度。

2. 尊重每位学生的个体差异,确保评价的公平性和合理性。

3. 在研学旅行过程中,具备全面细致的观察力。

4. 在评价团队中,能够与团队成员协作完成评价任务。

◆思政目标

1. 在研学旅行评价过程中,注重培养学生的法治意识和规则意识。

2. 通过评价,激发学生的求知欲和创造力,推动研学旅行课程的创新。

任务一 研学旅行评价机制

在成果展示后，结合展示的结果，研学旅游指导师需要对学生研学旅行学习成果给出综合评价。其中小学、中学学段，根据学校的相关规定，对学生的学习成果进行成绩认定与表彰，高中学段根据有关规定把学生的学习成果记入学生发展素质评价报告。

◇ 任务目标

1. 掌握研学旅行评价的目的、意义、原则和内容。
2. 掌握研学旅行评价的具体标准和指标。

◇ 任务描述

整个研学旅行课程实施已经圆满落下帷幕，回顾这段丰富的学习旅程，不仅收获了知识，更在实践中锻炼了能力。为了进一步提升研学旅行的质量与效果，为未来的课程设计奠定坚实基础，对其进行全面而细致的评价显得尤为重要。如果你是小陆，你应该怎么做呢？

◇ 任务分析

1. 分析研学旅行课程评价的目的。
2. 掌握研学旅行评价的具体标准和指标。

◇ 知识准备

一、研学旅行课程评价的目的

研学旅行课程评价是教育过程中一个不可或缺的环节，其目的在于通过系统、全面的评估，深入了解课程实施的效果，为后续的课程设计、教学改进以及教育资源的优化配置提供科学依据。

（一）评估课程目标的实现程度

研学旅行课程的设计通常围绕特定的教学目标展开，这些目标可能涉及知识掌握、技能提升、情感态度与价值观的培养等多个方面。课程评价的首要目的就在于评估这些目标是否实现，以及实现的程度如何。通过对学生参与研学活动前后的知识测试、技能展示、问卷调查等方式，可以客观地了解学生在研学过程中的学习成果，从而判断课程目标是否达成，以及达成的质量如何。

（二）发现课程设计与执行中的优点与不足

研学旅行课程的设计与实施是一个复杂的过程，涉及课程内容的选取、活动形式的设计、教学资源的配置等多个方面。通过课程评价，可以系统地回顾与审视这一过程，发现其中的优点与不足。优点可以为后续的课程设计提供有益的借鉴，而不足则成为改进的方向。例如，如果评价发现学生在某个环节的学习效果不佳，那么就需要对相应的教学内容进行调整或优化；如果评价发现某个活动形式深受学生喜爱，那么就可以在未来的课程中加以保留和推广。

（三）促进教育资源的合理配置与高效利用

研学旅行课程通常需要投入大量的人力、物力和财力，包括师资配备、交通工具、住宿餐饮、景点门票等多个方面。课程评价可以评估这些资源的利用效率和效果，从而为后续的资源配置提供科学依据。例如，如果评价发现某个景点的教育价值不高，但成本却相对较高，那么就可以考虑在未来的课程中减少对该景点的访问；如果评价发现某个活动形式虽然成本较高，但学生的学习效果却非常显著，那么就可以考虑适当增加对该活动的投入。

（四）提升教育质量，促进学生的全面发展

研学旅行课程评价的根本目的在于提升教育质量，促进学生的全面发展。通过评价，可以发现课程设计与实施中的问题与不足，从而及时进行调整和优化，确保课程能够更好地满足学生的学习需求和发展需求。同时，评价还可以激发学生的学习兴趣和积极性，培养他们的自主学习能力和创新精神，为他们的未来发展奠定坚实的基础。

（五）增强教育决策的科学性和有效性

研学旅行课程评价为教育决策提供了重要的参考依据。通过评价，可以了解教育活动的实际效果和存在的问题，为教育决策提供科学的数据支持。这有助于教育决策者制定更加符合实际、更加有效的教育政策，推动教育事业的持续发展。

二、研学旅行课程评价的原则

（一）客观公正的原则

在教育评价中，客观公正原则是指在评价学生的学习成果、能力和其他相关特质时，评价者应当尽可能地摒弃个人情感、偏见和主观臆断，确保评价过程和结果公平、合理。这一原则是教育评价体系中至关重要的组成部分，旨在为学生提供一个平等、公正的评价环境，使得每个学生都能在无歧视和公平竞争的条件下接受评价。

遵循客观公正原则，意味着评价标准应当是明确、具体和可量化的，对所有学生一视同仁。这意味着评价标准不应随个人喜好或情绪波动而变化，保证每位学生都按照相同的标准接受评价。在评价过程中，评价者应保持评价的一致性，对相似情况给出相似的评分或评价，避免出现评价结果的随意性。评价者应当向学生提供有建设性的反馈，帮助学生了解自己的长处和需要改进的地方，这也有助于学生的发展和进步。

（二）全面性原则

全面性原则是指在教育评价过程中，评价者应当从多个维度和层面全面关注学生的表现，不局限于学术成绩，还要考虑学生的实践能力、团队协作、态度行为等非智力因素。这一原则的核心在于对学生的综合素质进行评估，以期促进学生全面发展。全面性评价要求评价不仅仅关注学生的成绩，还要关注学生的实践能力、团队协作、态度行为、创新能力、情感素养等。

（三）激励性原则

评价者应关注学生的情绪管理、心理承受能力、适应能力等。激励性原则是指在教育评价中，评价者应当以激励学生为主，通过评价让学生感受到自己的成长和进步，从而激发学生的学习兴趣和内在动力。这一原则强调评价的积极功能，促进学生的自我认知和自我提升。评价者应当给予学生正面的反馈，强调学生的优点和成就，让学生认识到自己的价值和潜力。根据每个学生的特点和需求，给出个性化的评价，指出学生的长处和需要改进的地方，并提供具体的建议。评价者应关注学生的成长过程，强调评价的是学生的努力和进步，而不是结果本身。这样可以帮助学生建立起积极的评价观念，更加关注自己的成长和进步。

（四）过程性原则

过程性原则是指在教育评价中，评价者应当重视学生的学习过程，关注学生在学习过程中的努力、进步和问题解决能力，而不仅仅是最终的学习成果。这一原则强调评价的目的是促进学生的发展，帮助学生了解自己的学习状况，以便更好地调整学习策略和方法。评价者应将注意力放在学生的学习过程中，了解学生在解决问题、探索知识、交流合作等方面的表现。同时，应引导学生认识到学习是一个持续的过程，鼓励学生在面对困难和挑战时不断尝试、反思和改进。

三、研学旅行课程评价的内容

研学旅行是一种结合学习与实践的教育活动，它超越了传统的课堂学习模式，通过实地考察、探究和体验，让学生在实践中学习知识、提升能力。在研学旅行中对学生进行评价，不仅需要关注学生的知识收获，还要综合考量学生的实践技能、团队协作、态度行为等多方面的能力。

（一）课程目标与内容评价

它是指评价课程目标是否清晰、具体，是否与学生的实际需求和社会发展相适应。这包括知识、技能、情感态度与价值观等多个维度。评估课程内容是否丰富、有趣，是否与学生的年龄特点和认知水平相匹配。同时，还要考察课程内容是否体现了跨学科整合和实践性特点。

（二）学生发展评价

它是指评价学生在研学旅行课程中对所学知识的理解和掌握程度，包括学科知识的综合运用和实践能力的提升。关注学生在研学过程中发现问题、解决问题、合作交流、创新创造等多方面能力的发展。这些能力是学生综合素质的重要组成部分。评价学生在研学旅行课程中形成的情感态度与价值观，如责任感、团队精神、环保意识、文化自信等。这些方面的评价有助于了解学生在非智力因素方面的成长。

（三）课程实施过程评价

评价研学旅行课程的教学组织是否合理、有序，管理是否到位，能否确保活动的顺利进行和学生的安全。评估研学旅游指导师在研学旅行课程中的指导作用，包括是否能够有效引导学生参与活动、解决问题、提升能力，以及教师的专业素养和教学能力等方面。考查学生在研学旅行课程中的参与度，包括是否积极主动、是否乐于探究、是否能够与他人有效合作等。学生的参与度是衡量课程实施效果的重要指标之一。

（四）课程效果与影响评价

通过问卷调查、访谈等方式了解学生对研学旅行课程的满意度，包括课程内容、活动形式、教师指导等方面。收集家长对研学旅行课程的意见和建议，了解他们对课程效果的看法和期望。家长的反馈有助于课程设计的持续改进和优化。评估研学旅行课程对社会的影响，如是否促进了学校与社会的联系、是否提升了学校的知名度和美誉度等。这些方面的评价有助于了解课程的社会价值和意义。

（五）课程特色与创新评价

评价研学旅行课程是否具有鲜明的特色，如主题突出、内容丰富、形式新颖等。课程特色有助于提升课程的吸引力和竞争力。考察研学旅行课程在理念、内容、方法等方面的创新程度，以及这些创新对学生发展的影响。课程创新是推动教育改革和发展的重要动力。

四、评价的方式方法

研学旅行作为一种创新性的教育方式，其评价方式也应当体现其独特性。

（一）学生自评

学生可以反思自己在研学旅行中的表现，包括学术收获、情感体验、团队合作等方面。学生也可以设定自我提升的目标，思考如何将在研学中学到的知识和技能应用到日常学习和生活中。

（二）同伴评价

学生之间可以进行互相评价，不仅评价学习成果，还要评价学习过程中的合作态度和贡献。同伴评价可以促进学生之间的相互理解和尊重，同时也能够激发学生的竞争意识和团队精神。

（三）教师评价

教师可以根据学生的表现进行综合评价，包括学生的学术表现、实践技能、团队协作和态度行为等。教师可以提供个性化的反馈，指导学生如何改进和提升，同时鼓励学生的亮点和成就。

（四）研学旅行手册记录评价

研学旅行手册既为学生开展研究性学习提供方向性指导，又为其提供必要的基础性资料。同时也是一种重要的评价工具，在研学旅行手册中，可以记录学生在研学过程中学到的学术知识和新技能，可以详细描述学生参与的研究项目、实验活动或实地考察，可以结合具体的案例、事实和数据，详细记录和评价学生在研学旅行中的表现和收获等。通过这样的评价方式，可以更全面、深入地了解学生的学习过程和成果，为学生的持续发展和改进提供有力的支持。同时，研学旅行手册也可以作为学生、教师和家长沟通的桥梁，促进家校合作，共同关注和支持学生的成长。

（五）表彰性评价

在研学旅行中，对表现优秀的学生进行表彰和奖励是一项重要的活动，它能够激发学生的学习积极性，增强学生的自信心，并鼓励学生在未来的研学旅行中继续表现出色。

（1）学术成就表彰。对在研学旅行中表现出卓越学术能力的学生进行表彰，认可他们在学术探究和实践中的努力和成果。可以设立学术成就奖，对在研学过程中进行了创新观点、解决问题和深入研究的学生给予奖励。

（2）实践技能奖励。对在研学旅行中展现出高超实践技能的学生进行奖励，鼓励他们在实践中不断探索和提升。可以设立实践技能奖，对在实验操作、实地考察和项目实施等方面表现出色的学生进行表彰。

（3）团队协作荣誉。对在研学旅行中展现出卓越团队协作能力的学生进行表彰，认可他们在团队合作中的贡献和努力。可以设立团队协作奖，对在分工合作、沟通交流和解决问题等方面表现出色的学生团队进行奖励。

（4）态度与行为表扬。对在研学旅行中展现出积极态度和良好行为表现的学生进行表扬，鼓励他们保持良好的学习习惯和行为规范。可以设立态度与行为奖，对在参与程度、认真程度和遵守纪律等方面表现出色的学生进行表彰。

（5）创新与解决问题能力奖励。对在研学旅行中展现出创新思维和解决问题能力的学生进行奖励，鼓励他们勇于思考和创造。可以设立创新与解决问题能力奖，对在提出新观点、解决方案和创新思路等方面表现出色的学生进行表彰。

（6）情感与价值观培养荣誉。对在研学旅行中展现出积极情感体验和良好价值观培养的学生进行荣誉表彰，认可他们在情感和价值观方面的成长。可以设立情感与价值观培养奖，对在感悟和思考、个人成长和未来发展等方面表现出色的学生进行奖励。

在进行表彰奖励时，可以采取多种形式，如颁发荣誉证书、奖杯或奖品以及公开表扬和举办庆祝活动等。同时，还可以鼓励获奖学生分享自己的学习心得和体验，激励其他学生向他们学习，共同提升研学旅行的质量和效果。通过这样的表彰奖励机制，可以激发学生的学习积极性，培养学生的自信心和成就感，进一步推动研学旅行的健康发展。

五、评价的注意事项

在实施研学旅行评价时，以下几点注意事项将有助于确保评价的公正性、有效性和积极影响。

（一）及时反馈

评价结果应该在研学旅行结束后尽快提供给学生，这样学生才能够清晰地回忆起学习过程中的细节，并理解评价中的具体反馈。及时的反馈有助于学生及时认识到自己的优势和需要改进的地方，从而快速调整学习策略和态度。

（二）注重激励

评价应该强调学生的努力和进步，而不仅仅是结果。评价时可以使用积极的语言，强调学生的成就，即使是在面对挑战和困难时的坚持和努力也应得到认可。

可以通过公开表扬、颁发证书或小奖品等方式，激发学生的内在动力，鼓励他们在未来继续努力。

（三）尊重学生

评价过程中，教师应该以尊重和理解的态度对待每个学生，确保评价不会损害学生的自尊心。评价时应该基于学生的实际表现进行，避免主观臆断和不公正的评价；应该鼓励学生参与评价过程，使他们能够对自己的学习有更深入的理解。

（四）持续关注

评价不应该是一次性的，而应该是一个持续的过程，伴随着学生的整个学习旅程。教师应该定期检查学生的进展，并根据学生的反馈和学习情况调整评价策略。通过持续的关注，教师可以更好地了解学生的学习需求，提供更有针对性的支持。

（五）家长参与

家长应该被邀请参与评价过程，这样他们可以更好地了解孩子在研学旅行中的表现和成长。教师可以通过家长会、报告卡、电子邮件或移动应用程序等方式，与家长保持沟通，共同讨论学生的学习和发展。家长的参与可以增强家校之间的联系，形成支持学生全面发展的合力。

通过遵循这些注意事项，研学旅行的评价将更加全面、公正和有建设性，有助于学生获得宝贵的反馈，促进他们的个人成长和学习进步。同时，这种积极的评价环境也有助于建立研学旅行作为一种有效教育实践的声誉，为所有学生提供更加丰富和有意义的学习体验。

| 案例分析 |

表 5-1　探究"华蓥山石林"地貌特征与成因机制

研学过程	教师活动	学生活动	设计意图
1. 搜集资料、储备相关知识（行前准备）	布置任务： 1. 查阅华蓥山山岳型石林的自然地理概况（地理位置与交通、地质地貌地形、气候、水文、土壤、植被） 2. 搜集山岳型石林的交通创意图图和遥感图	1. 小组合作、参考研学手册、网络、手机 App（高德地图、百度地图或 Google Earth）收集、整理华蓥山石林的自然地理环境特征 2. 搜集地图	明确探究区域，提供背景资料，为后续研究做好铺垫，形成初步的区域认知
2. 初见华蓥山石林：观察万狮朝圣幺妹和巴二哥的桐像（第一天 9:30—11:30）	1. 讲解、答疑："喀斯特岩溶地貌"，特点是地表水沿石灰岩内的节理面或裂隙面等发生溶蚀，形成溶沟（或溶槽），石柱或石笋 2. 提出问题：地表水侵蚀成沟槽后的地貌特点	1. 拍照记录华蓥山石林万狮朝圣的景观 2. 小组合作探究：地表水溶蚀对此处景观的塑造作用 3. 各小组积极发言，并记录同学发言内容 4. 完善修改结论	用地理视角观察自然现象，发现问题，探究学习，并解决问题。锻炼地理推断能力，地理实践能力，并形成空间思维
3. 进入情酩石峡认识石柱、石笋（第一天 13:00—16:00）	1. 引导学生回顾之前学过的喀斯特地貌中的峰丛、峰林，思考华蓥山石林地貌与其异同点 2. 指导学生鉴定华蓥山石林岩石类型 3. 教师答疑、纠正、总结	1. 拍照，并记录标识峰丛、峰林地貌特征 2. 观察、鉴别华蓥山石林岩石类型；并适当收集有关石标本	通过类比、分析的方法，完成知识迁移，通过动手、动脑解决问题，培养学生地理实践能力
4. 观察"爱之小屋"景观。因酷似一个心形的流水状而命名为之小屋（第一天 16:00—17:00）	1. 观察流水侵蚀地貌 2. 讲解成因：雨水侵蚀、风水作用形成了风蚀槽、风蚀坑和岩石层理一起构成了天然的石屋	1. 欣赏流水风化景观的美学价值 2. 思考成因 3. 小组讨论、回答问题	通过仔细地观察地貌，加深对外力作用塑造地表形态的认识，深化理解课本知识

续表

研学过程	教师活动	学生活动	设计意图
5. 第一天晚间讨论整理	1. 学生就今天的行程过程中的所思所想进行整理,同老师交流 2. 引导学生对比,思考华蓥山石林和云南石林之间的区别和联系(从景观特征和成因等方面分析)	小组合作探究与云南石林的区别与联系并完成学生手册	提高学生总结归纳能力,对比分析,形成批判性思维
6. 观察飞瀑迎宾景观。 (第二天 9:30~11:30)	1. 观察飞瀑迎宾景观 2. 引导学生思考飞瀑形成的地质作用过程和描述瀑布对自然环境的影响	1. 用 pH 试纸测量水体的酸碱度并记录在研学手册中 2. 欣赏飞瀑景观并思考淡水资源危机,树立忧患意识和对大自然的敬畏之心	增强学生对淡水资源的保护意识和社会责任感
7. 讨论:华蓥山环保措施 (第二天 14:00~16:30)	1. 引导学生提出思考保护华蓥山生态环境的合理措施 2. 完成驱动性问题所规定的公开成果,并进行评价	1. 小组合作提出保护华蓥山生态环境的措施 2. 完成活动,并进行成果评价	增强学生对华蓥山的保护意识和社会责任感

本次研学活动综合成绩评定由两部分组成:研学过程评价(60分)和研学结果评价(40分)。研学总成绩 = 研学过程评价成绩 + 研学结果评价成绩。具体考评方式见研学旅行过程评价量表(见表 5-2)。

表5-2 研学旅行过程评价量表

评价项目	评价等级及标准			评价方式		
	A（12分）	B（8分）	C（4分）	个人评价	同学评价	教师评价
学习态度与纪律	研学过程认真记录听讲。全程严格遵守纪律，待人接物友善，讲文明，有礼貌	研学过程有记录，能遵守研学纪律，不添乱，表现良好	简单做了研学笔记，偶尔不遵守纪律			
合作探究	团结合作，在小组中起组织和领导作用，积极提问，发言，积极参与问题讨论，遇到问题时独立寻找解决方法，不放弃	能举手发言，认真思考，参与讨论交流并鼓励其他成员积极参与	很少举手发言，参与组内交流和问题讨论			
人地观念	能理解到华蓥山的资源环境保护问题，能提出合理的措施	能理解保护环境的重要性，并有行动意识	初步认识到环境保护的影响，有环保意识			
综合思维	能结合多种因素分析石林地貌的成因，从空间和时间的角度综合分析石林地貌的生成；并综合分析华蓥山石林地区的人地关系	能结合多种因素分析石林地貌的成因，从空间和时间的角度综合分析石林地貌的生成过程	能综合分析石林地貌的成因，简单概述石林地貌的形成过程			
区域认知	能抓住华蓥山石林地区自然要素特征分析对石林地貌形成的作用；准确收集整理研学区域的地理概况；能解释或评析景区开发的得失	能抓住华蓥山石林自然要素特征分析对石林地貌形成的作用；收集整理研学区域的地理概况	能认识到华蓥山石林地区自然要素，分析对石林地貌的影响			

资料来源：本案例由广安职业技术学院张莹老师提供。

| 案例评析 |

本案例是自然生态主题的课题，主要学习内容是喀斯特地貌，根据课程内容设计了全过程与多元主体视角，同时也遵守了过程性评价与结果性评价结合的标准的评价表。

◇ 任务评价

班级：　　　　　　　　　　　　姓名：　　　　　　　　　　　　学号：

评价项目	评价标准	分值	自评	互评
学习态度	认真按照要求完成学习任务	10		
专业知识	全面掌握完成任务所需专业知识	40		
沟通交流	能清楚表达自己观点，并与他人有效沟通	10		
团队意识	具有主动与团队成员协作完成任务的意识	10		
信息素养	会搜集信息，并分析、运用信息	10		
实践能力	根据知识，能够进行实践操作	20		
总分		100		

◇ 任务小结

知识要点	
技能要点	
遇到的问题	
解决问题的方法	

◇ 任务思考

在开展研学旅行课程评价的过程中，还有哪些需要注意的问题？

任务二　全过程评价设计

◇ **任务目标**

理解研学旅行全过程评价设计的内容。

◇ **任务描述**

本任务旨在构建一套科学完善的研学旅行课程全过程评价体系，包括前期准备、教学实施、现场体验、课后反思等各个环节，为研学旅行课程的教学设计、实施质量和持续优化提供全方位的评价依据和指引，推动研学旅行课程的高质量发展。

◇ **任务分析**

根据研学旅行活动的目的，设计全过程评价内容。

◇ **知识准备**

一、全过程评价概述

研学旅行课程的全过程评价涵盖了从前期准备、教学实施、现场体验到课后反思和持续跟踪等各个阶段，是一个动态、系统的评价过程。研学旅行课程的全过程评价贯穿了前期、实施、现场、反思、跟踪等各个阶段，既关注过程，又注重结果，为课程持续优化提供全方位支撑。

前期准备，评价的重点在于检验课程目标的明确性和可行性，以及教学内容、活动设计是否与目标相符。这个阶段的评价结果为后续教学实施奠定基础。是整个评价过程的关键所在。

教学实施，评价关注教师的教学组织和引导情况，学生的参与度、互动表现和学习效果如何，以及整体教学活动的流程设计、时间分配等是否合理。这个阶段的评价为实时调整教学提供依据，确保教学效果。

现场体验，评价的重点转移到学生的实际操作能力、探究精神、创新意识以及情感体验等方面。这个阶段的评价能够直观反映学生的学习收获，是评估课程目标实现程度的重要依据。

课后反思，评价工作聚焦于收集各方利益相关方的反馈意见，全面评估整体课程设计的合理性和执行质量，找出问题所在。这个阶段的评价结果为后续课程优化奠定基础。

持续跟踪，评价关注学生的长远发展情况，包括认知能力、技能提升以及价值观培养等。这个阶段的评价能够体现研学旅行课程的持续影响力，为进一步完善课程体系提供依据。

二、全过程评价的内容

（一）前期准备评价的内容

这一阶段的主要评价内容包括课程目标、教学内容和活动设计以及师资力量、场地条件和物资保障等方面（见表5-3）。

（1）评估研学旅行课程的目标是否明确、合理和可行。课程目标的设定是整个教学活动的出发点和落脚点，需要针对学生实际情况和学习需求进行精准设置。目标要涵盖知识技能、过程方法和情感态度等多个维度，确保其具有针对性和可操作性。只有目标明确，才能为后续教学内容和活动设计提供清晰的方向。

（2）评估教学内容和活动设计是否与目标相符。课程内容要全面覆盖讲授、实践操作、现场体验等环节，设计的教学活动要充分调动学生的积极性和创造性，能切实推动目标的实现。内容设计和活动安排要聚焦培养学生的知识、能力和素养，确保教学过程与目标高度契合。

（3）评估师资力量、场地条件和物资保障是否到位。优质的研学旅游指导师团队、先进适配的研学基地以及丰富的教学资源等基础保障条件，是确保研学旅行课程顺利实施的关键基础。只有相关资源充足到位，研学旅行活动才能高质量开展，最终达成预期目标。

（4）关注行程方案的落地性。评估行程设计是否切实可行，安排的活动环节是否紧密衔接，交通食宿等保障措施是否周密有效。只有行程安排周密，才能确保研学活动顺利开展，学生收获更加丰富。

表5-3　研学旅行课程前期准备评价

评价维度	评价指标	评分（1~5分）	备注
课程目标	目标设定是否明确、合理		
	目标是否涵盖知识技能、过程方法和情感态度		
	目标是否具有针对性和可操作性		
教学内容和活动设计	内容设计是否全面覆盖理论讲授、实践操作、现场体验		
	活动设计是否能充分调动学生的积极性和创造性		
	内容和活动是否聚焦培养学生的知识、能力和素养		
	教学内容和活动设计是否与目标高度契合		
师资力量、场地条件和物资保障	师资团队是否优质有力		
	研学基地场地是否先进适配		
	教学资源是否充足丰富		
	基本保障条件是否到位满足需求		
行程方案落地性	行程设计是否切实可行		
	活动环节是否衔接紧密		
	交通食宿等保障措施是否周密有效		
总体评价			
综合评分			

请根据实际情况在"评分"栏中填写1~5分的评分（1分表示非常不满意，5分表示非常满意），并在"备注"栏中添加任何必要的说明或评论。

（二）教学实施评价的内容

这一阶段的评价重点主要集中在带队的老师和研学旅游指导师的教学组织和引导情况、学生的参与度与互动表现，以及整体研学活动的流程设计和时间分配等方面（见表5-4）。

（1）关注研学旅游指导师在研学课程实施过程中的表现。评估研学旅游指导师是否能够有效组织教学活动，合理引导学生学习探索。研学旅游指导师要充分发挥主导作用，合理调控课程节奏，采取适当的教学方法和手段，为学生营造良好的参观学习氛围。同时还要评估研学旅游指导师的专业知识储备和讲解、教学能力是否到位，是否能够及时发现并解决教学中的问题。

（2）关注学生的参与度和互动表现。研学旅行课程要求学生主动参与、积极探索，因此评估学生的学习投入度、讨论互动情况都很重要。学生是否积极发言提问、主动参与实践操作，是否与研学旅游指导师、随行老师和同伴充分交流探讨，都是评判学生学习效果的关键指标。

（3）关注整体教学活动的流程设计和时间分配。评估各环节的安排是否合理，活动转换是否自然流畅，时间分配是否恰当。研学课程活动要有序推进，各环节衔接要紧密，确保学生能够沉浸其中，完成既定的学习任务。同时还要关注学生休息和用餐等生活保障环节的安排是否周到。

表 5-4 研学旅行课程教学实施评价

评价维度	评价指标	评分（1~5分）	备注
带队老师和研学旅游指导师的教学组织与引导	带队老师和研学旅游指导师是否能有效组织教学活动		
	带队老师和研学旅游指导师是否能合理引导学生的学习探索		
	带队老师和研学旅游指导师是否能合理调控课程节奏		
	带队老师和研学旅游指导师的专业知识储备和讲解、教学能力		
	带队老师和研学旅游指导师是否能及时发现并解决教学中的问题		
学生的参与度与互动表现	学生的学习投入度		
	学生在讨论和互动中的表现		
	学生是否积极发言提问、主动参与实践操作		
	学生是否与研学旅游指导师、随行老师和同伴充分交流探讨		
整体研学活动的流程设计与时间分配	各环节的安排是否合理		
	活动转换是否自然流畅		
	时间分配是否恰当		
	学生休息和用餐等生活保障环节的安排是否周到		
总体评价			
综合评分			

请根据实际情况在"评分"栏中填写 1~5 分的评分（1 分表示非常不满意，5 分表示非常满意），并在"备注"栏中添加任何必要的说明或评论。

（三）现场体验评价的内容

现场体验阶段是研学旅行课程实施的关键环节，也是学生学习收获最直观的体现。这一阶段的评价重点主要应从劳动教育、综合素质、综合素养等具体目标出发，关注学生的实际操作能力、探究精神、创新意识以及情感体验（见表5-5）。

（1）关注学生的实际操作能力。研学旅行强调培养学生的综合实践能力，评估学生是否能够熟练掌握相关实践技能，或者是否能够独立完成现场操作任务。学生的实践能力不仅体现了知识技能的运用，也反映了学习的主动性和动手能力的培养成效。

（2）关注学生的探究精神。研学旅行注重培养学生的主动探索和独立思考，评估学生是否能够主动提出问题，勇于尝试解决问题的方法。学生是否善于发现问题、分析问题、解决问题，体现了其探究精神的养成情况。

（3）关注学生的创新意识。研学旅行追求培养创新型人才，评估学生在实践中是否能够独具创意，是否敢于创新突破。学生是否能够运用所学知识进行创新应用，是否敢于与常规做法"抗衡"，都可以反映其创新意识的培养成效。

（4）关注学生的情感体验。研学旅行不仅要培养学生的知识技能，也要促进其情感情绪的健康发展。评估学生在现场体验中是否产生了成就感、责任感，是否养成了良好的价值观和行为习惯。学生的情感体验反映了研学旅行对学生全面发展的促进作用。

表5-5 研学旅行课程现场体验评价

评价维度	评价指标	评分（1~5分）	备注
实际操作能力	学生是否能熟练掌握相关实践技能		
	学生是否能独立完成现场操作任务		
探究精神	学生是否能主动提出问题		
	学生是否勇于尝试解决问题的方法		
	学生是否善于发现、分析、解决问题		
创新意识	学生在实践中是否能够独具创意		
	学生是否敢于创新突破		
	学生是否能运用所学知识进行创新应用		

续表

评价维度	评价指标	评分（1~5分）	备注
情感体验	学生在现场体验中是否产生了成就感、责任感		
	学生是否养成了良好的价值观和行为习惯		
总体评价			
综合评分			

请根据实际情况在"评分"栏中填写1~5分的评分（1分表示非常不满意，5分表示非常满意），并在"备注"栏中添加任何必要的说明或评论。

（四）课后反思评价的内容

课后反思阶段是研学旅行课程评价的重要环节之一。这一阶段的评价工作主要聚焦于收集各方反馈意见，全面评估整体课程设计的合理性和执行质量，找出问题所在，为后续课程优化奠定基础（见表5-6）。

（1）系统收集反馈意见。对整个教学活动的体验感受、教学亮点和短板等进行全方位的收集和梳理。这些反馈意见为评估课程质量提供了多角度、全面的依据。

（2）全面评估整体课程设计的合理性和执行质量。对照课程目标，检视教学内容、活动设计、保障条件等环节是否恰当，执行情况是否符合预期。分析学习效果、授课表现等，评判课程设计的针对性和可行性。同时梳理教学实施过程中出现的问题，找出制约因素，为后续优化改进提供依据。

（3）重点反思服务保障的质量。对师资团队的专业水平、场地设施的适用性、餐饮住宿的满意度等进行深入分析，找出短板并提出改进措施。优质的服务保障是确保研学活动顺利进行的重要基础。

（4）提出有针对性的改进建议。根据各方面评价结果，提出优化课程目标、调整教学内容、改进活动设计、加强保障条件等方面的改进建议。这些建议不仅要针对性强，还要切实可行，为后续课程的持续优化提供明确方向。

课后反思阶段的评价工作，为总结经验、查找问题、制定改进策略提供了重要依据。只有充分吸收各方宝贵意见，全面评估课程设计、执行质量和服务保障，才能不断完善研学旅行课程，推动其高质量发展。

表5-6　研学旅行课程课后反思评价

评价维度	评价指标	评分（1~5分）	备注
系统收集反馈意见	整个教学活动的体验感受、教学亮点和短板的全方位收集情况		
整体课程设计与执行质量评估	教学内容、活动设计与保障条件的合理性和符合预期的执行情况		
	学习效果与授课表现的分析，评判课程设计的针对性和可行性		
	分析教学实施过程中出现的问题，找出制约因素		
服务保障质量反思	师资团队的专业水平、场地设施的适用性、餐饮住宿满意度等的深入分析		
	找出服务保障的短板并提出改进措施		
针对性改进建议	根据评价结果提出的优化课程目标、调整教学内容、改进活动设计、加强保障条件等建议		
总体评价			
综合评分			

　　请根据实际情况在"评分"栏中填写1~5分的评分（1分表示非常不满意，5分表示非常满意），并在"备注"栏中添加任何必要的说明或评论。

（五）持续跟踪阶段评价的内容

　　研学旅行课程的持续跟踪阶段是评价的最后环节，也是收获最为丰硕的一个环节。这一阶段的评价主要关注学生的长远发展情况，包括认知能力、技能提升以及价值观培养等多个方面，以此全面评估课程的持续影响力，为进一步完善课程体系提供依据。

　　（1）关注学生的认知能力发展。研学旅行重视培养学生的独立思考、分析问题和解决问题的能力。通过持续跟踪，评估学生是否能够灵活应用所学知识，是否能够持续提升分析问题和创造性解决问题的能力。

　　（2）关注学生的技能提升情况。研学旅行注重培养学生的动手实践能力、探索创新精神等。持续跟踪评估学生是否能够持续运用所学技能，是否能够在实践中不断提升创新能力。例如，跟踪学生在日常生活中是否能够熟练运用操作技能解决实际问题，是否能够灵活变通地应用所学知识进行创新实践。这不仅代表了技能的持续发展，也体现了学生综合素质的提升。

（3）关注学生的价值观培养成效。研学旅行追求培养学生良好的品德情操和社会责任感。通过持续跟踪，评估学生是否能够在实际生活中自觉践行所学价值观，是否能够形成正确的人生观和世界观。例如，跟踪学生在生活中是否表现出诚信、责任、环保等方面的良好品德，是否能主动关注社会公益活动并积极参与。这反映了课程在情感态度养成方面的持续影响力。

（4）全面评估整体课程对学生发展的促进作用。通过跟踪学生在认知、技能和价值观等方面的成长变化，评估研学旅行课程的整体成效。例如，分析学生在学业成绩、创新能力、品德修养等方面的整体进步情况，并与对照组进行对比分析，全面反映课程的育人成效。这不仅有利于优化完善课程设计，也为进一步健全研学旅行课程体系提供重要依据（见表 5-7）。

表 5-7　研学旅行课程持续跟踪评价

评价维度	评价指标	评分（1~5分）	备注
认知能力发展	学生是否能灵活应用所学知识		
	学生是否能持续提升分析问题和创造性解决问题的能力		
技能提升情况	学生是否能持续运用所学技能		
	学生在日常生活中是否能熟练运用操作技能解决实际问题		
	学生是否能在实践中不断提升创新能力		
价值观培养成效	学生是否能在实际生活中自觉践行所学价值观		
	学生生活中是否表现出诚信、责任、环保等良好品德		
	学生是否主动关注社会公益活动并积极参与		
整体课程对学生发展的促进作用	通过认知、技能和价值观等方面的成长变化，评估研学旅行课程的整体成效		
	学生在学业成绩、创新能力、品德修养等方面的整体进步情况		
	与对照组进行对比分析，全面反映课程的育人成效		
总体评价			
综合评分			

请根据实际情况在"评分"栏中填写 1~5 分的评分（1 分表示非常不满意，5 分表示非常满意），并在"备注"栏中添加任何必要的说明或评论。

| 情景训练 |

调查本地研学旅行课程全过程各阶段的实施过程与效果，收集参与师生对研学旅行课程的反馈意见。

参与研学旅行课程全过程内容与步骤见表5-8。

表5-8　本地研学旅行课程全过程评价表收集

阶段	实训内容	详细步骤
1. 准备	评价表复习	团队成员共同复习现有的评价表，确保每个人都清楚评价表的内容和填写方式
	目标设定	明确收集反馈的目的，如了解课程的优势和改进点、评估特定活动的效果等
2. 分发评价表	确定反馈群体	列出需要收集反馈的师生名单，确保覆盖所有参与者
	选择分发方式	根据实际情况选择最合适的评价表分发方式，如纸质分发、电子邮件分发、使用在线调查工具等
	分发通知	提前通知所有参与者，说明评价表的目的、重要性，以及如何填写和返回评价表
3. 收集与整理	收集评价表	设定一个明确的截止日期，收集所有已完成的评价表
	数据整理	将收集到的数据进行整理，根据需要进行分类汇总，为分析做准备
4. 分析与反馈	数据分析	分析评价表中的反馈，识别出课程的强项和弱点，总结出需要改进的地方
	制作报告	将分析结果制作成报告，报告中应包括主要发现、建议的改进措施及理由

◇ 任务评价

班级：　　　　　　　　姓名：　　　　　　　　学号：

评价项目	评价标准	分值	自评	互评
学习态度	认真按照要求完成学习任务	10		
专业知识	全面掌握完成任务所需专业知识	40		
沟通交流	能清楚表达自己观点，并与他人有效沟通	10		

续表

评价项目	评价标准	分值	自评	互评
团队意识	具有主动与团队成员协作完成任务的意识	10		
信息素养	会搜集信息，并分析、运用信息	10		
实践能力	根据知识，能够进行实践操作	20		
总分		100		

◇ 任务小结

知识要点	
技能要点	
遇到的问题	
解决问题的方法	

◇ 任务思考

你是如何理解全过程评价的？

任务三 多维度课程评价设计

◇**任务目标**

　　理解研学旅行多维度评价设计的内容。

◇**任务描述**

　　本任务致力于构建一套多维度研学课程评价体系，特别关注学生、家长、教师、研学旅游指导师和第三方机构的多主体评价、过程评价与结果评价相结合、多元化评价方式、诊断性评价与总结性评价相结合、评价结果的应用。该评价体系旨在从各自独特的视角提供对研学课程的全面理解和评价。

◇**任务分析**

　　根据研学旅行活动的目的，设计多维度评价内容。

◇**知识准备**

一、多维度课程评价概述

　　研学旅行作为一种创新的教育形式，已经成为推动素质教育发展的重要抓手。如何全面客观地评估研学旅行课程的实施质量和育人成效，成为亟待解决的关键问题。构建一套科学完善的多维度课程评价体系，对于提升研学旅行课程的教学设计水平和实施保障能力，具有重要意义。

　　（1）评价的主体应该是多元化的。除了学校教师和研学旅游指导师的评价外，还应该邀请学生自我评价、家长评价以及第三方机构参与评估。通过多主体参与，不仅能够增强评价的客观性，也能更好地体现各方利益相关者的需求和期望，为课程优化提供全方位依据。

（2）评价的内容应该做到过程与结果并重。一方面，要关注研学旅行课程的前期准备阶段、教学实施阶段、现场体验阶段等各个环节的具体情况，包括目标设定、方案设计、组织引导、学生参与等过程性指标。另一方面，也要重视学生综合素质的提升成效，如知识技能掌握、情感态度养成、行为习惯养成等结果性指标。过程评价与结果评价相结合，更能全面反映课程实施的质量与成效。

（3）评价的方式应该多元化。除了问卷调查、访谈交流等常规方式外，还要采取现场观察、作品展示等丰富多样的方式，既能够客观测量学生能力的发展水平，又能够深入了解学习感受和评价诉求。同时，定量测评与定性描述相结合，多维度呈现课程实施的全貌。

（4）评价的形式应该做到诊断性评价与总结性评价相结合。在课程实施的各个阶段，通过诊断性评价及时发现问题并调整优化；而在课程结束后，则要进行总结性评价，全面评估课程的整体效果。诊断性评价与总结性评价相结合，确保课程质量持续提升。

二、多维度课程评价的内容

（一）主体多元化评价的内容

在多元化评价体系中，学生自我评价扮演着至关重要的角色。学生需要评估自己的学习动机与态度，反思在学习过程中的进步与成就，进而更好地认识自身的学习效果和需要改进的领域。这一系列自我评估活动帮助学生建立对自身学习过程的深入了解，促进个人学习效果的最大化（见表5-9）。

研学旅游指导师的评价聚焦于三个方面：课程适应性与实施效果、学生参与度与反应，以及学生的发展与成长。研学旅游指导师关注课程内容是否适合学生，观察课程实施是否流畅，评估学生的参与积极性和整体成长，从而优化研学课程，确保其满足学生需求并有效促进发展。

教师评价应关注教学效果、教学方法和师生互动。通过分析学生学习成果、考察教学策略的创新性，以及评估师生互动的频率和质量，确保教学质量的整体提升。这有助于判断所采用的教学方式是否有效，并持续改进教学实践。

家长评价则涉及孩子在研学旅行中的学习表现和行为变化、学校与家庭的沟通与支持，以及课程内容和活动的相关性等方面。这些反馈有助于学校进一步改善研学课程，满足家长的期望。

同伴评价聚焦于合作互动和社交技能，包括如何在小组活动中贡献意见、解决问题，以及日常交往中展现的社交行为。学生互评不仅能促进个人反思改进，还增强了班级的团队协作与社区意识。

第三方机构则提供客观全面的教育质量评估，包括课程标准达成率分析、支持服务质量评估以及创新改进建议。这些评价反馈形成循环反馈系统，推动教育机构持续优化研学课程与服务。

表 5-9　主体多元化评价

评价体系	评价内容	关键评价指标	细节描述
学生自我评价	学习动机与态度	学习兴趣、学习态度、自我激励	评价自己对研学课程的兴趣、在面对学习挑战时的态度和激励自己的方式
	学习进步与成就	对新概念的理解能力、技能掌握	反思在学习过程中对概念的掌握和技能的提升
	目标设定与自我反思	学习目标的设定和达成情况、自我反思能力	设定具体的学习目标并评估达成情况，对自己的学习过程进行深入思考
教师评价	教学效果	学生的学习成果评估	通过学生的考试、作业成绩及课堂表现来评估教学方法的有效性
	教学方法	教学策略的适应性和创新性	评价使用的教学策略、方法和工具是否适合学生需求，以及是否具有创新性
	师生互动	互动频率和质量	考量教师如何响应学生提问、激励学生参与以及有效管理课堂
家长评价	学生表现	学习表现和行为变化	从家庭角度评估孩子在研学旅行中的积极参与程度及行为上的积极变化
	学校沟通与支持	沟通效果和家庭支持程度	评估学校如何通报研学旅行的安排、安全措施及对特殊需求的支持
	课程内容与活动	课程和活动的相关性及有效性	评价研学旅行的课程内容和组织的活动是否符合孩子的需求和兴趣，以及其是否具有教育价值
同伴评价	合作与互动	团队贡献、问题解决能力、沟通效率	评估同学在小组项目或课堂活动中如何贡献自己的意见、如何解决问题以及如何与他人沟通

续表

评价体系	评价内容	关键评价指标	细节描述
同伴评价	社交技能	建立和维持关系的能力、处理冲突的技巧、展现同情和理解的能力	评价同伴在学校中的社交行为、人际交往能力，包括如何处理人际关系和冲突
第三方机构评价	教育质量监测	课程成绩和标准达成率	监测并评估研学旅行课程的成果和课程标准的达成程度
	教育环境评估	学习环境和设施安全、支持服务质量	评估研学旅行中的学习环境、设施的安全性及额外支持服务，如心理咨询的提供情况
	创新与改进建议	基于研究和分析提出改进措施	提供研究和比较分析基础上的创新建议，以促进研学课程和服务的改进和创新
研学导师评价	课程适应性与实施效果	教学内容适应性、学习目标的达成、课程实施的流畅性	评估课程内容是否适合学生的年龄和学习水平，学习目标是否得以实现，以及课程是否能顺利执行
	学生参与度与反应	学生的参与积极性、课程互动质量、学生的学习热情	观察并评估学生在研学活动中的参与度，包括他们在课程中的互动和对学习内容的兴趣
	学生发展与成长	学生技能提升、知识增长、个人成长	从技能掌握、知识理解以及个人品质的角度评估学生在研学旅行中的成长与发展

（二）过程与结果并重的评价内容

研学旅行课程评价应该注重过程与结果的并重，全面评估课程的各个环节，确保课程质量不断提升（见表5-10）。

（1）对课程设计与规划进行评价。评估课程目标是否明确、切合实际需求；课程内容是否丰富、结构合理；活动安排是否适当、流程顺畅等。这些为课程的实施奠定了基础。

（2）关注教学实施过程的评价。检视教学方法是否多样、互动性强；教学资源是否充足、利用得当；教师指导是否到位、反馈及时等。优质的教学过程是达成预期目标的保证。

（3）重视学生学习表现的全方位评估。包括学生的参与度和主动性如何，知识技能掌握程度如何，以及行为表现和态度如何。学生作为课程的主体，其学习体验和发展状况是评价的核心。

（4）对课程结果输出进行综合评价。关注学生的实践应用能力、综合素质发展水平，以及学生的整体满意度和反馈。课程的最终价值在于能否帮助学生全面发展。

通过对课程设计、教学实施、学习效果等多个维度的全面评估，可以全面诊断问题，找出亮点和薄弱环节，为课程持续优化提供依据。

表5-10　研学旅行课程过程与结果并重的评价

评价维度	评价内容	评价指标	参与主体
课程设计与规划	课程目标是否明确、切合实际需求	目标适应性目标明确性	教师、研学旅游指导师、第三方机构
	课程内容是否丰富、结构合理	内容丰富性结构合理性	教师、研学旅游指导师
	活动安排是否适当、流程顺畅	活动适宜性流程管理效率	教师、研学旅游指导师、第三方机构
教学实施过程	教学方法是否多样、互动性强	教学方法多样性互动性强度	教师、研学旅游指导师
	教学资源是否充足、利用得当	资源充足性资源利用效率	教师、研学旅游指导师
	教师指导是否到位、反馈及时	指导有效性反馈及时性	教师、研学旅游指导师
学生学习表现	学生的参与度和主动性	参与度主动性	学生、教师、家长
	知识技能掌握程度	知识掌握水平技能应用能力	学生、教师、家长
	行为表现和态度	行为表现态度展现	学生、教师、家长
课程结果输出	学生的实践应用能力和综合素质发展水平	实践应用能力综合素质评估	学生、教师、家长、第三方机构
	学生的整体满意度和反馈	满意度反馈内容	学生、家长、第三方机构

（三）评价方式多元化的内容

评价方式的多元化是非常重要的。除了常规的现场观察、作品展示等，我们还应该采取更加丰富多样的评价方式，如问卷调查、访谈交流等方式。这不仅能够客观测量学生的知识技能水平，还能深入了解他们的学习感受和评价诉求。

多样化的评价方式能够全面反映学生的综合素质和学习状况。不同评价方式侧重点有所不同，单一的方式难以捕捉学生学习过程与效果的全貌。通过组合使用问卷、访谈、观察、作品展示等多种方式，能够更加客观地评估学生的知识、技能、态度等各方面的发展。

同时，还可以邀请家长、同伴、专家等多方主体参与评价过程，获取更加全面客观的反馈信息。除了定量测评，也要重视定性描述，如观察记录（见表5-11）、学习日志等，深入了解学生的学习感受、问题困难及需求。

将定量测评与定性描述相结合，多维度呈现课程实施的全貌，既有客观数据支撑，又有丰富的过程性信息。这不仅有利于教师及时发现问题，调整研学课程策略，促进学生的全面发展，也为改善课程设置、优化课程资源等提供了重要依据。

表 5-11　研学旅行课程观察记录评价

评价日期	学生姓名	观察地点／活动	学生表现	技能与知识掌握	情感态度表现	行为习惯	教师／导师备注

（四）诊断性评价与总结性评价相结合的内容

在课程实施的各个阶段，诊断性评价发挥着关键作用。通过持续性的诊断性评价，教师可以及时发现学生学习过程中存在的问题和困难，及时调整教学策略，优化教学设计。例如，可以采用小测验、观察记录、学习反思等方式，了解学生的掌握程度和学习状况，有针对性地提供个性化的反馈与指导。这样不仅有助于促进学生的学习成长，也能使教师更好地把握教学进度，确保教学目标的实现。

而在课程结束后，则需要进行总结性评价，全面评估课程的整体效果。通过问卷调查、专家评审、学生作品展示等方式，系统收集各方主体的反馈意见，全面分析课程目标的达成情况、教学方法的适配性、资源保障的充足度等。这些不仅有利于了解课程实施的成效，更能为下一轮课程优化提供重要依据（见表5-12）。

表5-12　研学旅行课程诊断性评价与总结性评价相结合评价

评价类型	评价阶段	评价工具	评价内容	目标	数据来源	反馈机制	调整措施
诊断性评价	课程开始	小测验	基础知识水平	了解学生起始的知识水平	学生	及时反馈给学生和家长，讨论可能的提升策略	调整教学内容，强化基础知识讲解
	课程中期	观察记录、学习反思	学习态度和参与度	监测学生的课堂参与和对新知识的接受程度	学生、教师	教师根据观察结果调整教学互动	增加课堂互动，引入更多实践活动
	课程每个单元后	小组讨论、小测验	单元知识掌握情况	确保每个教学单元的目标都被有效达成	学生	单元测试后进行回顾和答疑	针对表现不佳的学生进行辅导或调整教学方法
总结性评价	课程结束	问卷调查、专家评审	教学方法和课程满意度	全面了解教学方法的有效性和学生的满意度	学生、教师、家长、专家	通过报告和会议分享评价结果	根据反馈优化课程结构和教学方法
	课程结束后	学生作品展示	技能掌握和创造性表达	展示学生综合技能的发展和创新能力	学生	举行展示活动，邀请家长和社区成员参与	将学生反馈和展示成果用于未来课程的改进

| 情景训练 |

请对本地研学旅行课程进行多维度评价调查，具体多维评价见表5-13。

表5-13　研学旅行课程多维评价

学生自评部分

评价内容	评价指标	您的评分	您的反馈
学习动机与态度	兴趣、参与度、积极性		
学习进步与成就	知识掌握、技能发展		
目标设定与自我反思	目标的明确性和反思深度		

教师评价部分

评价内容	评价指标	您的评分	您的反馈
教学效果	学生的学习成果		
教学方法	方法的适应性与创新性		
师生互动	互动的频率和质量		

家长评价部分

评价内容	评价指标	您的评分	您的反馈
学生表现	学生在家的行为和学习表现		
学校沟通与支持	信息通透性和支持程度		
课程内容与活动	课程的适应性与相关性		

研学旅行指导师评价部分

评价内容	评价指标	您的评分	您的反馈
指导师的知识与专业性	指导师对学科内容的掌握程度和专业能力		
指导师的教学方法	指导师采用的教学技巧和方法的有效性		
指导师与学生的互动	指导师与学生的互动质量和频率		
指导师的指导与支持	指导师对学生学习和问题解决的支持程度		

◇ 任务评价

班级： 姓名： 学号：

评价项目	评价标准	分值	自评	互评
学习态度	认真按照要求完成学习任务	10		
专业知识	全面掌握完成任务所需专业知识	40		
沟通交流	能清楚表达自己观点，并与他人有效沟通	10		
团队意识	具有主动与团队成员协作完成任务的意识	10		

续表

评价项目	评价标准	分值	自评	互评
信息素养	会搜集信息，并分析、运用信息	10		
实践能力	根据知识，能够进行实践操作	20		
总分		100		

◇ **任务小结**

知识要点	
技能要点	
遇到的问题	
解决问题的方法	

◇ **任务思考**

在研学旅行课程多维度评价中，最需要注意的是什么？

项目六 研学旅行服务保障

　　研学旅行服务保障是为确保学生在研学活动期间的各项需求得到妥善安排和满足而制定的一系列保障措施，其目的是为学生营造一个安全、舒适、高效的研学环境，使他们能够全身心地投入研学活动中，从而获得最大化的学习收获。

　　研学活动往往安排在校园外，需要学生长时间远离熟悉的环境，因此交通管理、住宿管理、餐饮管理等配套服务就显得尤为关键。这些管理措施不仅关系到学生的基本生活需求，也直接影响到研学过程的顺利进行。研学活动通常强调体验式、实践式的学习模式，学生需要较长的学习时间和丰富的学习内容。因此，合理的时间管理能够帮助学生科学安排学习与休息，使学习效率最大化。研学服务保障需要全面考虑学生的年龄特点、学习需求和身心状态，制定切实可行的安全预防和应急措施，最大限度地保障学生的人身安全。

◆ 知识目标

1. 掌握乘机管理的流程与内容。

2. 掌握乘火车管理的流程与内容。

3. 掌握乘汽车管理的流程与内容。

4. 掌握住宿管理的流程与内容。

5. 掌握餐饮管理的流程。

6. 掌握时间管理的流程。

◆ 能力目标

1. 能够根据研学活动的需求，合理规划交通线路和行程。

2. 能够处理交通管理中的突发事件，制订有效的应急预案。

3. 能够选择合适的住宿资源，确保住宿条件满足师生需求。

4. 能够解决住宿期间的各种问题，确保住宿秩序良好。

5. 能够监督餐饮供应商的服务质量，确保食品安全、卫生、营养。

6. 能够科学合理地规划研学活动的时间，确保各项活动按时有序进行。

◆ 素质目标

1. 在研学服务保障工作中，始终保持高度的责任心，确保师生的安全。

2. 认真履行岗位职责，对工作中出现的问题及时报告并妥善处理。

3. 在工作中相互支持、相互协作，共同解决问题，确保研学活动的顺利进行。

4. 在面对突发事件时，能够迅速制订有效的应急预案，并组织实施。

◆ 思政目标

1. 通过研学服务保障工作，培养学生的社会责任感。

2. 通过研学服务保障工作，鼓励学生与团队成员紧密合作，共同完成任务。

3. 通过研学服务保障工作，增强学生的安全意识和自我保护能力。

任务一　交通管理

◇**任务目标**

  1.掌握乘机管理的流程与内容。

  2.掌握乘火车管理的流程与内容。

  3.掌握乘汽车管理的流程与内容。

◇**任务描述**

  精心规划研学团队的出行线路，确保每条线路都安全、高效且符合教育目的。如何构建一套科学完善的研学旅行交通管理体系，包括行前准备、登车及行车服务、抵达目的地等各个环节，为师生提供安全、舒适的乘车体验，确保研学旅行顺利进行是小陆在实习过程中遇到的重要问题。如果你是小陆，你会怎么做呢？

◇**任务分析**

  1.描述完成乘机管理任务的具体操作流程与内容。

  2.描述完成乘火车管理任务的具体操作流程与内容。

  3.描述完成乘汽车管理任务的具体操作流程与内容。

◇**知识准备**

一、乘机管理

（一）乘机管理的流程概述

  研学旅行乘机管理的第一步是充分的行前准备。工作人员需要提前收集参与师生的详细信息，了解他们的具体情况和需求。同时，根据研学活动的行程安排，规划最适合的航班时间和线路，确保行程安排的合理性。还需要提前与航空公司、机场等相关方进行沟通协调，确保各方配合无缺。制订全面周密的应急预案，覆盖各种可能出现的问题，为后续顺利开展打下坚实基础。

当师生正式启程时，工作人员需要指导他们顺利完成值机、安检等登机手续。同时，还要对师生的行李托运进行妥善管理，确保行李准时抵达目的地。检查参与人员的各项证件，并提供必要的协助，确保一切就绪。最后，引导师生安全有序地进入候机厅并顺利登机。

在飞机上，工作人员要继续密切关注和监督师生的行为，确保他们遵守航空公司的各项规定。对于有特殊需求的师生，也要格外关注并提供必要的帮助。同时，密切跟踪航班动态，一旦出现异常情况，要能够及时作出应对。

当师生抵达目的地后，工作人员还需要指导他们有序有效地通过出关等后续流程。最后，要确保全体师生安全抵达，无人滞留或丢失。此外，还要根据整个航程的情况进行反馈，并根据师生的反馈意见及时完善服务。

（二）乘机管理的流程及内容

1. 行前准备

对于即将参加研学旅行的中小学生和教师而言，行前准备阶段是尤为关键的。首先，工作人员要全面收集参与师生的详细信息，重点关注他们的年龄段、身体状况、心理特点等，以便未来更好地对他们进行照顾和管理。例如，了解是否有残障人士等特殊人群，是否有人存在饮食或其他特殊需求，这些都需要提前充分掌握。

其次，工作人员要根据中小学生和教师的实际情况，合理规划出最合适的航班时间和线路安排。要考虑师生的行程时间需求，尽量减少转机环节，确保整体行程安排既高效又贴合师生的特点。

除了内部的行程安排，工作人员也要提前与航空公司、机场等外部相关方进行全面沟通。一方面确保各方了解参与师生群体的特殊性，做好有针对性的服务准备；另一方面也要事先商定好异常情况下的应对措施，避免出现冲突或纠纷。

最后，工作人员要制订出周密的应急预案。除了常见的航班延误、天气恶劣等风险，还要特别关注师生群体在异常情况下的安全保障和紧急救助等措施，确保一旦出现问题能够第一时间采取有效的应对行动（见表6-1）。

表6-1 研学旅行行前准备任务

任务编号	任务描述	负责人	截止日期	完成状态
信息收集	设计并发放信息收集表格			
	收集并整理所有参与者的信息表格			
	对有特殊需求的个体进行单独标记和准备			
航班和线路规划	分析调查结果，确定出行团队的时间需求和特殊考虑事项			
	联系航空公司，预订适合的航班			
	安排地面交通，确保机场接送及目的地内的交通顺畅			
外部沟通协调	与航空公司和机场服务团队沟通团队特殊需求			
	商定异常情况下的应对措施			
	确认所有外部服务供应商都能满足团队需求			
应急预案制订	制订航班延误、天气恶劣等常见问题的应对预案			
	准备特殊情况的紧急救助和撤离计划			
	准备应急联系人名单			
	组织应急预案培训和说明会			

2. 行程出发

研学旅行进入实际出发阶段后，工作人员的主要任务就是确保师生能够顺利完成登机手续并安全登机（见表6-2）。

首先，工作人员需要细致指导师生完成值机、安检等登机前手续。对于年龄较小的学生，要耐心解释每个步骤，确保他们主动配合。同时，工作人员还要时刻照看好这些学生，防止他们在机场走失。

其次，工作人员要妥善管理好师生的行李。仔细核查行李情况，确保符合规定，并统一托运以确保安全抵达。对于特殊物品，要提供单独运输方案。

再次，工作人员还要认真检查师生的各项证件，确保齐全无误，并适时提供协助。只有确保证件手续完备，师生才能顺利通过登机流程。

最后，工作人员要以周到服务态度，引导师生安全有序地登机。对于情绪焦虑的学生，要给予耐心安抚，确保所有人都能顺利登机，开启研学之旅。

表6-2 研学旅行行程出发工作计划

任务编号	任务描述	负责人	时间节点	完成状态
1	指导师生完成值机手续		登机前2小时	
2	确保师生顺利通过安检		登机前1.5小时	
3	对年幼学生进行特别指导和照看		登机前1.5小时	
4	核查师生行李并确保其符合航空公司规定		登机前1.5小时	
5	完成行李托运和特殊物品处理		登机前1小时	
6	检查师生携带的所有证件是否齐全无误		登机前45分钟	
7	提供必要的证件保管协助		登机前30分钟	
8	引导师生有序进入候机厅和登机口		登机前30分钟	
9	监督师生登机并解决任何突发状况		登机时间	
10	安抚情绪激动或焦虑的学生		登机时间	

3. 机上服务

当师生安全登机后，研学旅行进入机上服务阶段。这时工作人员的重点应转移到全程监督管理和应对异常情况方面（见表6-3）。

首先，工作人员要严格要求师生遵守航空规定。对于不当行为，要及时进行劝阻和纠正，确保机舱秩序。同时，提醒师生注意系好安全带，遵守安全提示，保证人身安全。

其次，工作人员还要关注特殊人群的需求。加强对未成年学生的照看，满足残障师生的特殊需求。只有充分照顾好每位师生，研学旅行才称得上贴心周到。

最后，工作人员要密切关注航班动态。一旦发现航班发生延误、取消等异常情况，要立即启动应急预案，及时向师生通报信息，引导大家有序应对。只有快速反应和妥善处置，才能减少对师生造成的不便。

表6-3 研学旅行机上服务工作计划

任务编号	任务描述	负责人	时间节点	完成状态
1	严格监督师生遵守航空公司的飞行规定		整个飞行过程中	
2	劝阻并纠正不当行为，如大声喧哗、违规使用电子设备		根据情况实时处理	

续表

任务编号	任务描述	负责人	时间节点	完成状态
3	提醒师生系好安全带，遵守安全提示		起飞前、降落前	
4	特别照顾未成年学生和行动不便的残障师生		整个飞行过程中	
5	监控航班动态信息，如延误、取消或天气变化		整个飞行过程中	
6	启动应急预案，向师生通报最新消息并指导应对措施		遇到异常情况时	
7	确保师生舒适，处理任何与服务相关的投诉		整个飞行过程中	
8	安抚焦虑或情绪激动的师生		根据需要	
9	确保师生在降落前准备好随身携带物品		降落前30分钟	

4. 抵达目的地

当研学旅行团抵达目的地后，工作人员还需要确保师生顺利完成出关等后续流程，安全抵达（见表6-4）。

首先，工作人员要为师生提供细致入微的指导和帮助，确保有序高效地完成出关手续。对于年龄较小的学生，要耐心引导他们通过各环节，解决特殊情况，如行李丢失等。

其次，工作人员还要时刻关注整个团队的安全，确保所有人都安全抵达，尤其是未成年学生。一旦发现异常情况，要立即采取应对措施。

最后，工作人员要对整个过程进行全面细致的反馈和总结。根据实际情况客观评估，及时发现问题并改进。同时认真收集师生意见，持续优化服务流程，提升研学旅行质量。

表6-4 研学旅行目的地抵达工作计划

任务编号	任务描述	负责人	时间节点	完成状态
1	指导师生完成出关手续		抵达后即刻	
2	协助年幼学生和特需人士通过海关和提取行李		抵达后即刻	
3	处理特殊情况，如行李丢失或证件遗失		根据需要	

任务编号	任务描述	负责人	时间节点	完成状态
4	确保全体师生安全有序地抵达目的地		抵达后直到最后一人	
5	监管未成年学生，确保无人在机场走失		抵达后直到离开机场	
6	立即响应任何安全或健康紧急情况		抵达后及时处理	
7	收集师生对研学旅行全过程的反馈		抵达目的地后	
8	根据反馈和实际情况对研学旅行进行评估和总结		行程结束后	
9	制定改进措施并优化未来的研学计划		行程结束后	

二、乘火车管理

（一）乘火车管理的流程概述

研学旅行乘火车管理的第一步是充分的行前准备。工作人员需提前收集师生信息，了解他们的具体情况和需求。同时，根据行程安排，合理规划乘车时间和线路，确保行程合理。此外，还需与铁路部门沟通协调，确保各方配合。制订周密应急预案，覆盖各种可能问题，为后续开展打下基础。

当师生启程时，工作人员需指导他们顺利购票进站。同时妥善管理好师生行李，确保不会遗失。同时检查证件，提供协助，确保一切就绪。引导师生有序安全进入候车区并上车。

在火车上，工作人员要继续关注管理师生行为，确保师生遵守铁路规定。对有特殊需求的师生，要格外关注并提供帮助。同时密切跟踪列车动态，及时应对异常情况。

抵达后，工作人员需指导师生有序通过出站等流程。确保全体师生安全抵达，无人滞留或丢失。同时根据行程情况进行反馈，并根据意见及时改进服务。

（二）乘火车管理的流程与内容

1. 行前准备

研学旅行乘火车管理的首要任务是行前做好充分准备。工作人员需要提前收集参与师生的详细信息，全面了解他们的特点和需求，如年龄段、身体状况等，为后续提供针对性服务。对于年龄较小的学生，还要特别注意了解心理特点，制定恰当引导方式。

在了解师生情况基础上，工作人员还需要根据研学活动行程，合理规划乘车时间和线路。同时要充分考虑可能遇到的各类因素，如恶劣天气，确保方案切实可行。此外，工作人员还需提前与铁路部门沟通协调：一方面要了解相关规定，另一方面要就异常情况下的应对措施达成共识，确保各方合作无间。

最后，工作人员需制订周密应急预案，涵盖突发状况如师生走失、行李丢失等。对每种问题提前准备详细应对措施，确保一旦发生意外能及时采取有效行动（见表6-5）。

表6-5　研学旅行乘火车行前准备工作计划

任务编号	任务描述	负责人	截止日期	完成状态
1	收集师生的详细信息（包括年龄、身体状况、特殊需求等）			
2	了解年龄较小的学生的心理特点并制定引导策略			
3	根据研学行程需求，规划合适的火车时间和线路			
4	预测并考虑可能的变量（包括天气、交通管制）			
5	与铁路部门进行沟通协调，了解规定并讨论应对措施			
6	制订应急预案（包括列车延误、师生走失、行李丢失等）			
7	准备必要的应急物资和联系相关紧急服务人员			
8	整合所有信息和计划，进行最后确认和调整			

2. 行程出发

当研学旅行团正式启程乘车时，工作人员的主要任务是确保师生顺利完成登车前的各项手续（见表6-6）。

首先，工作人员需耐心细致地指导师生进行购票操作。对于年龄较小的学生，要仔细解释流程，并适时提供帮助。同时要仔细核查每张车票，避免错误。只有确保所有车票无误，师生才能进入下一环节。

其次，在进站过程中，工作人员同样要提供周到的引导和帮助。对于安检等流程，要提前做好充分解释，确保师生主动配合。同时还要时刻关注每位师生，防止他们在车站走失或遇到问题。只有确保所有人安全进站，研学旅行才能正式开启。

再次，工作人员还要妥善管理好师生的随身行李。要仔细核查每人携带的物品，确保符合规定。应就行李寄存等事项提供专业建议，避免遗失或不便。对于特殊物品，也要给予周到处理。

最后，在组织师生进入候车区和登车时，工作人员要时刻关注每个细节。对年龄较小的学生，要耐心指引师生找到座位。对情绪焦虑的学生，应主动提供适当安抚，帮助他们放松。

表6-6　研学旅行乘车启程工作计划

任务编号	任务描述	负责人	时间节点	完成状态
1	指导师生进行购票操作并核查票务		启程前1小时	
2	对年轻学生详细解释购票流程和注意事项		启程前1小时	
3	确保所有师生的车票无误，避免错误或遗漏		启程前1小时	
4	引导师生顺利通过车站安检及进站流程		启程前45分钟	
5	在车站内照顾和监督学生，防止走失或其他问题		启程前30分钟	
6	核查师生随身携带物品，确保符合铁路公司规定		启程前30分钟	
7	提供行李寄存或托运建议，处理特殊物品		启程前30分钟	
8	组织师生有序进入候车区并检查登车票		登车前15分钟	
9	协助师生找到各自座位并确保安全就座		登车时间	
10	对情绪焦虑的学生提供安抚和照顾		登车时间	

3. 列车服务

当师生们顺利登上火车，研学旅行进入列车服务阶段。这个阶段工作人员的主要任务就是密切监督管理，确保师生们的乘车过程安全舒心（见表6-7）。

首先，工作人员要严格要求师生遵守铁路公司的各项规章制度。对于一些违规行为，如在车厢内大声喧哗、随意走动等，工作人员都要及时予以劝阻和纠正。同时，还要提醒师生遵守安全提示，确保大家的人身安全。只有做到这些，才能避免给列车运营带来不必要的干扰和麻烦。

其次，除了常规的纪律管控，工作人员还要格外关注一些有特殊需求的师生。

例如，对于行动不便的残障学生，工作人员要主动提供周到的上下车帮助，耐心地引导他们找到舒适的座位。对于情绪焦虑的学生，工作人员也要耐心安抚，提供适当的关怀。只有充分照顾好每一位师生，研学旅行才能真正成为一次难忘而愉快的体验。

最后，工作人员还要密切关注列车的实时动态信息。一旦发现列车出现延误、故障等异常情况，工作人员必须立即启动事先制订好的应急预案。例如，及时向师生通报最新消息，并给出明确的应对措施，引导大家有序地进行调整。只有做到快速反应和妥善处置，才能最大限度地减少异常情况对师生造成的不便。

表6-7 研学旅行列车服务工作计划

任务编号	任务描述	负责人	时间节点	完成状态
1	监督师生遵守铁路公司的规章制度		整个旅程	
2	及时纠正违规行为（如大声喧哗、随意走动等）		整个旅程	
3	确保师生遵守安全提示		启程后	
4	为有特殊需求的师生提供额外关照和帮助		整个旅程	
5	对情绪焦虑的学生提供安抚和关怀		根据需要	
6	监控列车实时动态，如延误或故障		整个旅程	
7	启动应急预案，及时通报信息并指导师生进行应对		遇到异常情况	

4. 抵达目的地

当研学旅行团顺利抵达目的地后，工作人员的重点工作就转移到确保师生安全有序地完成出站等后续流程方面（见表6-8）。

首先，工作人员要耐心细致地引导师生通过出站检票、行李提取等各个环节。对于年龄较小的学生，工作人员要循循善诱，耐心解释每个步骤的注意事项，确保他们主动配合，顺利完成整个出站流程。同时，工作人员还要时刻关注全体师生的行踪，防止任何人在繁忙的车站环境中走失。一旦发现异常情况，工作人员要立即采取应对措施，直到确认所有人都安全抵达。

其次，工作人员要对整个研学旅行的乘车过程进行全面系统的总结反馈。无论是行前的周密准备、中途的严格管控，还是此刻的顺利抵达，都要根据实际情况进行客观评估，及时发现问题并制定改进措施。同时，工作人员还要认真收集师生的反馈意见，了解他们对整个乘车服务的评价和建议，并据此持续优化工作流程，不断提高服务质量。

表6-8　研学旅行抵达工作计划

任务编号	任务描述	负责人	时间节点	完成状态
1	引导师生通过出站检票		列车抵达后立即	
2	协助师生提取行李		行李领取区	
3	对年幼学生详细解释出站流程并确保其理解		列车抵达后至出站前	
4	监督并确保全体师生不在车站走失		列车抵达后至离开车站	
5	立即响应异常情况并采取措施		需要时	
6	对研学旅行的乘车过程进行总结与反馈		行程结束后	
7	收集师生的反馈意见并进行评估		行程结束后	
8	制定改进措施以优化未来的研学旅行计划		行程结束后	

三、乘汽车管理

（一）乘汽车管理的流程概述

在研学旅行中，乘汽车管理是一项需要工作人员高度重视和精心组织的工作。工作人员需要提前做好充分准备。他们要收集参与师生的详细信息，了解他们的特点和需求，为后续提供有针对性的服务。根据研学活动的行程安排，合理规划乘车时间和线路，并与相关交管部门进行沟通协调，确保各方合作无间。还要制定全面周密的应急预案，预防和应对各类可能出现的问题，为整个过程的顺利开展奠定基础。

工作人员要确保乘坐车辆的状况良好。在出发前，他们需要认真检查车辆性能，与司机沟通好接送安排，并采取必要的安全措施，为师生提供安全舒适的乘车体验。

在师生正式启程时，工作人员要组织他们有序、安全地登车，并帮助他们妥善管理好随身行李。提供必要的协助，确保一切就绪。

在行车过程中，工作人员要时刻关注师生的行为，确保他们遵守交通规则。研学旅游指导师也要适时就研学课程进行讲解，并特别关注有特殊需求的师生。工作人员还要密切跟踪行车动态，及时应对可能出现的各种异常情况。

当师生平安抵达目的地后，工作人员要引导他们有序下车。要确保全体师生安全抵达，无人滞留或丢失。工作人员还要根据整个过程进行全面反馈，并持续优化服务，不断提升研学旅行的管理水平。

（二）乘汽车管理的流程与内容

1. 行前准备

在研学旅行乘汽车管理中，行前准备尤为关键。工作人员需要提前收集参与师生的详细信息，了解他们的具体情况和需求，如师生的年龄段、身体状况、特殊要求等，这样才能为后续提供有针对性的服务。工作人员要根据整个研学活动的行程安排，仔细规划出最合适的乘车时间和线路。在制定行程时，还要充分考虑到可能遇到的恶劣天气、交通阻塞等因素，确保规划方案切实可行。

工作人员还需提前与当地交管部门进行沟通协调：一方面要了解相关的交通规则和管控措施，另一方面也要就异常情况下的应对预案达成共识，确保各方在执行过程中合作无间。工作人员还要制订全面周密的应急预案，提前准备好应对突发状况，如师生走失、车辆故障等的详细措施，确保一旦发生问题能够及时采取有效行动。只有做到行前各环节的周密准备，研学旅行乘车管理才能真正为后续行程奠定坚实基础，确保后续行程顺利开展（见表6-9）。

表6-9　研学旅行乘汽车行前准备工作计划

任务编号	任务描述	负责人	截止日期	完成状态
1	收集参与师生的详细信息（年龄、身体状况、特殊需求等）			
2	规划合适的乘车时间和线路			
3	在行程规划中考虑恶劣天气、路况等因素			
4	与当地交管部门进行沟通协调			
5	确定交通规则和管控措施			
6	制订应对异常情况（师生走失、车辆故障等）的预案			
7	准备应急物资和紧急服务			
8	定期检查预订车辆的安全状况			
9	最终确认行程和通信计划，确保信息一致性			

2. 登车及行车服务

在正式启程前，工作人员还需要对包车车辆的状况进行全面确认。他们要仔细检查车辆的机械性能、安全配置等，确保车况完好无损。工作人员还要提前与负责接送的司机进行沟通，明确好具体的接送时间和线路，对可能遇到的交通状况也要提前做好应对预案。此外，对于一些必要的安全检查，如轮胎气压、灭火器检查等，工作人员也要提前周密安排，确保万无一失。

当师生正式启程时，工作人员要组织大家有序、安全地登车。他们不仅要引导师生有序进入车厢并就座，还要帮助大家妥善管理好随身行李，避免遗失或摆放不到位给他人造成不便。同时，工作人员还要仔细核查每位参与人员的证件信息，并提供必要的协助，确保一切就绪。

在行车过程中，工作人员要时刻保持高度警惕，密切关注师生的行为，确保大家遵守交通规则，维护行车安全。研学旅游指导师也要根据沿途的风景和知识点，适时为师生进行生动讲解，提高他们的学习兴趣。对于有特殊需求的师生，工作人员更要格外关注，提供周到细致的服务。此外，工作人员应全程密切关注行车动态，一旦遇到异常情况，能够及时采取应对措施。

当师生平安抵达目的地后，工作人员要引导大家有序下车，并确保全体师生顺利抵达，无人滞留或丢失。通过对整个过程的精心组织和严格管控，工作人员最终确保师生能以安全、舒适的方式完成整个乘车过程（见表6-10）。

表6-10　研学旅行登车及行车服务工作计划

任务编号	任务描述	负责人	时间节点	完成状态
1	检查车辆的机械性能和安全配置		启程前1天	
2	确认轮胎气压、灭火器及安全设备状态		启程前1天	
3	与司机沟通明确接送时间、路线和预期交通状况		启程前1天	
4	制订交通延误和其他紧急情况的应对预案		启程前1天	
5	组织师生有序、安全地登车		启程当天	
6	管理师生随身行李，确保无遗失		登车时	
7	核查每位师生的证件信息		登车时	
8	监督师生在车上的行为，确保师生遵守交通规则		行程中	
9	提供研学内容讲解，增强旅行的教育意义		行程中	
10	关注有特殊需求的师生，确保他们的舒适和安全		行程中	
11	监控行车动态，应对任何突发情况		行程中	
12	确保师生平安有序地下车，抵达目的地		到达后	

◇ 任务评价

班级：　　　　　　　　姓名：　　　　　　　　学号：

评价项目	评价标准	分值	自评	互评
学习态度	认真按照要求完成学习任务	10		
专业知识	全面掌握完成任务所需专业知识	40		
沟通交流	能清楚表达自己观点，并与他人有效沟通	10		
团队意识	具有主动与团队成员协作完成任务的意识	10		
信息素养	会搜集信息，并分析、运用信息	10		
实践能力	根据知识，能够进行实践操作	20		
总分		100		

◇ 任务小结

知识要点	
技能要点	
遇到的问题	
解决问题的方法	

◇ 任务思考

在研学旅行交通管理中，如果未能充分考虑交通状况、天气变化等因素，选择了耗时较长、路况复杂的交通线路，影响了行程的顺利进行，这时候该怎么办呢？

任务二 住宿管理

◇ 任务目标

1. 掌握住宿管理的流程。
2. 掌握住宿管理的内容。

◇ 任务描述

本任务旨在系统梳理研学旅行住宿管理的全流程，为后续工作提供全面指引。通过详细阐述各环节的工作内容和要求，确保研学旅行师生获得安全舒适的住宿体验。如果你是小陆，你会怎么做呢？

◇ 任务分析

1. 归纳住宿管理的流程。
2. 描述住宿管理的内容。

◇ 知识准备

一、住宿管理的流程概述

研学旅行住宿管理是确保师生舒适、安全住宿的关键环节。工作人员需要全程把控，严密组织协调。

在行前准备阶段，工作人员要深入了解参与师生的具体情况，如年龄、性别、身体状况等，了解他们的住宿需求。在此基础上，选择合适的住宿资源，并与住宿方就各项要求进行深入沟通，确保达成一致。同时，还要制订周密的突发情况应急预案，为可能出现的各种问题做好充分准备。

进入实际入住环节，工作人员要耐心细致地指导师生顺利办理入住手续，并根据特点合理分配房间。随后，要仔细检查房间设施，及时解决存在的问题，同时适当布置住宿环境，为师生营造整洁舒适的居住氛围。

在住宿期间，工作人员要严格要求师生遵守各项规定，并加强对特殊群体的照顾。一旦发生突发事件，要立即启动应急预案，采取有效措施进行处理。

在离店环节，工作人员要引导师生有序退房，同时收集师生的意见反馈，对整个管理过程进行全面总结，找出问题并制定改进措施，为下一次研学旅行提供有益借鉴。

二、住宿管理的流程及内容

（一）行前准备

研学旅行住宿管理的前期准备环节至关重要。工作人员首先需要深入了解参与师生的详细信息，如年龄、性别、身体状况等，掌握他们的具体住宿需求。这是制定周密住宿安排的基础。

工作人员要根据研学活动的实际情况和师生特点，选择合适的住宿场所。不仅要考虑住宿环境和设施的合理性，还要确保住宿地点与研学活动地点距离合适，为师生的学习生活提供便利条件。

工作人员还要提前与住宿方进行深入沟通协调。双方要就具体住宿要求、入住时间安排、紧急联系方式等重点问题达成一致意见。对于可能出现的特殊情况，如自然灾害、意外事故等，双方还要事先商定好应对措施，确保万无一失（见表 6-11）。

表 6-11 研学旅行住宿行前准备工作计划

任务编号	任务描述	负责人	截止日期	完成状态
1	收集师生的详细信息（年龄、性别、身体状况等）			
2	根据信息确定师生的具体住宿需求（如无障碍设施需求）			
3	评估并选择适合的住宿场所（环境、设施、地理位置）			
4	与住宿方进行深入沟通协调（住宿要求、入住时间等）			
5	商定紧急联系方式和特殊情况应对措施			
6	确认住宿预订细节，并完成预订			

任务编号	任务描述	负责人	截止日期	完成状态
7	制定师生入住和退房的详细流程			
8	准备住宿期间可能需要的额外资源（如医疗支持等）			
9	前期组织前往住宿现场勘查，确保设施与约定相符			
10	最终确认与住宿方的所有协议，并归档备案			

（二）入住管理

研学旅行进入实际入住环节后，工作人员需要继续做好严密管控。工作人员要耐心细致地指导师生顺利办理入住手续。对于年龄较小的学生，要给予更多的耐心解释和帮助，确保所有人员都能顺利完成入住。工作人员要根据师生的性别、年龄等特点，合理分配住宿房间。要确保男女生、老师学生分开住宿，并照顾好有特殊需求的人员，最大限度地满足各方的个性化需求。工作人员还要仔细检查每间房的基础设施，如床铺、电源等是否完善，发现问题要及时与住宿方沟通解决。同时，要为师生准备必要的生活用品，营造舒适的居住环境。工作人员还需要适当布置住宿环境，如张贴引导标志、设置休息区域等，营造一个安全、有序的住宿氛围，让师生感受到贴心周到的服务（见表6-12）。

表6-12　研学旅行入住管理工作计划单

任务编号	任务描述	负责人	时间节点	完成状态
1	指导师生顺利办理入住手续，特别是为年幼学生提供详细解释和帮助		入住当日	
2	根据性别、年龄等信息合理分配住宿房间，确保男女生、师生分开住宿		入住前	
3	为有特殊需求的师生提供适宜的住宿条件		入住前	
4	检查每间房的床铺、电源等基础设施，并及时解决发现的问题		入住当日	
5	为师生准备必要的生活用品，提升居住舒适度		入住当日	
6	布置住宿环境，设置引导标识和休息区，营造安全有序的氛围		入住前	
7	持续监督和调整住宿安排，以满足师生的变化需求		整个住宿期间	

（三）住宿期间管理

研学旅行进入住宿期间管理阶段，工作人员需要全程严格把控，确保师生的居住生活安全有序。工作人员要严格要求师生遵守住宿场所的各项规定，如控制作息时间、保持安静等。对于违反纪律的行为，工作人员要及时进行劝阻，维护好住宿环境的良好秩序。工作人员还要加强对未成年学生、残障人士等特殊群体的重点关注和细致照顾。针对他们的个性化需求，如特殊饮食起居、医疗保障等，工作人员要予以高度重视，确保他们在研学旅行期间也能获得舒适愉快的住宿体验。

工作人员还需密切关注整个住宿情况的变化，一旦发生意外情况，如自然灾害、人员伤病等，要立即启动事先制定的应急预案，采取有效应对措施，最大限度降低风险，确保师生的人身安全（见表 6-13）。

表 6-13 研学旅行住宿期间管理工作计划单

任务编号	任务描述	负责人	时间节点	完成状态
1	向师生明确传达住宿场所的规定和行为准则		入住首日	
2	监督师生遵守作息时间、保持安静		整个住宿期间	
3	及时劝阻并处理违反纪律的行为，维护住宿秩序		需要时	
4	关注未成年学生、残障人士等特殊群体的需求		整个住宿期间	
5	确保特殊群体的个性化需求得到满足（特殊饮食、医疗等）		整个住宿期间	
6	监控住宿环境及师生状态，及时发现问题并解决		整个住宿期间	
7	制订和复习应急预案，确保团队熟悉并准备就绪		入住前	
8	一旦发生紧急情况（如自然灾害、伤病等），立即执行应急预案		紧急情况发生时	

（四）离店管理

研学旅行即将结束，工作人员还需做好周密的离店管理，确保师生顺利离开，同时为后续工作积累宝贵经验。工作人员要耐心引导师生有序办理退房手续。他们要确保每个人都没有遗漏任何个人物品，同时仔细检查房间状况，确保无任何损坏。这不仅体现了工作人员的贴心周到，也为与住宿方结算打下基础。工作人员还要主动收集师生对整个住宿服务的评价意见。这些宝贵的反馈信息，将为工作人员今后改进住宿管理工作提供重要依据。同时，工作人员还要对整个住宿管理过程进行全面总结，找出存在的问题，并制定切实可行的完善措施，为下一次研学旅行做好充分准备（见表6-14）。

表6-14　研学旅行离店管理工作计划

任务编号	任务描述	负责人	时间节点	完成状态
1	引导师生有序办理退房手续		退房当日	
2	确保师生检查个人物品，避免遗漏		退房前	
3	检查房间状况，确认无损坏或遗留物品		退房当日	
4	收集师生对住宿服务的评价和反馈		退房过程中	
5	对住宿管理过程进行全面总结		退房后	
6	分析问题和不足，制定改进措施		总结后	
7	准备下一次研学旅行的住宿管理预案		总结完成后	

| 情景训练 |

为了全面考察本地研学旅行团的住宿管理情况，制定以下工作计划单，确保覆盖所有关键方面，从而为未来的管理改进提供详尽的数据和反馈（见表6-15）。

表6-15　本地研学旅行团住宿管理考察工作计划

任务编号	任务描述	负责人	预计完成时间	完成状态
1	收集研学旅行团师生的基本信息（年龄、性别、身体状况等）			
2	了解研学活动的具体安排和特点			
3	实地考察住宿环境和设施是否满足师生需求			
4	评估住宿地点与研学场地的距离是否方便			
5	观察工作人员如何引导师生办理入住手续			
6	观察工作人员如何协助师生有序退房			
7	了解住宿期间的管理措施（遵守规定、照顾特殊群体）			
8	收集师生对住宿服务的评价和反馈			
9	了解工作人员在住宿管理中遇到的问题和挑战			
10	询问工作人员的管理经验和应对措施			

◇ 任务评价

班级：　　　　　　　　　　姓名：　　　　　　　　　　学号：

评价项目	评价标准	分值	自评	互评
学习态度	认真按照要求完成学习任务	10		
专业知识	全面掌握完成任务所需专业知识	40		
沟通交流	能清楚表达自己观点，并与他人有效沟通	10		
团队意识	具有主动与团队成员协作完成任务的意识	10		
信息素养	会搜集信息，并分析、运用信息	10		
实践能力	根据知识，能够进行实践操作	20		
总分		100		

◇ 任务小结

知识要点	
技能要点	
遇到的问题	
解决问题的方法	

◇ 任务思考

在研学旅行活动中，如果有部分学生可能存在特殊体质或过敏情况，对住宿环境有特殊要求，这时候作为课程设计与实施者应该怎么办？

任务三　餐饮管理

◇ 任务目标

1. 掌握餐饮管理的流程。

2. 掌握餐饮管理的内容。

◇ 任务描述

小陆负责研学旅行中的餐饮管理，需要精心规划每日的餐饮安排，确保食物既营养丰富又符合学生的口味，以满足他们在研学过程中的能量需求和健康成长。于是她请教了研学机构老员工小林，希望小林能帮助她。如果你是小林，你打算怎么帮助小陆进行餐饮管理呢？

◇ 任务分析

1. 能够归纳餐饮管理的流程。

2. 能够描述餐饮管理的内容。

◇ 知识准备

一、餐饮管理的流程概述

研学旅行作为一种全方位的教育形式，其成功的关键在于为师生营造一个安全、舒适、有益的环境。而在这个环境中，合理的餐饮管理无疑扮演着至关重要的角色。

优质的餐饮服务能有效满足师生的营养需求，为他们提供充足的身体能量，确保他们在研学活动中保持良好的身体状态和学习状态。合理的用餐安排还能营造轻松愉悦的用餐氛围，促进师生之间的交流互动，增强团队凝聚力。同时，严格的餐饮卫生管理还能有效预防食物中毒等安全事故的发生，切实保障师生的人身安全。可见，研学旅行中的餐饮管理不仅关乎师生的身心健康，也影响着整个活动的顺利进行。

餐饮管理的主要工作内容包括：行前深入了解师生的饮食需求，制订周密的用餐计划和应急预案；入住期间合理安排就餐时间地点，严格把控餐品质量；住宿期间加强用餐纪律管控，重点照顾特殊群体；离店后及时收集反馈，总结经验教训。只有全程精心组织、严密管控，餐饮管理工作才能真正为研学旅行的成功保驾护航。

二、餐饮管理的流程与内容

（一）行前准备

研学旅行中餐饮管理的成功，首先离不开在行前准备阶段做好周密的规划和安排。这个环节的主要任务就是深入了解参与师生的实际需求，制订切实可行的用餐方案，并与餐饮服务商达成充分的沟通与协作。

工作人员需要通过各种渠道，全面了解参与师生的具体饮食需求和偏好。这不仅包括他们的年龄、性别等基本信息，还要深入掌握他们的饮食习惯、宗教信仰、过敏源等特殊情况。只有充分了解师生的个性化需求，才能制订出真正贴合实际的餐饮方案。

在此基础上，工作人员要设计出合理的用餐计划和菜单。在满足师生基本营养需求的前提下，还要照顾到不同年龄段、不同饮食习惯的师生群体，做到应有尽有。同时，对于有特殊膳食需求的师生，如儿童、残障人士等，更要给予重点关注，确保他们在研学期间也能获得周到的饮食保障。

工作人员还要认真筛选并选定合适的餐饮服务商，并与之就具体的合作事宜进行深入沟通。如明确餐品种类、用餐时间、送餐流程等关键要素，还要就可能出现的紧急情况商定应急预案，确保餐饮供应环节万无一失。只有提前做好充分的沟通协调，餐饮管理工作才能顺利推进（见表 6-16）。

表 6-16 研学旅行餐饮管理行前准备工作计划

任务编号	任务描述	负责人	时间节点	完成状态
1	收集师生的基本信息和饮食偏好（年龄、性别、宗教信仰、过敏源等）		研学需求调研	

续表

任务编号	任务描述	负责人	时间节点	完成状态
2	深入了解师生的饮食习惯和特殊膳食需求		研学需求调研	
3	设计符合营养需求且多样化的用餐计划和菜单		研学行程确定	
4	筛选并确定合适的餐饮服务商		研学行程确定	
5	与餐饮服务商就餐品种类、用餐时间、送餐流程等进行沟通协调		研学行程确定	
6	与餐饮服务商商定应急预案		研学行程确定	
7	定期检查餐饮服务质量并进行调整		行后课程	

（二）用餐管理

进入研学旅行的实际用餐环节后，工作人员需要继续发挥自身的细致管理能力，确保师生能够在安全、有序、舒适的条件下顺利就餐（见表6-17）。

工作人员要根据研学活动的具体安排，合理规划就餐的时间和地点。例如，合理分配早、中、晚各用餐时段，确保用餐高峰有序疏导；选择就餐场所时，不仅要考虑场地的容纳能力，还要关注环境卫生、就餐便利性等因素，为师生营造一个干净整洁、动静适当的用餐环境。

工作人员要全程监督餐饮供应商的服务质量。他们要确保菜品准时送达，并仔细检查每一道菜肴的卫生状况、口味风味等，以满足不同师生的需求。对于发现的质量问题，工作人员要立即与供应商沟通解决，确保师生用餐安全无虞。

工作人员要耐心细致地引导师生有序就餐。对于年龄较小的学生，要给予更多的关照和帮助，确保他们都能顺利就餐。同时，工作人员还要充分关注特殊群体的需求，如为残障人士预留无障碍就餐位置，为宗教信仰者准备合适的餐品等，最大限度地满足各方的个性化需求。

工作人员要时刻关注师生的用餐状况，及时发现并解决存在的各类问题。例如，及时补充耗空的餐品、协助解决就餐争执等。只有对整个用餐过程进行全程监管，才能确保餐饮管理工作万无一失。

表 6-17 研学旅行用餐环节管理工作计划

任务编号	任务描述	负责人	时间节点	完成状态
1	根据活动安排合理规划就餐时间和地点		研学行程前	
2	选择符合环境卫生和便利性要求的就餐场所		研学行程前	
3	监督餐饮供应商及时送达餐品并确保食品安全		每餐前	
4	检查菜肴卫生状况和口味，确保其满足师生需求		每餐前	
5	对餐饮服务质量问题进行即时沟通与解决		如有需要时	
6	引导师生有序就餐，特别关照年幼学生和特殊群体		每餐时	
7	为特殊需求群体提供必要的就餐便利（如无障碍位置、特殊餐品等）		每餐前	
8	实时监控用餐状况，及时解决用餐过程中出现的问题		每餐时	

（三）用餐期间管理

研学旅行进入正式的用餐期间，工作人员更需要发挥出严密的管理能力，确保师生的就餐生活安全有序（见表 6-18）。

工作人员要严格要求师生遵守就餐现场的各项纪律。例如，规定就餐时间和就餐区域，禁止在餐厅内喧哗打闹，并督促大家保持餐厅环境的整洁卫生。对于违反规定的行为，工作人员必须及时进行劝阻和纠正，维护好就餐秩序。只有在此基础上，师生才能安心地专注于用餐，从而获得一个舒适愉快的用餐体验。

工作人员要进一步加强对特殊群体的细致照顾。对于未成年学生、残障人士等，他们往往有更多的特殊就餐需求，如食材搭配、辅助就餐设施等。工作人员必须高度重视这些细节，主动沟通了解，并做好周到的服务。只有真正贴近他们的实际需求，才能确保特殊群体也能在研学旅行期间享受到舒适周到的就餐服务。

工作人员还要时刻关注师生的整体饮食状况，防范食物中毒等突发事件的发生。一方面，他们要检查菜品的新鲜程度，全程监督供应商的配送质量；另一方面，他们还要观察师生的进食情况，及时发现异常状况。一旦发现问题，工作人员必须立即采取有效措施，妥善处置，确保师生生命安全。

表6-18　研学旅行用餐期间管理工作计划

任务编号	任务描述	负责人	时间节点	完成状态
1	确定并传达就餐时间和就餐区域规定		用餐前	
2	确保师生遵守餐厅纪律，如禁止喧哗和保持环境整洁		每餐时	
3	对违反就餐纪律的行为及时进行劝阻和纠正		每餐时	
4	加强对特殊群体的照顾和支持		每餐时	
5	检查和确认食材的新鲜度和卫生情况		每餐前	
6	监督供应商的菜品配送质量		每餐时	
7	观察师生进食情况，及时发现并处理异常		每餐时	
8	应急预案制订与复习，确保快速响应食品安全事故		行程开始前	

（四）离店管理

研学旅行即将结束，工作人员还需要做好周密的离店餐饮管理，为后续工作的改进和完善奠定基础（见表6-19）。

工作人员要主动收集师生对整个餐饮服务的意见反馈。通过询问他们的满意度、提出的建议等，工作人员可以全面了解本次餐饮管理工作的成效和不足之处。这些宝贵的意见信息，将为下一次研学活动的餐饮服务提供重要的依据和改进方向。

工作人员要对本次餐饮管理工作进行全面系统的总结。他们要认真分析在各个环节中出现的问题，找出产生问题的根源，并制定切实有效的改进措施。例如，在用餐时段安排、餐品质量控制、特殊群体照顾等方面存在的不足，都需要被及时发现并得到改正。只有经过这样的全面反思，工作人员才能真正吸取经验教训，为下次工作做好充分准备。

基于对本次工作的深刻总结，工作人员要针对下一次研学活动的餐饮管理提前做好周密的准备。他们要结合新一批师生的具体需求，制订更加贴合实际的用餐计划和应急预案；同时，他们还要进一步优化餐饮供应商的选择和管理流程，确保未来的餐饮服务质量再上新台阶。只有提前做好周全的准备，工作人员才能确保下次研学旅行的餐饮管理工作开展得更加顺利高效。

表 6-19 研学旅行结束时的离店管理工作计划

任务编号	任务描述	负责人	时间节点	完成状态
1	收集师生对餐饮服务的满意度和反馈		行程最后一天	
2	分析收集到的反馈意见，识别餐饮服务的主要成效和不足		行程结束后一周	
3	对餐饮管理中存在的问题进行深入分析		行程结束后一周	
4	针对发现的问题制定改进措施		行程结束后两周	
5	根据反馈意见优化下次研学活动的餐饮计划和应急预案		行程结束后三周	
6	选择和优化餐饮供应商的管理流程		行程结束后四周	
7	制订下一次研学活动的详细餐饮服务计划		行程结束后一个月	

◇ 知识链接

《关于推进中小学研学旅行的意见》（教育部等 11 部门）从研学旅行管理制度建设、活动组织实施、安全保障等方面，提出了明确的要求和标准，为研学旅行住宿管理工作提供了政策依据（见附录 1）。

◇ 任务评价

班级： 姓名： 学号：

评价项目	评价标准	分值	自评	互评
学习态度	认真按照要求完成学习任务	10		
专业知识	全面掌握完成任务所需专业知识	40		
沟通交流	能清楚表达自己观点，并与他人有效沟通	10		
团队意识	具有主动与团队成员协作完成任务的意识	10		
信息素养	会收集信息，并分析、运用信息	10		
实践能力	根据知识，能够进行实践操作	20		
总分		100		

◇任务小结

知识要点	
技能要点	
遇到的问题	
解决问题的方法	

◇任务思考

1. 在研学旅行活动过程中，如果有学生因为食用了不卫生、不干净的食物导致食物中毒你应该怎么办？

2. 根据研学旅行餐饮管理行前准备工作计划表的内容进行实地调研，并以小组为单位完成一份调研报告，制作 PPT 并汇报。

任务四 时间管理

◇任务目标

1. 掌握时间管理的流程。

2. 掌握时间管理的内容。

◇任务描述

合理的时间规划能确保学生充分参与各项活动，避免时间浪费。严格的时间控制有助于维持活动的节奏和秩序。通过设定明确的时间节点，可以引导学生按时完成任务，避免拖延和混乱。如果你是小陆，你打算在研学旅行活动中如何进行时间管理呢？

◇任务分析

1. 对每个任务进行评估，估计完成每个任务所需的时间，确定任务的优先级，并确定时间管理的流程。

2. 能够描述时间管理的内容。

◇知识准备

一、时间管理的流程概述

时间管理作为研学旅行管理的核心环节，对整个活动的顺利实施至关重要。研学旅行通常安排了丰富多样的学习和体验活动，需要工作人员精确把控活动节奏，确保师生合理分配和利用有限的时间资源。

良好的时间管理能够确保研学活动的各个环节都能按时有序开展，避免因时间配置失当而带来效率低下和体验感不佳。科学合理的时间安排也能为师生营造轻松愉悦的学习氛围，有利于他们全身心地投入各项活动中，从而提升整体的学习效果。

此外，周密的时间规划还能为突发状况的应对争取到宝贵的时间，进而确保师生的人身安全。可见，时间管理是确保研学旅行成功举办的关键所在。

行前，工作人员要根据研学活动的具体安排，合理规划好各项活动的时间节点。他们要结合师生的特点，制定出既紧凑有序又富有弹性的时间安排，确保各项活动能够顺利推进。同时，他们还要制订应急预案，为可能出现的延误或紧急情况留出充足的应急缓冲时间。在活动期间，工作人员要严格督促各项活动的执行时间，及时发现并解决偏离计划的问题。他们要灵活调配时间资源，合理安排师生的休息时间，同时还要密切关注各方的时间需求和反馈，进一步优化时间管理方案。最后，在活动结束后，工作人员要对本次时间管理工作进行全面总结，找出存在的问题并制定改进措施，为下一次活动的时间管理做好充分准备，确保时间管理工作不断完善升级。

二、时间管理的流程与内容

（一）制订研学行程计划

研学旅行的时间管理首先要从制订合理的行程计划开始。这需要根据研学活动的具体目标和内容，对各个环节进行细致的时间分配。

研学行程的设计要以学习目标为导向，确保每个环节的时间安排都能满足学生的实际学习需求。例如，在参观博物馆时，可以根据展区的重要程度合理分配参观时间，确保学生能充分领会展示内容；在实践体验环节，可以适当延长操作练习的时长，让学生更好地掌握相关技能。同时，行程安排还要充分考虑学生的身心状态，合理控制每项活动的时长，避免过度疲劳。适当安排学习、休息、娱乐等环节，让学生在紧张的学习之余有充足的恢复时间（见表6-20）。

表6-20 研学旅行时间管理与行程设计工作计划

任务编号	具体任务	任务描述	负责人	时间节点	完成状态
1	制订整体行程计划	确定学习目标并与各活动环节对应		计划阶段初	
2	分配时间给关键学习环节	为博物馆和其他教育场所的参观设定时间		计划阶段初	
		根据展区重要程度合理调整参观时间		计划阶段初	

任务编号	具体任务	任务描述	负责人	时间节点	完成状态
3	安排实践体验活动	延长操作练习的时长，确保学生掌握技能		计划阶段初	
4	考虑学生身心状态，合理控制每项活动的时长	合理控制每项活动的时长以配合学生身心状态，包括设置足够的休息时间和调整活动强度		计划阶段初	
5	安排学习之余的休息和娱乐环节	设定足够的休息时间		计划阶段初	
		安排课外娱乐和社交活动		计划阶段初	

（二）时间分配优化

在制订了初步的研学行程计划之后，还需要对各个环节的时间分配进一步地优化调整，以确保整体行程安排更加合理科学。

要对每个活动环节的时长进行审慎评估和调控。对于一些必须完成的学习任务，应该根据学生的接受能力合理确定时长，既要确保学习内容的完整性，又要避免过度疲劳。同时，还要尽量减少一些无用的等待时间，如在交通换乘、用餐等环节，可以提前做好衔接安排，减少学生的无谓等待。这样不仅能提高整体行程的时间利用效率，也能让学生的研学体验更加流畅。

在确保学习效果的同时，还要适当安排一些休息和娱乐的环节。适度的休息时间不仅有助于学生恢复精力，还能让他们放松身心，提高学习效率。而娱乐项目则能够丰富学生的课余生活，增强他们的参与积极性。例如，在参观博物馆后安排一些户外运动，或者在晚间安排文化交流活动，这样既能满足学生的多元需求，又能增进师生之间的沟通交流（见表6-21）。

表6-21　研学旅行时间分配优化工作计划

任务编号	具体任务	任务描述	负责人	时间节点	完成状态
1	审慎评估每个活动环节的时长	根据学生的接受能力和必需的学习内容确定关键学习任务的时间		计划阶段中	
		为交通换乘和用餐等必需的日常活动预留合理时间		计划阶段中	

任务编号	具体任务	任务描述	负责人	时间节点	完成状态
2	优化时间分配以减少无用的等待时间	制定详细的交通和用餐安排，确保无缝对接		计划阶段中	
3	安排适当的休息和娱乐环节	安排适度休息时间，让学生在学习间隙得以恢复精力		计划阶段中	
		安排户外活动和文化交流活动，丰富学生课余生活		计划阶段中	
4	持续监控实施过程中的时间利用效率	持续监控实施过程中的时间利用效率，进行必要的调整		活动期间	

（三）实时监控与调整

研学旅行的时间管理不能局限于事前的行程规划，更需要在实施过程中进行实时的监控和动态调整。这样才能确保各项活动按计划有序推进，最大限度地满足学生的学习需求。

在研学活动进行中，工作人员要密切关注行程执行的全过程，随时掌握各个环节的时间进度情况。及时发现可能出现的时间偏差，如某个参观环节耗时过长，或者交通等待时间过长等。一旦发现问题，要立即采取相应措施进行调整，如适当压缩其他环节的时长，或者调整行程顺序，以弥补前期的时间损耗，确保后续活动按时进行。

时间管理的调整不仅要针对具体的时间偏差，更要从整体的行程安排上着眼。工作人员要时刻关注学生的身心状态，适时进行有针对性的时间安排调整。例如，如果发现学生中途出现疲劳倦怠的情况，就应该适当增加休息时间，避免学习效果受到影响。又或者根据天气等外部条件的变化，灵活调整户外活动的时间安排，确保学生的安全和舒适（见表6-22）。

表6-22　研学旅行时间监控工作计划

任务编号	任务描述	负责人	时间节点	完成状态
1	设立时间管理团队，负责监控整个研学旅行的时间执行情况		活动期间	
2	使用时间管理工具（实时日程表、计时器等）跟踪每个活动的开始和结束		活动期间	

任务编号	任务描述	负责人	时间节点	完成状态
3	设定时间检查点，评估活动是否按时进行，必要时进行调整		活动期间	
4	在每个活动结束后进行时间偏差记录，为后续调整提供数据支持		活动期间	
5	根据活动进展和时间偏差，灵活调整接下来的日程		活动期间	
6	定时向所有参与者更新调整后的时间表，保证信息同步		活动期间	

（四）总结与改进

研学旅行结束后，总结和改进时间管理是确保未来研学活动更加成功的关键所在。通过全面总结本次研学旅行的时间管理情况，分析存在的问题，找出改进的空间和措施，不仅能为学校积累宝贵的经验，也能为学生带来更优质的研学体验。

对于刚刚结束的研学旅行，工作人员要全面梳理整个活动的时间管理情况，包括各环节的时间安排是否合理、实际执行情况是否符合预期等。通过对比初始计划和实际执行情况，分析出现的各种时间偏差，找出导致问题的根源，如某些环节时间安排过于紧张，或者未能及时发现并调整行程，都可能造成时间管理上的混乱。

在充分分析问题的基础上，工作人员要着眼于未来，寻找改进的空间和措施。例如，可以进一步优化行程安排，提高各环节的时间利用效率；或者完善应急预案，提高问题识别和调整的响应速度；甚至可以根据学生的反馈，调整休息时间和娱乐项目的安排，让整个研学旅行更加贴合学生的需求。

最终，总结的成果要转化为宝贵的时间管理经验，为学校未来开展研学活动提供可靠依据。工作人员可以对此次研学旅行的时间管理情况进行详细记录，包括成功做法和需要改进的环节，形成标准化的时间管理方案。这不仅有助于提高工作效率，也能确保后续研学活动的时间安排更加科学合理。学校还可以邀请参与过此次研学旅行的师生代表，共同分析时间管理中的问题和改进空间。通过广泛听取意见，这样不仅能够更全面地总结经验，也能增进师生之间的沟通交流，为下一次研学活动的圆满成功奠定基础。建立起专门的研学时间管理档案，系统记录各次研学活动的时间管理情况。随着实践的不断积累，这份档案将成为学校开展研学活动的宝贵财富，为制定更加完备的时间管理策略提供依据（见表6-23）。

表6-23　研学旅行时间管理总结与改进工作计划

任务编号	具体任务	任务描述	负责人	时间节点	完成状态
1	汇总并评估研学旅行的时间管理情况	分析各环节的时间安排合理性和执行的实际情况		活动结束后一周	
		识别和记录时间偏差及其原因		活动结束后一周	
2	根据分析结果寻找改进的空间和措施	优化行程安排，提高时间利用效率		活动结束后一周	
		完善应急预案，提升问题识别和调整的响应速度		活动结束后两周	
		根据学生反馈调整休息和娱乐时间		活动结束后两周	
3	形成标准化的时间管理方案	形成标准化的时间管理方案能够确保将成功的经验和失败的教训统一化和规范化		活动结束后三周	
4	记录并建立研学时间管理档案	记录并建立研学时间管理档案，为未来提供参考		活动结束后四周	
5	组织师生反馈会议	组织师生反馈会议，共同讨论时间管理中的问题和改进的可能性		活动结束后四周	

| 情景训练 |

当地研学课程内容及时间安排调研

1. 实地考察：通过实地考察，记录活动目标、内容安排等，以获取第一手的课程信息。

2. 沟通与组织者交流：与课程组织者进行深入交流，了解课程的详细安排和背后的教育理念。

3. 记录时间分配：详细记录各环节的时间分配情况，包括每个活动的开始和结束时间。

4. 分析时间分配的合理性：分析各环节的时间安排是否合理，评估其是否有效支持了教育目标的实现。

5. 识别问题与优化空间：根据时间分配的分析结果，识别存在的问题和可以优化的空间，提出改进建议。

◇ 任务评价

班级：　　　　　　　　　　　　姓名：　　　　　　　　　　　　学号：

评价项目	评价标准	分值	自评	互评
学习态度	认真按照要求完成学习任务	10		
专业知识	全面掌握完成任务所需专业知识	40		
沟通交流	能清楚表达自己观点，并与他人有效沟通	10		
团队意识	具有主动与团队成员协作完成任务的意识	10		
信息素养	会收集信息，并分析、运用信息	10		
实践能力	根据知识，能够进行实践操作	20		
总分		100		

◇ 任务小结

知识要点	
技能要点	
遇到的问题	
解决问题的方法	

◇ 任务思考

　　在研学旅行过程中，如果任务分配不明确，可能导致学生或教师之间的工作重叠或遗漏，影响整体效率。从时间管理角度，应该如何避免这种情况？

项目七　研学旅行安全预防与处理

在研学活动中，通过有效的安全预防措施，可以降低意外事件发生的概率，确保学生在安全的环境中学习和探索，从而保护他们的身体健康和心理健康。只有确保安全，才能让研学活动有序进行，达到预期的教育效果。为了确保学生的安全，预防事故的发生，以及妥善处理可能出现的安全问题，需要采取一系列措施。

◆ 知识目标

1. 理解研学旅行中可能遇到的各种安全风险类型。
2. 掌握研学旅行安全风险的识别方法。
3. 学会对研学旅行中的安全风险进行评估。
4. 了解研学旅行安全预防的基本原则和策略。
5. 掌握具体的安全预防措施和应急预案制定方法。
6. 掌握研学旅行安全事故处理的基本原则和流程。

◆ 能力目标

1. 能够运用适当的方法对安全风险进行评估。
2. 能够根据研学旅行的特点制定详细的安全预案。
3. 能够根据实际情况调整和优化安全预案。
4. 能够按照事故处理流程采取有效措施进行应对。
5. 能够组织研学旅行参与者的安全教育培训。

◆ 素质目标

1. 树立高度的研学旅行安全意识。

2.对研学旅行的安全管理负有高度责任感。

3.在安全管理中与同事密切合作，共同应对安全风险。

4.能够有效协调各方资源，共同处理安全事故。

5.能够有效组织和指挥相关人员进行应急处理。

◆ 思政目标

1.培养学生尊重生命、珍惜生命的价值观。

2.增强学生的社会责任感，使其认识到保障自身安全是应尽的责任。

3.通过安全管理活动，培养学生的团队协作能力和集体主义精神。

4.培养学生的法治观念，使其认识到遵守安全法规和管理规定的重要性。

5.强调在研学旅行中应严格遵守各项安全规章制度，共同维护良好的研学秩序。

任务一　研学旅行安全预防

　　研学旅行安全预防是确保学生安全参与研学活动的重要措施。在研学旅行前，应进行全面的安全风险评估，制订详细的安全预案，并对学生进行必要的安全教育，增强他们的安全意识和自我保护能力。同时，选择有资质、信誉良好的研学机构，确保活动的专业性和安全性。在研学过程中，要加强行程管理，严格遵守交通规则，确保交通安全，并统一管理学生，防止他们擅自行动。此外，还应配备充足的应急物资，制订应急预案，以应对突发情况。家长也应积极配合，教育孩子听从指挥、遵守纪律，共同确保学生在研学旅行中的安全。

◇ 任务目标

　　1. 了解研学旅行安全的重要性。

　　2. 理解研学旅行安全风险识别与评估。

　　3. 掌握研学旅行安全预防策略。

◇ 任务描述

　　小陆来到研学机构实习，负责来自西安的 20 人的研学团课程设计，现在要进行研学旅行安全服务的课程设计，如果你是小林，你打算怎么帮助小陆设计研学旅行安全服务呢？

◇ 任务分析

　　1. 了解研学旅行安全服务的重要性。

　　2. 理解研学旅行安全风险识别与评估。

　　3. 归纳总结研学旅行安全预防策略。

◇**知识准备**

一、研学旅行安全的重要性

研学旅行不仅能够拓宽学生的视野，增长其知识，还能够培养其独立思考、合作交流等关键能力。然而，在研学旅行的过程中，安全问题始终是我们不能忽视的重要环节。

首先，研学旅行安全是保障学生身心健康的基础。在研学旅行过程中，学生将置身于一个全新的环境中，可能会面临各种未知的风险和挑战。如果安全保障措施不到位，学生就可能遭受意外伤害，甚至危及生命安全。因此，确保研学旅行的安全，是保护学生身心健康、维护其合法权益的基本要求。

其次，研学旅行安全是研学活动顺利进行的前提。研学旅行的目的是让学生在实践中学习、在体验中成长。然而，如果安全问题得不到有效保障，研学活动就可能因为各种突发事件而中断或取消，导致学生的研学成果大打折扣。因此，只有确保研学旅行的安全，才能保证研学活动的顺利进行，让学生获得最大的收益。

再次，研学旅行安全是学校和教育机构责任的重要体现。作为研学旅行的组织者和管理者，学校和教育机构有责任确保学生的安全。如果因为安全管理不到位而导致学生受伤或发生其他安全事故，学校和教育机构将承担相应的法律责任和社会责任。因此，加强研学旅行的安全管理，是学校和教育机构履行其责任的重要体现。

最后，研学旅行安全还关乎社会的和谐与稳定。学生是社会的未来和希望，他们的安全状况直接关系社会的和谐与稳定。如果研学旅行过程中发生安全事故，不仅会给学生和家庭带来巨大的痛苦和损失，还可能引发社会的不满和不稳定因素。因此，确保研学旅行的安全，是维护社会和谐与稳定的重要举措。

二、研学旅行安全风险识别与评估

安全风险的识别与评估是保障研学旅行顺利进行的前提。

（一）安全风险的识别

研学安全风险识别是指在研学旅行活动中，对可能出现的各种风险因素进行提前发现和评估的过程。这些风险包括以下几个方面。

（1）交通安全。研学旅行中，学生需要乘坐各种交通工具，如大巴、火车等。因此，交通安全是必须考虑的问题。需要确保交通工具的安全性，同时加强对驾驶员的监管，遵守交通规则，避免疲劳驾驶等不安全行为。

（2）食品安全。在研学旅行过程中，学生的饮食和住宿也需要特别关注。要选择卫生条件良好的餐饮住宿服务，加强对食品来源的监管，确保食物安全，住宿环境也应符合安全标准。

（3）活动安全。研学旅行中的各种活动，如实地考察、实验操作等，都可能存在一定的风险。因此，需要对活动进行安全评估，制定详细的安全规程，确保活动安全。

（4）心理健康。研学旅行中，学生可能会面临各种压力和挑战，如与同学间的矛盾、对新环境的适应等。因此，需要关注学生的心理健康，提供必要的心理支持和辅导。

（5）自然灾害。研学旅行的地点可能面临自然灾害的风险，如洪水、山洪、地震、台风等。

（6）意外伤害。在户外活动、实验操作等环节，学生可能会受到跌倒、碰撞、烧伤、触电等意外伤害。

（7）网络安全。在使用互联网、社交媒体等平台时，学生可能会遇到网络欺诈、个人信息泄露等网络安全问题。

（8）健康问题。长时间的研学旅行可能会导致学生过度疲劳，或者在活动中遇到特定的健康问题，如中暑、感冒等。

（9）安全知识缺乏。学生可能缺乏必要的安全知识和自我保护能力，如急救知识、火灾逃生知识等。

（10）社会安全。在研学旅行中，学生可能会遇到社会安全问题，如诈骗、盗窃、校园暴力等。

（11）应急处理能力不足。学生在遇到紧急情况时，可能缺乏有效的应急处理能力和自救互救能力。

为了降低研学旅行中的安全风险，学校和研学机构需要制定严格的安全管理制度，进行安全风险评估，为学生提供必要的安全教育和培训，确保研学旅行的安全和顺利进行。

（二）安全风险评估

安全风险评估是指对研学旅行中可能出现的各种风险进行识别、分析和评价的过程，以便采取相应的预防措施，确保活动的安全顺利进行。安全风险评估主要包括以下几个方面。

（1）环境风险评估。评估研学旅行目的地的自然环境、气候条件、地形地貌等因素可能带来的风险，如自然灾害、野生动物侵袭等。

（2）交通安全评估。分析研学旅行过程中交通工具的选择、线路规划、交通法规遵守等情况，评估交通事故的风险。

（3）食品安全评估。对研学旅行中的餐饮服务进行评估，包括食品来源、加工、储存、运输等环节，预防食物中毒等风险。

（4）健康风险评估。了解学生的健康状况，评估研学旅行中可能出现的健康问题，如感冒、中暑、过敏等。

（5）安全风险评估。评估研学旅行中的安全隐患，如设施设备安全、火灾风险、急救设施配备等。

（6）社会安全风险评估。考虑研学旅行中可能遇到的社会安全问题，如盗窃、诈骗、校园暴力等。

（7）心理风险评估。了解学生在研学旅行中可能出现的心理问题，如焦虑、抑郁、适应困难等。

（8）应急处理能力评估。评估学校和研学机构在紧急情况下的应急处理能力和自救互救能力。

进行安全风险评估时，应采取问卷调查、现场考察、专家咨询等多种方法，全面收集相关信息，对可能出现的风险进行量化分析，确定风险等级，并据此制定相应的预防措施和应急预案。安全风险评估是一个动态的过程，需要随着外部环境和内部条件的变化进行及时更新和调整。

三、研学旅行安全预防措施

（一）政策与管理层面

研学旅行作为教育体系的重要组成部分，其安全问题关系到学生的身心健康和教育的顺利进行。因此，从政策与管理层面制定安全预防策略至关重要。

（1）政府部门应出台相应的研学旅行安全管理政策，明确研学旅行的管理职责和规范。这些政策应包括研学旅行的组织、实施、监督等方面的规定，以确保研学旅行能安全有序进行。

（2）学校作为研学旅行的主要组织者，应建立健全研学旅行安全管理体系。学校应设立专门的管理机构，负责研学旅行的策划、组织和实施工作。同时，学校还应制订详细的安全预案，包括突发事件应急预案、交通安全预案等，以应对可能出现的各种安全风险。

（3）建立安全管理体系。应成立专门的安全管理机构，完善安全管理制度。明确各方责任，加强安全培训和教育，提高风险判断和控制能力。公开安全信息，如人员资格、健康证明等，增强透明度，让家长和学生对研学机构的安全保障措施有更清晰的了解。

（4）学校还应加强对研学旅行参与者的培训和管理。参加研学旅行的教师和工作人员应接受专业的安全培训，了解并掌握必要的安全知识和技能。同时，学校还应定期对研学旅行的学生进行安全教育，增强他们的安全意识和自我保护能力。

（二）教师与学生层面

在研学旅行中，教师和学生是安全预防策略的重要执行者和受益者，他们的行为直接关系到研学旅行的安全。

（1）教师作为研学旅行的指导者和陪伴者，应具备高度的安全意识和责任心。教师在研学旅行前应充分了解学生的身体状况和特点，根据学生的实际情况制定合适的安全措施。在研学旅行过程中，教师应时刻关注学生的安全，确保学生遵守安全规定，避免发生安全事故。

（2）学生应增强安全意识，自觉遵守研学旅行的安全规定。学生应了解并掌握必要的安全知识和技能，如紧急情况下的自救互救、交通安全知识等。在研学旅行过程中，学生应遵循教师的指导，不擅自离队，不进行危险活动，确保自身和他人的安全。

（3）选择正规研学机构。选择研学机构时，要查看其营业执照、经营许可项目、营业期限和信用信誉等信息，确保机构具有合法资质和良好口碑。仔细查看研学机构的课程设计，包括日程安排、线路质量、课程内容、教学方法等，确保活动内容与孩子的年龄、学段、身体等实际情况相符。与研学机构签订正式合同，明确双方的权利和义务，确保自身权益得到保障。合同中应包含定金收款、保险条款、免责条款、退费条款等详细规定。

四、预防措施与应急预案

安全风险的识别与评估是风险管理的第一步，其目的是更好地制定预防措施。在制定预防措施时，我们需要根据安全风险评估的结果，有针对性地制定相应的预防措施。

（一）常见的预防措施

主要包括改善硬件设施、完善组织管理、优化活动设计等。

（1）改善硬件设施。改善硬件设施是预防安全风险的重要手段。需要定期检查和维护硬件设施，确保其安全性能达标。对于存在安全隐患的设施，要及时进行升级改造，以消除安全隐患。

（2）完善组织管理。完善组织管理是预防安全风险的关键。需要建立健全的安全管理制度，明确各级管理人员和员工的安全职责，确保安全风险得到有效控制。此外，还需要加强内部培训，增强员工的安全意识和安全技能，使其能够熟练应对各种安全风险。

（3）优化活动设计。优化活动设计是预防安全风险的重要途径。需要对各类活动进行安全风险评估，根据评估结果制定相应的安全措施，确保活动安全有序进行。同时，还需要根据活动特点和参与人员情况，制定有针对性的安全预案，以应对可能出现的安全风险。

（二）预防措施的实施

在具体实施预防措施时，应遵循以下步骤。

（1）明确责任分工。针对预防措施，需要明确各级管理人员和员工的责任。对于改善硬件设施，需要指定专门的项目组负责设施的升级改造工作，并确保所有相关人员都清楚自己的职责范围。

（2）制定详细操作流程。在改善硬件设施方面，制定详细的操作流程至关重要。这包括设施升级的步骤、安全检查的标准，以及维护和使用的规范。同样，对于完善组织管理和优化活动设计，也需要制定具体的操作流程，确保各项措施能够得到有效执行。

（3）进行培训和宣传。确保所有员工都了解预防措施的重要性，以及如何在日常工作中执行这些措施。培训应包括安全风险知识、应急处理方法以及设施操作流程等内容。同时，通过内部宣传，增强员工的安全意识和参与度。

（4）定期检查与评估。实施预防措施后，需要定期进行检查和评估，以确保措施的有效性。这包括硬件设施的性能检测、组织管理流程的执行情况评估以及活动设计的安全性复查。

（5）持续改进。根据检查与评估的结果，及时调整和优化预防措施。对于发现的问题，要迅速采取措施予以纠正，并分析问题产生的根本原因，以避免类似问题再次发生。

（三）预防措施的监督与更新

为了确保预防措施的持续有效性，应建立一套监督机制，包括内部审计和外部监管。此外，随着外部环境的变化和技术的发展，预防措施也需要定期更新，以适应新的安全风险。

通过这样的方式，可以确保安全风险得到有效控制，为组织的稳定发展提供坚实保障。

（四）研学安全应急预案

应急预案是应对突发事件的行动指南，必须具体、明确、易于执行。应急预案应包括安全工作组织领导、带队人员安全工作职责及要求，各类安全（突发）事故应急处置办法（研学过程、研学线路存在的安全隐患及应对措施），车辆、驾驶员的有关信息及公安交警部门审核的材料，研学旅行活动目的地天气与安全情况检测报告等。应急预案中应注意以下细节。

（1）事故应急预案的完备性。应根据可能发生的事故类型制订相应的应急预案，如火灾、化学品泄漏、人员受伤等，并定期进行演练，提高应对突发事件的能力。

（2）逃生路线的明确性。每个研学活动地点都应明确逃生路线，并在显眼位置设置指示牌。逃生演练应定期进行，确保在紧急情况下，所有人都能迅速找到安全出口。

（3）急救措施的准备性。应根据活动的性质配备相应的急救药品和设备，并指定具备急救知识的人员负责现场的急救工作。

（4）快速响应机制的建立。快速响应机制是应对突发事件的关键。一旦发生事故，应立即启动应急预案，迅速而有序地组织人员进行救援和处理。

（5）事后处理与总结的持续性。事后处理不仅是对事故的直接应对，更是一个总结经验、改进措施的过程。应详细记录事故的发生经过、处理过程和结果，为今后的研学活动提供安全参考。

◇ **任务评价**

班级：　　　　　　　　　姓名：　　　　　　　　　学号：

评价项目	评价标准	分值	自评	互评
学习态度	认真按照要求完成学习任务	10		
专业知识	全面掌握完成任务所需专业知识	40		
沟通交流	能清楚表达自己观点，并与他人有效沟通	10		
团队意识	具有主动与团队成员协作完成任务的意识	10		
信息素养	会收集信息，并分析、运用信息	10		
实践能力	根据知识，能够进行实践操作	20		
总分		100		

◇ **任务小结**

知识要点	
技能要点	
遇到的问题	
解决问题的方法	

◇ **任务思考**

1. 针对不同年龄段的研学旅行学生，如何做好安全服务？

2. 针对不同学情特点的研学旅行学生，如何做好安全服务？

任务二　常见安全事故处理

研学旅行是一种结合学习与实践的教育活动，它能够让学生在实践中学习知识，提高能力。但是，由于研学旅行涉及实地考察、实验操作等多种活动，因此存在一定的安全风险。为了确保研学旅行的安全，需要制定相应的安全措施，并在事故发生时进行有效的处理。

◇任务目标

1. 理解事故类型及等级划分。
2. 掌握研学旅行安全事故处理的流程。

◇任务描述

小陆继续负责来自西安 20 人的研学团的研学课程设计，现在需要进行研学旅行安全服务中常见事故的处理。如果你是小陆，打算怎么样做好安全事故的处理呢？

◇任务分析

1. 梳理常见事故的类型和等级。
2. 归纳常见事故的处理流程。

◇知识准备

一、事故类型与等级划分

（一）事故类型

研学旅行安全事故的类型多样，可以划分为以下几类。

1. 交通安全事故

如大巴车、火车等交通工具的碰撞、翻车，交通事故引起的火灾等。

2. 食品安全事故

（1）食物中毒。由食物不洁、保存不当或烹饪不当引起。

（2）过敏反应。学生对某些食物成分过敏未提前告知。

3. 住宿安全事故

（1）火灾。由电气故障、火源管理不当等原因引发。

（2）摔伤、扭伤。由住宿设施不安全或个人疏忽造成。

4. 活动安全事故

（1）跌落。例如，在户外活动中从高处坠落。

（2）溺水。例如，在水域活动中发生溺水事故。

（3）触电。例如，在使用电器或接触电线时发生触电。

（4）实验事故。例如，在科学实验活动中，由于操作不当造成的事故。

5. 自然灾害事故

洪水、台风、地震等自然灾害。

6. 疾病传播事故

如流感、手足口病等流行性疾病在集体生活中的传播。

7. 心理健康事故

（1）心理压力过大。这会导致学生出现焦虑、抑郁等心理问题。

（2）网络成瘾。在研学旅行中过度使用网络设备，可能导致心理健康问题。

8. 个人物品安全事故

个人物品在集体活动中被偷窃或遗失。

9. 应急处理事故

由于应急处理不当导致的次生事故，如疏散过程中的踩踏等。

（二）事故等级划分

按照事故的性质、影响范围和后果严重程度，可以划分为以下几类。

1. 轻微事故

这类事故通常仅涉及个别学生，影响较小，如轻微擦伤、扭伤等，可在现场简单处理解决。

2. 一般事故

这类事故可能影响一个小组或一个班级的学生，如较大的身体伤害、突发疾病等，需要立即报告学校并寻求医疗救助。

3. 重大事故

涉及多个学生，或者可能导致学生重伤、死亡的事故，如自然灾害、交通事故等，需立即启动应急预案，通知家长、上级教育主管部门和相关部门。

4. 特别重大事故

指造成学生死亡、多人重伤，或者在社会上造成恶劣影响的事故，需立即上报至国家教育主管部门，并按照国家标准进行处理。

二、事故处理流程

（一）研学旅行安全事故处理的原则

遵循研学旅行安全事故处理的原则，才能确保事故得到及时、有效、妥善的处理，以保障参与者的生命财产安全，维护研学旅行活动的正常秩序。

1. 以人为本，安全第一

在处理研学旅行安全事故时，必须将保障参与者的生命安全放在首位。在事故发生后，应立即组织救援力量，对受伤人员进行紧急救治，并尽快将伤员送往医院接受进一步治疗。同时，要密切关注伤员的病情变化，做好后续的医疗跟踪和康复工作。

2. 迅速反应，及时报告

事故发生后，相关责任人应立即向研学旅行领导小组或上级主管部门报告事故情况，包括事故发生的时间、地点、伤亡人数、事故原因等关键信息。这有助于上级部门及时了解事故情况，做出正确的决策和指导。同时，要保持信息畅通，及时传达事故处理进展和结果。

3. 统一指挥，分级负责

在事故处理过程中，应建立统一指挥体系，明确各级责任人的职责和分工。研学旅行领导小组或上级主管部门应负责整体指挥和协调工作，制订事故处理方案，并督促各方按照方案要求落实责任。各级责任人应按照职责分工，积极履行职责，做好事故处理工作。

4. 依法依规，妥善处理

在处理研学旅行安全事故时，必须遵守国家法律法规和相关政策规定，依法依规进行事故调查和处理。在确保人员安全的前提下，应保护好事故现场，收集相关证据，尽快查明事故原因，以便采取相应的改进措施。对事故造成的损失和伤害进行妥善处理，包括医疗救治、赔偿等，同时做好学生和家长的思想工作，维护学校和社会稳定。对事故处理过程进行总结，分析事故发生的根本原因，找出不足之处，完善安全管理制度和应急预案。

5. 预防为主，加强教育

预防是处理研学旅行安全事故的最好方法。因此，应加强安全教育和培训工作，增强参与者的安全意识和自救能力。在研学旅行活动前，应对参与者进行安全教育，让他们了解可能遇到的安全风险和应对措施。同时，要定期对研学旅行活动进行风险评估和安全检查，及时发现和消除安全隐患。

6. 总结经验，完善预案

每次研学旅行安全事故处理结束后，都应总结经验教训，完善事故应急预案。要对事故原因进行深入分析，查找事故处理过程中存在的不足之处，并提出改进措施和建议。通过不断完善预案，提高应对研学旅行安全事故的能力和水平。

（二）研学旅行安全事故处理流程

研学旅行安全事故的处理流程应遵循以下步骤。

1. 立即响应

一旦发生事故，应立即启动应急预案，迅速采取行动确保学生安全。

2. 紧急救援

根据事故的性质和严重程度，进行必要的现场急救，如心肺复苏、止血、消毒等，并立即联系专业救援力量，如救护车、消防队等。

3. 初步评估

对事故情况进行初步评估，确定事故等级，及时报告给学校领导及相关部门。

4. 现场保护

保护事故现场，避免事态扩大，对事故现场进行必要的标记和保护措施。

5. 调查原因

在确保现场安全后，应立即调查事故原因，分析事故发生的可能性因素，为后续的安全教育和改进措施提供依据。

6. 安抚学生

对受事故影响的学生进行心理安抚，确保他们的情绪稳定，必要时提供心理咨询服务。

7. 详细报告

在确保学生安全的前提下，详细记录事故发生的时间、地点、经过及伤亡情况，并拍照取证。

8. 家长及相关部门通知

及时通知学生家长和上级教育主管部门，必要时通知公安、消防、卫生等部门。

9. 调查与分析

在事故发生后，组织力量进行事故调查，分析事故原因，总结事故教训，提出整改措施。

10. 整改与落实

根据事故调查结果，对存在的问题进行整改，并确保整改措施得到有效落实。

11. 后续跟进

对事故处理情况进行跟踪，对受害者进行心理辅导，协助解决后续问题。

12. 信息公开

向公众和利益相关方公开事故处理的情况，维护社会舆论的正面引导。

在处理研学旅行安全事故时，必须坚持"学生安全第一"的原则，迅速、准确、妥善地处理事故，确保学生的生命安全和身体健康。同时，应加强对师生的安全教育，增强师生的安全意识，预防事故的发生。

三、常见安全事故处理

在研学旅行过程中，常见的安全事故有食品卫生安全事故、突发疾病事故、外伤事故、交通事故等。

（一）食品卫生安全事故处理

1. 事故类型

在研学旅行中，食品卫生安全事故主要包括食物中毒、食品污染、食品储存或加工不当等。这些事故可能由微生物、化学物质、有毒动植物等因素引起，后果可能包括恶心、呕吐、腹泻、发烧等症状，严重时可能危及生命。

2. 处理措施

（1）立即处置。一旦发现有食品卫生安全事故的迹象，应立即停止食用可疑食物，隔离受影响的学生，并报告学校管理层及相关部门。

（2）紧急医疗救治。对中毒学生进行现场急救，如必要时进行洗胃、液体补充等，并迅速转送至医院接受专业治疗。

（3）信息通报。及时向学生家长、学校领导、卫生监督部门报告事故情况，包括中毒人数、症状、可疑食物等。

（4）事故调查。在确保安全和救治工作顺利进行的同时，应组织力量调查事故原因，包括食品来源、储存、加工、运输等各个环节。

（5）采取控制措施。根据调查结果，对涉嫌造成事故的食物、原料、加工工具等进行封存、检验和处理，防止事故扩大。

（6）善后处理。对受影响的学生和家庭提供必要的关怀和支持，包括医疗观察、心理辅导等，并依法进行相应的经济补偿。

（7）改进措施。根据事故调查分析，改进食品卫生安全管理制度，加强食品采购、储存、加工、分发等环节的监管和培训。

（8）宣传教育。通过事故案例，加强对学生和教师的食品安全教育，增强他们的自我保护意识和能力。

研学旅行中的食品卫生安全是关系学生健康和生命安全的大事，必须引起高度重视。通过建立健全的食品安全管理制度，加强监管和培训，可以有效预防和减少食品卫生安全事故的发生。一旦发生事故，应迅速、有效地进行处理，最大限度地减少损失和不良影响。

（二）突发疾病事故处理

1.突发疾病预防措施

（1）开展行前健康检查，确保学生身体健康。

（2）教育学生注意个人卫生，保持良好的生活习惯。

（3）准备常用药物，如感冒药、止泻药、消暑药等。

2.突发疾病应急处理办法

（1）轻微病症。

①感冒：给予感冒药，多休息，保持充足水分。

②腹泻：给予止泻药，注意饮食调整，补充水分。

③中暑：移至阴凉处，给予消暑药或清凉饮料，严重者需就医。

④骨折：避免移动伤者，及时联系医疗救援，说明伤情。

（2）严重病症。

①心脏疾病、癫痫等：立即呼叫急救电话，保持平躺，解开衣领，等待救护车到来。

②出血：应用干净布料按压伤口，避免随意移动，等待救护车到来。

（三）外伤事故处理

1.外伤事故的类型

外伤事故可以由多种原因引发，按照事故原因可以分为以下几类。

（1）机械伤害。车祸、摔伤、撞击等，是最常见的外伤事故类型。

（2）热力伤害。烧伤、烫伤等，通常由高温物体造成。

（3）化学伤害。接触酸、碱、毒物等，可导致皮肤被腐蚀、中毒等。

（4）放射性伤害。核辐射、X射线等，可能导致细胞损伤、基因突变。

（5）生物伤害。蛇咬、虫刺、感染等，可能由生物病原体引起。

2.处理方法

针对不同类型的外伤事故，处理方法也有所不同。

（1）机械伤害。

①止血：对于出血伤口，应立即用干净的布或绷带进行压迫止血。

②清洗：用生理盐水或清水清洗伤口，清除污物和细菌。

③消毒：使用碘酒、酒精等消毒剂消毒伤口。

④包扎：用无菌纱布或绷带包扎伤口，防止感染。

（2）热力伤害。

①冷却：用冷水冲洗烫伤或烧伤区域，降低皮肤温度。

②去除衣物：轻轻去除黏附在皮肤上的衣物，避免二次伤害。

③覆盖：用干净、凉爽的布料覆盖受伤区域，防止感染。

④就医：严重烫伤或烧伤需要尽快就医。

（3）化学伤害。

①立即清洗：用大量清水冲洗受伤部位，至少20分钟。

②中和：如酸碱度明确，可使用相对中和的液体进行清洗。

③就医：化学伤害可能对皮肤和内部器官造成严重损伤，应尽快就医。

（4）放射性伤害。

①远离辐射源：迅速远离辐射源。

②就医：放射性伤害的处理较为复杂，需要专业医生评估和治疗。

（5）生物伤害。

①清洗：用清水或生理盐水清洗伤口。

②消毒：使用碘酒、酒精等消毒剂消毒伤口。

③预防感染：根据伤害生物的种类，可能需要注射破伤风疫苗或抗生素。

④就医：如伤口严重或有感染迹象，应尽快就医。

3. 注意事项

（1）在处理任何外伤事故时，首先要确保现场安全。

（2）在进行伤口处理时，请务必遵循卫生规范，避免感染。

（3）对于严重外伤事故，应立即拨打急救电话寻求专业医疗救助。

（四）交通事故处理

1. 事故成因

研学旅行中的交通事故可能由以下几个因素引起。

（1）交通规则意识薄弱。部分参与者和组织者对交通规则的重要性认识不足，违规行为时有发生。

（2）驾驶技能欠佳。驾驶者在复杂交通环境下的应对能力不足，可能导致事故。

（3）车辆状况不良。车辆维护不当或存在故障，可能在行驶中突然发生故障，引发事故。

（4）自然环境因素。恶劣天气、路况不佳等自然环境因素也会增加发生交通事故的风险。

（5）人为干扰。例如，行人突然穿越马路、其他车辆的违规行为等，都可能对研学旅行的交通安全构成威胁。

2. 应急处理

一旦发生交通事故，应迅速采取以下措施。

（1）保护现场。立即设置警示标志，防止其他车辆闯入现场。

（2）救助伤员。如有人员受伤，应立即拨打急救电话，进行必要的初步处理。

（3）报警。及时通知交警部门，并按照交警的指示进行后续处理。

（4）记录现场。用手机或相机拍摄事故现场的照片或视频，记录现场状况和事故处理的过程。

（5）沟通协商。与对方驾驶员交换信息，并尽可能地沟通协商，以尽快解决问题。

（6）通知组织者。及时告知研学旅行的组织者事故情况，以便组织者协助处理。

（7）心理辅导。对目睹事故的学生进行心理辅导，帮助他们缓解受到的惊吓或心理压力。

3. 预防措施

为了预防研学旅行中的交通事故，应采取以下措施。

（1）强化安全教育。增强参与者的安全意识，普及交通法规知识。

（2）挑选合格驾驶员。确保驾驶员具备合格的驾驶技能和良好的驾驶记录。

（3）车辆检查。出行前对车辆进行严格检查，确保车辆处于良好状态。

（4）制订应急预案。针对可能出现的各种紧急情况，制订详细的应急预案。

（5）监督与指导。在研学旅行过程中，安排专人负责监督学生的行为，指导他们遵守交通规则。

总的来说，研学旅行中的安全事故处理需要制订详细的安全计划和应急预案，并进行相应的安全教育和培训。在事故发生时，应立即启动应急预案，采取有效的处理措施，确保学生的安全。

| 案例分析 |

案例一：

2019 年某月，我国某地一所中学组织了一次为期三天的研学旅行。在旅行的第二天，学生在一家餐馆就餐后，出现了集体不适的症状，经诊断，确定为食物中毒。此次事故导致数十名学生住院治疗，严重影响了研学旅行的正常进行，并给学生们和学校带来了心理和身体的伤害。

试分析事故发生的原因并阐明应如何处理，以及之后应如何预防此类事故发生。

1. 事故原因分析

（1）餐馆卫生不达标。经过事后调查，涉事餐馆的卫生条件确实存在问题。厨房环境脏乱，食材存储不符合规定，员工健康状况未达标，这些都为食物中毒事故埋下了隐患。

（2）食物来源不明。餐馆提供的食材来源不明，未经过严格的质量检测，可能存在食品安全问题。

（3）缺乏食品安全教育。学生在此次事故中，缺乏基本的食品安全知识和自我保护意识，未能在事故发生前起到预警作用。

2. 应对措施分析

（1）立即就医。事故发生后，学校应立即组织学生前往医院就医，确保学生人身安全。

（2）及时通知家长。学校应主动与家长沟通，及时告知事故情况，让家长了解学生的健康状况。

（3）加强食品安全教育。学校应加强食品安全教育，增强学生的食品安全意识和自我保护能力。

（4）严格审查合作单位。学校在选择研学旅行合作单位时，应严格审查其资质，确保其卫生条件和食品安全。

此次食物中毒事故为我们敲响了警钟，提醒我们在组织研学旅行时，必须高度重视学生的食品安全问题。学校、餐馆、监管部门都应承担起各自的责任，共同确保学生的饮食安全，为学生创造一个安全、健康的成长环境。

案例二：

2023年某月，在一个风景秀丽的景区，学生们在老师的带领下进行研学旅行。在游览过程中，部分学生擅自离开队伍，来到湖边玩耍。由于当时天气炎热，加之湖水吸引力，学生们不顾安全，纷纷下湖游泳。起初，一切都很平静，但在游泳过程中，一名学生不慎溺水。其他学生见状纷纷施救，但由于缺乏救援知识和技能，导致施救过程中发生连锁反应，多名学生陷入险境。最终，经过景区工作人员和附近居民的全力救援，事故得以妥善处理。但不幸的是，此次事故造成多名学生伤亡，令人痛心。

试分析事故发生的原因并阐明应如何处理，以及之后应如何预防此类事故发生？

1. 原因分析

（1）安全意识不足。部分学生和家长对研学旅行的安全意识不够，认为只要有人看管，就不会发生意外。这种观念导致学生在面对危险时，缺乏自我保护意识。

（2）违规行为。学生擅自离开队伍，来到湖边玩耍，严重违反了研学旅行的相关规定。这起事故再次证明了违规行为的严重危害。

（3）救援能力不足。学生在施救过程中，由于缺乏救援知识和技能，导致事故扩大。这表明学校和家长在学生安全教育方面的投入还需加大。

（4）景区管理不到位。虽然景区工作人员和附近居民及时进行了救援，但事故仍反映出景区在安全管理方面存在漏洞。例如，湖边缺乏必要的警示标志和防护设施，救援设备不齐全等。

2. 应对措施

（1）加强安全教育。学校和家长应加强对学生的安全教育，增强他们的安全意识，让他们明白任何时候都不能忽视安全问题。

（2）完善规定。研学旅行相关规定应更加严格，对于违反规定的行为，要严肃处理，以起到警示作用。

（3）提高救援能力。学校和家长应重视学生的救援技能培训，让他们在遇到危险时，能够自我保护和正确施救。

（4）加强景区管理。景区应加强安全管理，设置必要的警示标志和防护设施，备足救援设备，确保游客安全。

总之，研学旅行安全问题不容忽视。通过本次事故的深刻教训，我们应进一步增强安全意识，加强安全教育，完善相关规定，提高救援能力，加强景区管理，共同为学生的生命安全保驾护航。

案例三：

2023年某月，我国某地一所中学组织了一次为期一周的研学旅行活动，旨在通过实践活动丰富学生的课外生活，提高他们的实践能力。然而，在这次活动中，却发生了一起严重的财物丢失事故，给学校和家长带来了极大的困扰。

在研学旅行期间，学校为每个学生配备了2000元的生活费用，用于支付旅行过程中的餐饮、交通等费用。然而，在活动结束后，负责收缴学生生活费用的老师发现，有10名学生的费用未能收回，总计20000元。经过调查，发现这些钱在旅行过程中被学生不慎遗失。

试分析事故发生的原因并阐明应如何处理，以及之后应如何预防此类事故发生？

1. 原因分析

（1）监管不力：在研学旅行过程中，学校对学生的生活费用管理不够严格，导致部分学生将钱带在身上，增加了丢失的风险。

（2）安全意识不足。学生和家长对财物安全的重视程度不够，没有采取有效的措施保护自己的财物。

（3）环境因素。研学旅行活动中涉及的景点、交通工具等环节较多，给学生管理财物带来了不小的挑战。

2. 应对措施

（1）加强监管。学校应加强对学生财物的管理，明确规定在研学旅行过程中，学生不得携带大量现金，以确保资金安全。

（2）增强安全意识。学校和家长应共同教育学生增强安全意识，学会保护自己的财物。

（3）完善制度。建立健全研学旅行财物管理制度，明确各环节的责任人，确保财物安全。

（4）增加保险。为研学旅行活动购买保险，降低意外事件给学生和家长带来的经济损失。

◇ 任务评价

班级：　　　　　　　　　　姓名：　　　　　　　　　　学号：

评价项目	评价标准	分值	自评	互评
学习态度	认真按照要求完成学习任务	10		
专业知识	全面掌握完成任务所需专业知识	40		
沟通交流	能清楚表达自己观点，并与他人有效沟通	10		
团队意识	具有主动与团队成员协作完成任务的意识	10		
信息素养	会收集信息，并分析、运用信息	10		
实践能力	根据知识，能够进行实践操作	20		
总分		100		

◇ 任务小结

知识要点	
技能要点	
遇到的问题	
解决问题的方法	

◇ 任务思考

针对不同体质的中小学生开展研学旅行课程活动时，如何有针对性地预防安全事故？

参考文献

［1］池静. 研学旅行产品设计［M］. 北京：旅游教育出版社，2023.

［2］邓德智，刘乃忠，景朝霞. 研学旅行课程设计与实施［M］. 北京：高等教育出版社，2021.

［3］邓青. 研学活动课程设计与实施［M］. 北京：高等教育出版社，2022.

［4］刘芳. 研学旅行课程设计与实施［M］. 郑州：黄河水利出版社，2024.

［5］罗祖兵. 研学旅行课程设计［M］. 北京：中国人民大学出版社，2022.

［6］杨培禾，刘立. 研学旅行课程设计与实施［M］. 北京：首都师范大学出版社，2023.

教育部等 11 部门关于推进中小学生研学旅行的意见

教基一〔2016〕8 号

各省、自治区、直辖市教育厅（教委）、发展改革委、公安厅（局）、财政厅（局）、交通运输厅（局、委）、文化厅（局）、食品药品监督管理局、旅游委（局）、保监局、团委，新疆生产建设兵团教育局、发展改革委、公安局、财务局、交通局、文化广播电视局、食品药品监督管理局、旅游局、团委，各铁路局：

为贯彻落实党的十八大和十八届三中、四中、五中、六中全会精神，深入学习贯彻习近平总书记系列重要讲话精神，秉承"创新、协调、绿色、开放、共享"的发展理念，落实立德树人根本任务，帮助中小学生了解国情、热爱祖国、开阔眼界、增长知识，着力提高他们的社会责任感、创新精神和实践能力，现就推进中小学生研学旅行提出如下意见。

一、重要意义

中小学生研学旅行是由教育部门和学校有计划地组织安排，通过集体旅行、集中食宿方式开展的研究性学习和旅行体验相结合的校外教育活动，是学校教育和校外教育衔接的创新形式，是教育教学的重要内容，是综合实践育人的有效途径。开展研学旅行，有利于促进学生培育和践行社会主义核心价值观，激发学生对党、对国家、对人民的热爱之情；有利于推动全面实施素质教育，创新人才培养模式，引导学生主动适应社会，促进书本知识和生活经验的深度融合；有利于加快提高人民生活质量，满足学生日益增长的旅游需求，从小培养学生文明旅游意识，养成文明旅游行为习惯。

近年来，各地积极探索开展研学旅行，部分试点地区取得显著成效，在促进学生健康成长和全面发展等方面发挥了重要作用，积累了有益经验。但一些地区在推进研学旅行工作过程中，存在思想认识不到位、协调机制不完善、责任机制不健全、安全保障不规范等问题，制约了研学旅行有效开展。当前，我国已进入全面建成小康社会的决胜阶段，研学旅行正处在大有可为的发展机遇期，各地要把研学旅行摆在更加重要的位置，推动研学旅行健康快速发展。

二、工作目标

以立德树人、培养人才为根本目的，以预防为重、确保安全为基本前提，以深化改革、完善政策为着力点，以统筹协调、整合资源为突破口，因地制宜开展研学旅行。让广大中小学生在研学旅行中感受祖国大好河山，感受中华传统美德，感受革命光荣历史，感受改革开放伟大成就，增强对坚定"四个自信"的理解与认同；同时学会动手动脑，学会生存生活，学会做人做事，促进身心健康、体魄强健、意志坚强，促进形成正确的世界观、人生观、价值观，培养他们成为德智体美全面发展的社会主义建设者和接班人。

开发一批育人效果突出的研学旅行活动课程，建设一批具有良好示范带动作用的研学旅行基地，打造一批具有影响力的研学旅行精品线路，建立一套规范管理、责任清晰、多元筹资、保障安全的研学旅行工作机制，探索形成中小学生广泛参与、活动品质持续提升、组织管理规范有序、基础条件保障有力、安全责任落实到位、文化氛围健康向上的研学旅行发展体系。

三、基本原则

——教育性原则。研学旅行要结合学生身心特点、接受能力和实际需要，注重系统性、知识性、科学性和趣味性，为学生全面发展提供良好成长空间。

——实践性原则。研学旅行要因地制宜，呈现地域特色，引导学生走出校园，在与日常生活不同的环境中拓展视野、丰富知识、了解社会、亲近自然、参与体验。

——安全性原则。研学旅行要坚持安全第一，建立安全保障机制，明确安全保障责任，落实安全保障措施，确保学生安全。

——公益性原则。研学旅行不得开展以营利为目的的经营性创收，对贫困家庭学生要减免费用。

四、主要任务

1. 纳入中小学教育教学计划。各地教育行政部门要加强对中小学开展研学旅行的指导和帮助。各中小学要结合当地实际，把研学旅行纳入学校教育教学计划，与综合实践活动课程统筹考虑，促进研学旅行和学校课程有机融合，要精心设计研学旅行活动课程，做到立意高远、目的明确、活动生动、学习有效，避免"只旅不学"或"只学不旅"现象。学校根据教育教学计划灵活安排研学旅行时间，一般安排在小学四到六年级、初中一到二年级、高中一到二年级，尽量错开旅游高峰期。学校根据学段特点和地域特色，逐步建立小学阶段以乡土乡情为主、初中阶段以县情市情为主、高中阶段以省情国情为主的研学旅行活动课程体系。

2. 加强研学旅行基地建设。各地教育、文化、旅游、共青团等部门、组织密切合作，根据研学旅行育人目标，结合域情、校情、生情，依托自然和文化遗产资源、红色教育资源和综合实践基地、大型公共设施、知名院校、工矿企业、科研机构等，遴选建设一批安全适宜的中小学生研学旅行基地，探索建立基地的准入标准、退出机制和评价体系；要以基地为重要依托，积极推动资源共享和区域合作，打造一批示范性研学旅行精品线路，逐步形成布局合理、互联互通的研学旅行网络。各基地要将研学旅行作为理想信念教育、爱国主义教育、革命传统教育、国情教育的重要载体，突出祖国大好风光、民族悠久历史、优良革命传统和现代化建设成就，根据小学、初中、高中不同学段的研学旅行目标，有针对性地开发自然类、历史类、地理类、科技类、人文类、体验类等多种类型的活动课程。教育部将建设研学旅行网站，促进基地课程和学校师生间有效对接。

3. 规范研学旅行组织管理。各地教育行政部门和中小学要探索制定中小学生研学旅行工作规程，做到"活动有方案，行前有备案，应急有预案"。学校组织开展研学旅行可采取自行开展或委托开展的形式，提前拟定活动计划并按管理权限报教育行政部门备案，通过家长委员会、致家长的一封信或召开家长会等形式告知家长活动意义、时间安排、出行线路、费用收支、注意事项等信息，加强学生和教师的研学旅行事前培训和事后考核。学校自行开展研学旅行，要根据需要配备一定比例的学校领导、教师和安全员，也可吸收少数家长作为志愿者，负责学生活动管理和安全保障，与家长签订协议书，明确学校、家长、学生的责任权利。学校委托开展研学旅行，要与有资质、信誉好的委托企业或机构签订协议书，明确委托企业或机构承担学生研学旅行安全责任。

4. 健全经费筹措机制。各地可采取多种形式、多种渠道筹措中小学生研学旅行经费，探索建立政府、学校、社会、家庭共同承担的多元化经费筹措机制。交通部门对中小学生研学旅行公路和水路出行严格执行儿童票价优惠政策，铁路部门可根据研学旅行需求，在能力许可范围内积极安排好运力。文化、旅游等部门要对中小学生研学旅行实施减免场馆、景区、景点门票政策，提供优质旅游服务。保险监督管理机构会同教育行政部门推动将研学旅行纳入校方责任险范围，鼓励保险企业开发有针对性的产品，对投保费用实施优惠措施。鼓励通过社会捐赠、公益性活动等形式支持开展研学旅行。

5. 建立安全责任体系。各地要制订科学有效的中小学生研学旅行安全保障方案，探索建立行之有效的安全责任落实、事故处理、责任界定及纠纷处理机制，实施分级备案制度，做到层层落实，责任到人。教育行政部门负责督促学校落实安全责任，审核学校报送的活动方案（含保单信息）和应急预案。学校要做好行前安全教育工作，负责确认出行师生购买意外险，必须投保校方责任险，与家长签订安全责任书，与委托开展研学旅行的企业或机构签订安全责任书，明确各方安全责任。旅游部门负责审核开展研学旅行的企业或机构的准入条件和服务标准。交通部门负责督促有关运输企业检查学生出行的车、船等交通工具。公安、食品药品监管等部门加强对研学旅行涉及的住宿、餐饮等公共经营场所的安全监督，依法查处运送学生车辆的交通违法行为。保险监督管理机构负责指导保险行业提供并优化校方责任险、旅行社责任险等相关产品。

五、组织保障

1. 加强统筹协调。各地要成立由教育部门牵头，发改、公安、财政、交通、文化、食品药品监管、旅游、保监和共青团等相关部门、组织共同参加的中小学生研学旅行工作协调小组，办事机构可设在地方校外教育联席会议办公室，加大对研学旅行工作的统筹规划和管理指导，结合本地实际情况制订相应工作方案，将职责层层分解落实到相关部门和单位，定期检查工作推进情况，加强督查督办，切实将好事办好。

2.强化督查评价。各地要建立健全中小学生参加研学旅行的评价机制，把中小学组织学生参加研学旅行的情况和成效作为学校综合考评体系的重要内容。学校要在充分尊重个性差异、鼓励多元发展的前提下，对学生参加研学旅行的情况和成效进行科学评价，并将评价结果逐步纳入学生学分管理体系和学生综合素质评价体系。

3.加强宣传引导。各地要在中小学广泛开展研学旅行实验区和示范校创建工作，充分培育、挖掘和提炼先进典型经验，以点带面，整体推进。教育部将遴选确定部分地区为全国研学旅行实验区，积极宣传研学旅行的典型经验。各地要积极创新宣传内容和形式，向家长宣传研学旅行的重要意义，向学生宣传"读万卷书、行万里路"的重大作用，为研学旅行工作营造良好的社会环境和舆论氛围。

教育部　　　　　国家发展改革委　　公安部
财政部　　　　　交通运输部　　　　文化部
食品药品监管总局　国家旅游局　　　　保监会
共青团中央　　　中国铁路总公司
2016 年 11 月 30 日

教育部关于印发
《中小学综合实践活动课程指导纲要》的通知

教材〔2017〕4 号

各省、自治区、直辖市教育厅（教委），新疆生产建设兵团教育局：

现将《中小学综合实践活动课程指导纲要》印发给你们，请认真贯彻执行。

各地要充分认识综合实践活动课程的重要意义，确保综合实践活动课程全面开设到位。要组织教师认真学习纲要，切实加强对综合实践活动课程的精心组织、整体设计和综合实施，不断提升课程实施水平。

教育部
2017 年 9 月 25 日

中小学综合实践活动课程指导纲要

为全面贯彻党的教育方针，坚持教育与生产劳动、社会实践相结合，引导学生深入理解和践行社会主义核心价值观，充分发挥中小学综合实践活动课程在立德树人中的重要作用，特制定本纲要。

一、课程性质与基本理念

（一）课程性质

综合实践活动是从学生的真实生活和发展需要出发，从生活情境中发现问题，转化为活动主题，通过探究、服务、制作、体验等方式，培养学生综合素质的跨学科实践性课程。

综合实践活动是国家义务教育和普通高中课程方案规定的必修课程，与学科课程并列设置，是基础教育课程体系的重要组成部分。该课程由地方统筹管理和指导，具体内容以学校开发为主，自小学一年级至高中三年级全面实施。

（二）基本理念

1. 课程目标以培养学生综合素质为导向

本课程强调学生综合运用各学科知识，认识、分析和解决现实问题，提升综合素质，着力发展核心素养，特别是社会责任感、创新精神和实践能力，以适应快速变化的社会生活、职业世界和个人自主发展的需要，迎接信息时代和知识社会的挑战。

2. 课程开发面向学生的个体生活和社会生活

本课程面向学生完整的生活世界，引导学生从日常学习生活、社会生活或与大自然的接触中提出具有教育意义的活动主题，使学生获得关于自我、社会、自然的真实体验，建立学习与生活的有机联系。要避免仅从学科知识体系出发进行活动设计。

3. 课程实施注重学生主动实践和开放生成

本课程鼓励学生从自身成长需要出发，选择活动主题，主动参与并亲身经历实践过程，体验并践行价值信念。在实施过程中，随着活动的不断展开，在教师指导下，学生可根据实际需要，对活动的目标与内容、组织与方法、过程与步骤等做出动态调整，使活动不断深化。

4. 课程评价主张多元评价和综合考察

本课程要求突出评价对学生的发展价值，充分肯定学生活动方式和问题解决策略的多样性，鼓励学生自我评价与同伴间的合作交流和经验分享。提倡多采用质性评价方式，避免将评价简化为分数或等级。要将学生在综合实践活动中的各种表现和活动成果作为分析考察课程实施状况与学生发展状况的重要依据，对学生的活动过程和结果进行综合评价。

二、课程目标

（一）总目标

学生能从个体生活、社会生活及与大自然的接触中获得丰富的实践经验，形成并逐步提升对自然、社会和自我之内在联系的整体认识，具有价值体认、责任担当、问题解决、创意物化等方面的意识和能力。

（二）学段目标

1. 小学阶段具体目标

（1）价值体认：通过亲历、参与少先队活动、场馆活动和主题教育活动，参观爱国主义教育基地等，获得有积极意义的价值体验。理解并遵守公共空间的基本行为规范，初步形成集体思想、组织观念，培养对中国共产党的朴素感情，为自己是中国人感到自豪。

（2）责任担当：围绕日常生活开展服务活动，能处理生活中的基本事务，初步养成自理能力、自立精神、热爱生活的态度，具有积极参与学校和社区生活的意愿。

（3）问题解决：能在教师的引导下，结合学校、家庭生活中的现象，发现并提出自己感兴趣的问题。能将问题转化为研究小课题，体验课题研究的过程与方法，提出自己的想法，形成对问题的初步解释。

（4）创意物化：通过动手操作实践，初步掌握手工设计与制作的基本技能；学会运用信息技术，设计并制作有一定创意的数字作品。运用常见、简单的信息技术解决实际问题，服务于学习和生活。

2. 初中阶段具体目标

（1）价值体认：积极参加班团队活动、场馆体验、红色之旅等，亲历社会实践，加深有积极意义的价值体验。能主动分享体验和感受，与老师、同伴交流思想认识，形成国家认同，热爱中国共产党。通过职业体验活动，发展兴趣专长，形成积极的劳动观念和态度，具有初步的生涯规划意识和能力。

（2）责任担当：观察周围的生活环境，围绕家庭、学校、社区的需要开展服务活动，增强服务意识，养成独立的生活习惯；愿意参与学校服务活动，增强服务学校的行动能力；初步形成探究社区问题的意识，愿意参与社区服务，初步形成对自我、学校、社区负责任的态度和社会公德意识，初步具备法治观念。

（3）问题解决：能关注自然、社会、生活中的现象，深入思考并提出有价值的问题，将问题转化为有价值的研究课题，学会运用科学方法开展研究。能主动运用所学知识理解与解决问题，并做出基于证据的解释，形成基本符合规范的研究报告或其他形式的研究成果。

（4）创意物化：运用一定的操作技能解决生活中的问题，将一定的想法或创意付诸实践，通过设计、制作或装配等，制作和不断改进较为复杂的制品或用品，发展实践创新意识和审美意识，提高创意实现能力。通过信息技术的学习实践，提高利用信息技术进行分析和解决问题的能力以及数字化产品的设计与制作能力。

3. 高中阶段具体目标

（1）价值体认：通过自觉参加班团活动、走访模范人物、研学旅行、职业体验活动，组织社团活动，深化社会规则体验、国家认同、文化自信，初步体悟个人成长与职业世界、社会进步、国家发展和人类命运共同体的关系，增强根据自身兴趣专长进行生涯规划和职业选择的能力，强化对中国共产党的认识和感情，具有中国特色社会主义共同理想和国际视野。

（2）责任担当：关心他人、社区和社会发展，能持续地参与社区服务与社会实践活动，关注社区及社会存在的主要问题，热心参与志愿者活动和公益活动，增强社会责任意识和法治观念，形成主动服务他人、服务社会的情怀，理解并践行社会公德，提高社会服务能力。

（3）问题解决：能对个人感兴趣的领域开展广泛的实践探索，提出具有一定新意和深度的问题，综合运用知识分析问题，用科学方法开展研究，增强解决实际问题的能力。能及时对研究过程及研究结果进行审视、反思并优化调整，建构基于证据的、具有说服力的解释，形成比较规范的研究报告或其他形式的研究成果。

（4）创意物化：积极参与动手操作实践，熟练掌握多种操作技能，综合运用技能解决生活中的复杂问题。增强创意设计、动手操作、技术应用和物化能力。形成在实践操作中学习的意识，提高综合解决问题的能力。

三、课程内容与活动方式

学校和教师要根据综合实践活动课程的目标，并基于学生发展的实际需求，设计活动主题和具体内容，并选择相应的活动方式。

（一）内容选择与组织原则

综合实践活动课程的内容选择与组织应遵循如下原则：

1. 自主性

在主题开发与活动内容选择时，要重视学生自身发展需求，尊重学生的自主选择。教师要善于引导学生围绕活动主题，从特定的角度切入，选择具体的活动内容，并自定活动目标任务，提升自主规划和管理能力。同时，要善于捕捉和利用课程实施过程中生成的有价值的问题，指导学生深化活动主题，不断完善活动内容。

2. 实践性

综合实践活动课程强调学生亲身经历各项活动，在"动手做""实验""探究""设计""创作""反思"的过程中进行"体验""体悟""体认"，在全身心参与的活动中，发现、分析和解决问题，体验和感受生活，发展实践创新能力。

3. 开放性

综合实践活动课程面向学生的整个生活世界，具体活动内容具有开放性。教师要基于学生已有经验和兴趣专长，打破学科界限，选择综合性活动内容，鼓励学生跨领域、跨学科学习，为学生自主活动留出余地。要引导学生把自己成长的环境作为学习场所，在与家庭、学校、社区的持续互动中，不断拓展活动时空和活动内容，使自己的个性特长、实践能力、服务精神和社会责任感不断获得发展。

4. 整合性

综合实践活动课程的内容组织，要结合学生发展的年龄特点和个性特征，以促进学生的综合素质发展为核心，均衡考虑学生与自然的关系、学生与他人和社会的关系、学生与自我的关系这三个方面的内容。对活动主题的探究和体验，要体现个人、社会、自然的内在联系，强化科技、艺术、道德等方面的内在整合。

5. 连续性

综合实践活动课程的内容设计应基于学生可持续发展的要求，设计长短期相结合的主题活动，使活动内容具有递进性。要促使活动内容由简单走向复杂，使活动主题向纵深发展，不断丰富活动内容、拓展活动范围，促进学生综合素质的持续发展。要处理好学期之间、学年之间、学段之间活动内容的有机衔接与联系，构建科学合理的活动主题序列。

（二）活动方式

综合实践活动的主要方式及其关键要素为：

1. 考察探究

考察探究是学生基于自身兴趣，在教师的指导下，从自然、社会和学生自身生活中选择和确定研究主题，开展研究性学习，在观察、记录和思考中，主动获取知识，分析并解决问题的过程，如野外考察、社会调查、研学旅行等，它注重运用实地观察、访谈、实验等方法，获取材料，形成理性思维、批判质疑和勇于探究的精神。考察探究的关键要素包括：发现并提出问题；提出假设，选择方法，研制工具；获取证据；提出解释或观念；交流、评价探究成果；反思和改进。

2. 社会服务

社会服务指学生在教师的指导下，走出教室，参与社会活动，以自己的劳动满足社会组织或他人的需要，如公益活动、志愿服务、勤工俭学等，它强调学生在满足被服务者需要的过程中，获得自身发展，促进相关知识技能的学习，提升实践能力，成为履职尽责、敢于担当的人。社会服务的关键要素包括：明确服务对象与需要；制订服务活动计划；开展服务行动；反思服务经历，分享活动经验。

3. 设计制作

设计制作指学生运用各种工具、工艺（包括信息技术）进行设计，并动手操作，将自己的创意、方案付诸现实，转化为物品或作品的过程，如动漫制作、编程、陶艺创作等，它注重提高学生的技术意识、工程思维、动手操作能力等。在活动过程中，鼓励学生手脑并用，灵活掌握、融会贯通各类知识和技巧，提高学生的技术操作水平、知识迁移水平，体验工匠精神等。设计制作的关键要素包括：创意设计；

选择活动材料或工具；动手制作；交流展示物品或作品，反思与改进。

4. 职业体验

职业体验指学生在实际工作岗位上或模拟情境中见习、实习，体认职业角色的过程，如军训、学工、学农等，它注重让学生获得对职业生活的真切理解，发现自己的专长，培养职业兴趣，形成正确的劳动观念和人生志向，提升生涯规划能力。职业体验的关键要素包括：选择或设计职业情境；实际岗位演练；总结、反思和交流经历过程；概括提炼经验，行动应用。

综合实践活动除了以上活动方式外，还有党团队教育活动、博物馆参观等。综合实践活动方式的划分是相对的。在活动设计时可以有所侧重，以某种方式为主，兼顾其他方式；也可以整合方式实施，使不同活动要素彼此渗透、融合贯通。要充分发挥信息技术对各类活动的支持作用，有效促进问题解决、交流协作、成果展示与分享等。

四、学校对综合实践活动课程的规划与实施

（一）课程规划

中小学校是综合实践活动课程规划的主体，应在地方指导下，对综合实践活动课程进行整体设计，将办学理念、办学特色、培养目标、教育内容等融入其中。要依据学生发展状况、学校特色、可利用的社区资源（如各级各类青少年校外活动场所、综合实践基地和研学旅行基地等）对综合实践活动课程进行统筹考虑，形成综合实践活动课程总体实施方案；还要基于学生的年段特征、阶段性发展要求，制订具体的"学校学年（或学期）活动计划与实施方案"，对学年、学期活动做出规划。要使总体实施方案和学年（或学期）活动计划相互配套、衔接，形成促进学生持续发展的课程实施方案。

学校在课程规划时要注意处理好以下关系：

1. 综合实践活动课程的预设与生成

学校要统筹安排各年级、各班级学生的综合实践活动课时、主题、指导教师、场地设施等，加强与校外活动场所的沟通协调，为每一个学生参与活动创造必要条件，提供发展机遇，但不得以单一、僵化、固定的模式去约束所有班级、社团的具

体活动过程，剥夺学生自主选择的空间。要允许和鼓励师生从生活中选择有价值的活动主题，选择适当的活动方式创造性地开展活动。要关注学生活动的生成性目标与生成性主题并引导其发展，为学生创造性的发展开辟广阔空间。

2. 综合实践活动课程与学科课程

在设计与实施综合实践活动课程中，要引导学生主动运用各门学科知识分析解决实际问题，使学科知识在综合实践活动中得到延伸、综合、重组与提升。学生在综合实践活动中所发现的问题要在相关学科教学中分析解决，所获得的知识要在相关学科教学中拓展加深。防止用学科实践活动取代综合实践活动。

3. 综合实践活动课程与专题教育

可将有关专题教育，如优秀传统文化教育、革命传统教育、国家安全教育、心理健康教育、环境教育、法治教育、知识产权教育等，转化为学生感兴趣的综合实践活动主题，让学生通过亲历感悟、实践体验、行动反思等方式实现专题教育的目标，防止将专题教育简单等同于综合实践活动课程。要在国家宪法日、国家安全教育日、全民国防教育日等重要时间节点，组织学生开展相关主题教育活动。

（二）课程实施

作为综合实践活动课程实施的主体，学校要明确实施机构及人员、组织方式等，加强过程指导和管理，确保课程实施到位。

1. 课时安排

小学 1~2 年级，平均每周不少于 1 课时；小学 3~6 年级和初中，平均每周不少于 2 课时；高中执行课程方案相关要求，完成规定学分。各学校要切实保证综合实践活动时间，在开足规定课时总数的前提下，根据具体活动需要，把课时的集中使用与分散使用有机结合起来。要根据学生活动主题的特点和需要，灵活安排、有效使用综合实践活动时间。学校要给予学生广阔的探究时空环境，保证学生活动的连续性和长期性。要处理好课内与课外的关系，合理安排时间并拓展学生的活动空间与学习场域。

2. 实施机构与人员

学校要成立综合实践活动课程领导小组，结合实际情况设置专门的综合实践活动课程中心或教研组，或由教科室、教务处、学生处等职能部门，承担起学校课程实施规划、组织、协调与管理等方面的责任，负责制定并落实学校综合实践活动课程实施方案，整合校内外教育资源，统筹协调校内外相关部门的关系，联合各方面的力量，特别是加强与校外活动场所的沟通协调，保证综合实践活动课程的有效实施。要充分发挥少先队、共青团以及学生社团组织的作用。

要建立专兼职相结合、相对稳定的指导教师队伍。学校教职工要全员参与，分工合作。原则上每所学校至少配备 1 名专任教师，主要负责指导学生开展综合实践活动，组织其他学科教师开展校本教研活动。各学科教师要发挥专业优势，主动承担指导任务。积极争取家长、校外活动场所指导教师、社区人才资源等有关社会力量成为综合实践活动课程的兼职指导教师，协同指导学生综合实践活动的开展。

3. 组织方式

综合实践活动以小组合作方式为主，也可以个人单独进行。小组合作范围可以从班级内部，逐步走向跨班级、跨年级、跨学校和跨区域等。要根据实际情况灵活运用各种组织方式。要引导学生根据兴趣、能力、特长、活动需要，明确分工，做到人尽其责，合理高效。既要让学生有独立思考的时间和空间，又要充分发挥合作学习的优势，重视培养学生的自主参与意识与合作沟通能力。鼓励学生利用信息技术手段突破时空界限，进行广泛的交流与密切合作。

4. 教师指导

在综合实践活动实施过程中，要处理好学生自主实践与教师有效指导的关系。教师既不能"教"综合实践活动，也不能推卸指导的责任，而应当成为学生活动的组织者、参与者和促进者。教师的指导应贯穿于综合实践活动实施的全过程。

在活动准备阶段，教师要充分结合学生经验，为学生提供活动主题选择以及提出问题的机会，引导学生构思选题，鼓励学生提出感兴趣的问题，并及时捕捉活动中学生动态生成的问题，组织学生就问题展开讨论，确立活动目标内容。要让学生积极参与活动方案的制定过程，通过合理的时间安排、责任分工、实施方法和路径选择，对活动可利用的资源及活动的可行性进行评估等，增强活动的计划性，提高学生的活动规划能力。同时，引导学生对活动方案进行组内及组间讨论，吸纳合理化建议，不断优化完善方案。

在活动实施阶段，教师要创设真实的情境，为学生提供亲身经历与现场体验的机会，让学生经历多样化的活动方式，促进学生积极参与活动过程。在现场考察、设计制作、实验探究、社会服务等活动中发现和解决问题，体验和感受学习与生活之间的联系。要加强对学生活动方式与方法的指导，帮助学生找到适合自己的学习方式和实践方式。教师指导重在激励、启迪、点拨、引导，不能对学生的活动过程包办代替。还要指导学生做好活动过程的记录和活动资料的整理。

在活动总结阶段，教师要指导学生选择合适的结果呈现方式，鼓励多种形式的结果呈现与交流，如绘画、摄影、戏剧与表演等，对活动过程和活动结果进行系统梳理和总结，促进学生自我反思与表达、同伴交流与对话。要指导学生学会通过撰写活动报告、反思日志、心得笔记等方式，反思成败得失，提升个体经验，促进知识建构，并根据同伴及教师提出的反馈意见和建议查漏补缺，明确进一步的探究方向，深化主题探究和体验。

5. 活动评价

综合实践活动情况是学生综合素质评价的重要内容。各学校和教师要以促进学生综合素质持续发展为目的设计与实施综合实践活动评价。要坚持评价的方向性、指导性、客观性、公正性等原则。

突出发展导向。坚持学生成长导向，通过对学生成长过程的观察、记录、分析，促进学校及教师把握学生的成长规律，了解学生的个性与特长，不断激发学生的潜能，为更好地促进学生成长提供依据。评价的首要功能是让学生及时获得关于学习过程的反馈，改进后续活动。要避免评价过程中只重结果、不重过程的现象。要对学生作品进行深入分析和研究，挖掘其背后蕴藏的学生的思想、创意和体验，杜绝对学生的作品随意打分和简单排名等功利主义做法。

做好写实记录。教师要指导学生客观记录参与活动的具体情况，包括活动主题、持续时间、所承担的角色、任务分工及完成情况等，及时填写活动记录单，并收集相关事实材料，如活动现场照片、作品、研究报告、实践单位证明等。活动记录、事实材料要真实、有据可查，为综合实践活动评价提供必要基础。

建立档案袋。在活动过程中，教师要指导学生分类整理、遴选具有代表性的重要活动记录、典型事实材料以及其他有关资料，编排、汇总、归档，形成每一个学生的综合实践活动档案袋，并纳入学生综合素质档案。档案袋是学生自我评价、同伴互评、教师评价学生的重要依据，也是招生录取中综合评价的重要参考。

开展科学评价。原则上每学期末，教师要依据课程目标和档案袋，结合平时对学生活动情况的观察，对学生综合素质发展水平进行科学分析，写出有关综合实践活动情况的评语，引导学生扬长避短，明确努力方向。高中学校要结合实际情况，研究制定学生综合实践活动评价标准和学分认定办法，对学生综合实践活动课程学分进行认定。

五、课程管理与保障

（一）教师培训与教研指导

地方教育行政部门和学校要加强调研，了解综合实践活动指导教师专业发展的需求，搭建多样化的交流平台，强化培训和教研，推动教师的持续发展。

1. 建立指导教师培训制度

要开展对综合实践活动课程专兼职教师的全员培训，明确培训目标，努力提升教师的跨学科知识整合能力，观察、研究学生的能力，指导学生规划、设计与实施活动的能力，课程资源的开发和利用能力等。要根据教师的实际需求，开发相应的培训课程，组织教师按照课程要求进行系统学习。要不断探索和改进培训方式方法，倡导参与式培训、案例培训和项目研究等，不断激发教师内在的学习动力。

2. 建立健全日常教研制度

各学校要通过专业引领、同伴互助、合作研究，积极开展以校为本的教研活动，及时分析、解决课程实施中遇到的问题，提高课程实施的有效性。各级教研机构要配备综合实践活动专职教研员，加强对校本教研的指导，并组织开展专题教研、区域教研、网络教研等，通过协同创新、校际联动、区域推进，提高中小学综合实践活动整体实施水平。

（二）支持体系建设与保障

1. 网络资源开发

地方教育行政部门、教研机构和学校要开发优质网络资源，遴选相关影视作品等充实资源内容，为课程实施提供资源保障。要充分发挥师生在课程资源开发中的主体性与创造性，及时总结、梳理来自教学一线的典型案例和鲜活经验，动态生成分年级、分专题的综合实践活动课程资源包。各地要探索和建立优质资源的共享与利用机制，打造省、市、县、校多级联动的共建共享平台，为课程实施提供高质量、常态化的资源支撑。

2. 硬件配套与利用

学校要为综合实践活动的实施提供配套硬件资源与耗材，并积极争取校外活动场所支持，建立课程资源的协调与共享机制，充分发挥实验室、专用教室及各类教学设施在综合实践活动课程实施过程中的作用，提高使用效益，避免资源闲置与浪费。有条件的学校可以建设专用活动室或实践基地，如创客空间等。

地方教育行政部门要加强实践基地建设，强化资源统筹管理，建立健全校内外综合实践活动课程资源的利用与相互转换机制，强化公共资源间的相互联系和硬件资源的共享，为学校利用校外图书馆、博物馆、展览馆、科技馆、实践基地等各种社会资源及丰富的自然资源提供政策支持。

3. 经费保障

地方和学校要确保开展综合实践活动所需经费，支持综合实践活动课程资源和实践基地建设、专题研究等。

4. 安全保障

地方教育行政部门要与有关部门统筹协调，建立安全管控机制，分级落实安全责任。学校要设立安全风险预警机制，建立规范化的安全管理制度及管理措施。教师要增强安全意识，加强对学生的安全教育，提升学生安全防范能力，制定安全守则，落实安全措施。

（三）考核与激励机制

1. 建立健全指导教师考核激励机制

各地和学校明确综合实践活动课程教师考核要求和办法，科学合理地计算教师工作量，将指导学生综合实践活动的工作业绩作为教师职称晋升和岗位聘任的重要依据，对取得显著成效的指导教师给予表彰奖励。

2. 加强对课程实施情况的督查

将综合实践活动课程实施情况，包括课程开设情况及实施效果，纳入中小学课程实施监测，建立关于中小学综合实践活动课程的反馈改进机制。地方教育行政部门和教育督导部门要将综合实践活动实施情况作为检查督导的重要内容。

3. 开展优秀成果交流评选

依托有关专业组织、教科研机构、基础教育课程中心等，开展中小学生综合实践活动课程展示交流活动，激发广大中小学生实践创新的潜能和动力。将中小学综合实践活动课程探索成果纳入基础教育教学成果评选范围，对优秀成果予以奖励，发挥优秀成果的示范引领作用，激励广大中小学教师和专职研究人员持续性从事中小学综合实践活动课程研究和实践探索。

《研学旅行服务规范》（LB/T 054—2016）

1 范围

本标准规定了研学旅行服务的术语和定义、总则、服务提供方基本要求、人员配置、研学旅行产品、研学旅行服务项目、安全管理、服务改进和投诉处理。

本标准适用于中华人民共和国境内组织开展研学旅行活动的旅行社和教育机构。

2 规范性引用文件

下列文件对于本文件的应用是必不可少的。凡是注日期的引用文件，仅所注日期的版本适用于本文件。凡是不注日期的引用文件，其最新版本（包括所有的修改单）适用于本文件。

GB/T 10001　标志用公共信息图形符号

GB/T 15971　导游服务规范

GB/T 16890　水路客运服务质量要求

GB/T 31380　旅行社等级的划分与评定

GB/T 31710　休闲露营地建设与服务规范

LB/T 004　旅行社国内旅游服务规范

LB/T 008　旅行社服务通则

3 术语和定义

下列术语和定义适用于本标准。

3.1　研学旅行 study travel

研学旅行是以中小学生为主体对象，以集体旅行生活为载体，以提升学生素质为教学目的，依托旅游吸引物等社会资源，进行体验式教育和研究性学习的一种教育旅游活动。

3.2 研学导师 study tutor

在研学旅行过程中，具体制定或实施研学旅行教育方案，指导学生开展各类体验活动的专业人员。

3.3 研学营地 study camp

研学旅行过程中学生学习与生活的场所。

3.4 主办方 organizer

有明确研学旅行主题和教育目的的研学旅行活动组织方。

3.5 承办方 undertaker

与研学旅行活动主办方签订合同，提供教育旅游服务的旅行社。

3.6 供应方 supplier

与研学旅行活动承办方签订合同，提供旅游地接、交通、住宿、餐饮等服务的机构。

4 总则

4.1 研学旅行活动的主办方、承办方和供应方应遵循安全第一的原则，全程进行安全防控工作，确保活动安全进行。

4.2 研学旅行活动应寓教于游，着力培养学生的综合素质能力。

4.3 研学旅行活动应面向以中小学生为主体的全体学生，保障每个学生都能享有均等的参与机会。

5 服务提供方基本要求

5.1 主办方

5.1.1 应具备法人资质。

5.1.2 应对研学旅行服务项目提出明确要求。

5.1.3 应有明确的安全防控措施、教育培训计划。

5.1.4 应与承办方签订委托合同，按照合同约定履行义务。

5.2   承办方

5.2.1   应为依法注册的旅行社。

5.2.2   符合 LB/T 004 和 LB/T 008 的要求，宜具有 AA 及以上等级，并符合 GB/T 31380 的要求。

5.2.3   连续三年内无重大质量投诉、不良诚信记录、经济纠纷及重大安全责任事故。

5.2.4   应设立研学旅行的部门或专职人员，宜有承接 100 人以上中小学生旅游团队的经验。

5.2.5   应与供应方签订旅游服务合同，按照合同约定履行义务。

5.3   供应方

5.3.1   应具备法人资质。

5.3.2   应具备相应经营资质和服务能力。

5.3.3   应与承办方签订旅游服务合同，按照合同约定履行义务。

6   人员配置

6.1   主办方人员配置

6.1.1   应至少派出一人作为主办方代表，负责督导研学旅行活动按计划开展。

6.1.2   每 20 位学生宜配置一名带队老师，带队老师全程带领学生参与研学旅行各项活动。

6.2   承办方人员配置

6.2.1   应为研学旅行活动配置一名项目组长，项目组长全程随团活动，负责统筹协调研学旅行各项工作。

6.2.2   应至少为每个研学旅行团队配置一名安全员，安全员在研学旅行过程中随团开展安全教育和防控工作。

6.2.3   应至少为每个研学旅行团队配置一名研学导师，研学导师负责制定研学旅行教育工作计划，在带队老师、导游员等工作人员的配合下提供研学旅行教育服务。

6.2.4   应至少为每个研学旅行团队配置一名导游人员，导游人员负责提供导游服务，并配合相关工作人员提供研学旅行教育服务和生活保障服务。

7　研学旅行产品

7.1　产品分类

研学旅行产品按照资源类型分为知识科普型、自然观赏型、体验考察型、励志拓展型、文化康乐型。

a）知识科普型：主要包括各种类型的博物馆、科技馆、主题展览、动物园、植物园、历史文化遗产、工业项目、科研场所等资源。

b）自然观赏型：主要包括山川、江、湖、海、草原、沙漠等资源。

c）体验考察型：主要包括农庄、实践基地、夏令营营地或团队拓展基地等资源。

d）励志拓展型：主要包括红色教育基地、大学校园、国防教育基地、军营等资源。

e）文化康乐型：主要包括各类主题公园、演艺影视城等资源。

7.2　产品设计

承办方应根据主办方需求，针对不同学段特点和教育目标，设计研学旅行产品。

a）承办方应根据主办方需求，针对不同学段特点和教育目标，设计研学旅行产品；

b）小学一至三年级参与研学旅行时，宜设计以知识科普型和文化康乐类型资源为主的产品，并以乡土乡情研学为主；

c）小学四至六年级参与研学旅行时，宜设计以知识科普型、自然观赏型和励志拓展型资源为主的产品，并以县情市情研学为主；

d）初中年级参与研学旅行时，宜设计以知识科普型、体验考察型和励志拓展型资源为主的产品，并以县情市情省情研学为主；

e）高中年级参与研学旅行时，宜设计以体验考察型和励志拓展型资源为主的产品，并以省情国情研学为主。

7.3　产品说明书

旅行社应制作并提供研学旅行产品说明书，产品说明书除应符合《中华人民共和国旅游法》和 LB/T 008 中有关规定外，还应包括以下内容：

a）研学旅行安全防控措施；

b）研学旅行教育服务项目及评价方法；

c)未成年人监护办法。

8 研学旅行服务项目

8.1 教育服务

8.1.1 教育服务计划

承办方和主办方应围绕学校相关教育目标,共同制订研学旅行教育服务计划,明确教育活动目标和内容,针对不同学龄段学生提出相应学时要求,其中每天体验教育课程项目或活动时间应不少于45min。

8.1.2 教育服务项目

教育服务项目可分为:

a)健身项目:以培养学生生存能力和适应能力为主要目的的服务项目,如徒步、挑战、露营、拓展、生存与自救训练等。

b)健手项目:以培养学生自理能力和动手能力为主要目的的服务项目,如综合实践、生活体验训练、内务整理、手工制作等项目。

c)健脑项目:以培养学生观察能力和学习能力为主要目的的服务项目,如各类参观、游览、讲座、诵读、阅读等。

d)健心项目:以培养学生的情感能力和践行能力为主要目的的服务项目,如思想品德养成教育活动以及团队游戏、情感互动、才艺展示等。

8.1.3 教育服务流程

教育服务流程宜包括:

a)在出行前,指导学生做好准备工作,如阅读相关书籍、查阅相关资料、制定学习计划等;

b)在旅行过程中,组织学生参与教育活动项目,指导学生撰写研学日记或调查报告;

c)在旅行结束后,组织学生分享心得体会,如组织征文展示、分享交流会等。

8.1.4 教育服务设施及教材

教育服务设施及教材要求如下:

a)应设计不同学龄段学生使用的研学旅行教材,如研学旅行知识读本;

b）应根据研学旅行教育服务计划，配备相应的辅助设施，如电脑、多媒体、各类体验教育设施或教具等。

8.1.5 研学旅行教育服务应有研学导师主导实施，由导游员和带队老师等共同配合完成。

8.1.6 应建立教育服务评价机制，对教育服务效果进行评价，持续改进教育服务。

8.2 交通服务

8.2.1 应按照以下要求选择交通方式：

a）单次路程在 400km 以上的，不宜选择汽车，应优先选择铁路、航空等交通方式；

b）选择水运交通方式的，水运交通工具应符合 GB/T 16890 的要求，不宜选择木船、划艇、快艇；

c）选择汽车客运交通方式的，行驶道路不宜低于省级公路等级，驾驶人连续驾车不得超过 2h，停车休息时间不得少于 20min。

8.2.2 应提前告知学生及家长相关交通信息，以便其掌握乘坐交通工具的类型、时间、地点以及需准备的有关证件。

8.2.3 宜提前与相应交通部门取得工作联系，组织绿色通道或开辟专门的候乘区域。

8.2.4 应加强交通服务环节的安全防范，向学生宣讲交通安全知识和紧急疏散要求，组织学生安全有序乘坐交通工具。

8.2.5 应在承运全程随机开展安全巡查工作，并在学生上、下交通工具时清点人数，防范出现滞留或走失。

8.2.6 遭遇恶劣天气时，应认真研判安全风险，及时调整研学旅行行程和交通方式。

8.3 住宿服务

8.3.1 应以安全、卫生和舒适为基本要求，提前对住宿营地进行实地考察，主要要求如下：

a）应便于集中管理；

b）应方便承运汽车安全进出、停靠；

c)应有健全的公共信息导向标识,并符合 GB/T 10001 的要求;

d)应有安全逃生通道。

8.3.2 应提前将住宿营地相关信息告知学生和家长,以便做好相关准备工作。

8.3.3 应详细告知学生入住注意事项,宣讲住宿安全知识,带领学生熟悉逃生通道。

8.3.4 应在学生入住后及时进行首次查房,帮助学生熟悉房间设施,解决相关问题。

8.3.5 宜安排男、女学生分区(片)住宿,女生片区管理员应为女性。

8.3.6 应制定住宿安全管理制度,开展巡查、夜查工作。

8.3.7 选择在露营地住宿时还应达到以下要求:

a)露营地应符合 GB/T 31710 的要求;

b)应在实地考察的基础上,对露营地进行安全评估,并充分评价露营接待条件、周边环境和可能发生的自然灾害对学生造成的影响;

c)应制定露营安全防控专项措施,加强值班、巡查和夜查工作。

8.4 餐饮服务

8.4.1 应以食品卫生安全为前提,选择餐饮服务提供方。

8.4.2 应提前制定就餐座次表,组织学生有序进餐。

8.4.3 应督促餐饮服务提供方按照有关规定,做好食品留样工作。

8.4.4 应在学生用餐时做好巡查工作,确保餐饮服务质量。

8.5 导游讲解服务

8.5.1 导游讲解服务应符合 GB/T 15971 的要求。

8.5.2 应将安全知识、文明礼仪作为导游讲解服务的重要内容,随时提醒引导学生安全旅游、文明旅游。

8.5.3 应结合教育服务要求,提供有针对性、互动性、趣味性、启发性和引导性的讲解服务。

8.6 医疗及救助服务

8.6.1 应提前调研和掌握研学营地周边的医疗及救助资源状况。

8.6.2 学生生病或受伤,应及时送往医院或急救中心治疗,妥善保管就诊医疗记录。返程后，应将就诊医疗记录复印并转交家长或带队老师。

8.6.3　宜聘请具有职业资格的医护人员随团提供医疗及救助服务。

9　安全管理

9.1　安全管理制度

主办方、承办方及供应方应针对研学旅行活动，分别制定安全管理制度，构建完善有效的安全防控机制。研学旅行安全管理制度体系包括但不限于以下内容：

a）研学旅行安全管理工作方案；

b）研学旅行应急预案及操作手册；

c）研学旅行产品安全评估制度；

d）研学旅行安全教育培训制度。

9.2　安全管理人员

承办方和主办方应根据各项安全管理制度的要求，明确安全管理责任人员及其工作职责，在研学旅行活动过程中安排安全管理人员随团开展安全管理工作。

9.3　安全教育

9.3.1　工作人员安全教育

应制订安全教育和安全培训专项工作计划，定期对参与研学旅行活动的工作人员进行培训。培训内容包括：安全管理工作制度、工作职责与要求、应急处置规范与流程等。

9.3.2　学生安全教育

学生安全教育要求如下：

a）应对参加研学旅行活动的学生进行多种形式的安全教育；

b）应提供安全防控教育知识读本；

c）应召开行前说明会，对学生进行行前安全教育；

d）应在研学旅行过程中对学生进行安全知识教育，根据行程安排及具体情况及时进行安全提示与警示，强化学生安全防范意识。

9.4　应急预案

主办方、承办方及供应方应制定和完善包括地震、火灾、食品卫生、治安事件、设施设备突发故障等在内的各项突发事件应急预案，并定期组织演练。

10 服务改进

承办方应对各方面反馈的质量信息及时进行汇总分析，明确产品中的主要缺陷，找准发生质量问题的具体原因，通过健全制度、加强培训、调整供应方、优化产品设计、完善服务要素和运行环节等措施，持续改进研学旅行服务质量。

11 投诉处理

11.1 承办方应建立投诉处理制度，并确定专职人员处理相关事宜。

11.2 承办方应公布投诉电话、投诉处理程序和时限等信息。

11.3 承办方应及时建立投诉信息档案和回访制度。

项目策划：张文广
项目统筹：谯　洁
责任编辑：李冉冉
责任印制：冯冬青
封面设计：中文天地

图书在版编目（CIP）数据

研学旅行课程设计与实施 / 刘军，谢新雪主编．
北京：中国旅游出版社，2025. 1. -- ISBN 978-7
-5032-7500-5
Ⅰ. F590.75
中国国家版本馆 CIP 数据核字第 202423SV41 号

书　　名：研学旅行课程设计与实施

作　　者：刘军，谢新雪主编
出版发行：中国旅游出版社
　　　　　（北京静安东里 6 号　邮编：100028）
　　　　　https://www.cttp.net.cn　E-mail: cttp@mct.gov.cn
　　　　　营销中心电话：010-57377103，010-57377106
　　　　　读者服务部电话：010-57377107
排　　版：北京中文天地文化艺术有限公司
印　　刷：北京明恒达印务有限公司
版　　次：2025 年 1 月第 1 版　2025 年 1 月第 1 次印刷
开　　本：787 毫米 ×1092 毫米　1/16
印　　张：17.5
字　　数：279 千
定　　价：42.00 元
ISBN　978-7-5032-7500-5